CAIO PRADO JÚNIOR

ESBOÇO DOS FUNDAMENTOS DA TEORIA ECONÔMICA

BOITEMPO

Direção-geral Ivana Jinkings
Coordenação da coleção Luiz Bernardo Pericás
Edição Thais Rimkus
Coordenação de produção Juliana Brandt
Assistência editorial Marcela Sayuri
Assistência de produção Livia Viganó
Preparação Natalia Klussmann
Revisão Carolina Hidalgo Castelani
Capa Maikon Nery
Diagramação Antonio Kehl

Equipe de apoio Ana Slade, Artur Renzo, Bruno Ferreira, Davi Oliveira, Elaine Ramos, Higor Alves, Isabella de Oliveira, Isabella Meucci, Ivam Oliveira, Kim Doria, Letícia Akutsu, Luciana Capelli, Marina Valeriano, Mateus Rodrigues, Maurício Barbosa, Pedro Davoglio, Raí Alves, Renata Carnajal, Tatiane Carvalho, Tulio Candiotto

CIP-BRASIL. CATALOGAÇÃO NA PUBLICAÇÃO
SINDICATO NACIONAL DOS EDITORES DE LIVROS, RJ

P917e
Prado Júnior, Caio, 1907-1990
Esboço dos fundamentos da teoria econômica / Caio Prado Júnior ; [coordenação Luiz Bernardo Pericás ; prefácio Vera Lucia Amaral Ferlini]. - 1. ed. - São Paulo : Boitempo, 2024.
280 p. ; 23 cm.

ISBN 978-65-5717-381-7

1. Economia. 2. Desenvolvimento econômico. I. Pericás, Luiz Bernardo. II. Ferlini, Vera Lucia Amaral. III. Título. 2

4-92696 CDD: 330
CDU: 330

Gabriela Faray Ferreira Lopes - Bibliotecária - CRB-7/6643

1ª edição: agosto de 2024

BOITEMPO
Jinkings Editores Associados Ltda.
Rua Pereira Leite, 373
05442-000, São Paulo/SP
Tel.: (11) 3875-7250 | 3875-7285
editor@boitempoeditorial.com.br
boitempoeditorial.com.br | blogdaboitempo.com.br
facebook.com/boitempo | twitter.com/editoraboitempo
youtube.com/tvboitempo | instagram.com/boitempo

CAIO PRADO JUNIOR

À memória de minha mãe
A Nena, minha companheira

SUMÁRIO

Prefácio 9

Sobre os capítulos 15

1 23

2 41

3 63

4 103

5 139

6 175

7 235

8 261

Sobre o autor 279

PREFÁCIO

Vera Lucia Amaral Ferlini

Quem, na trajetória intelectual de entender a realidade brasileira, não teve nos livros de Caio Prado Júnior sua iniciação? Estudos essenciais que até hoje são debatidos e indicam pesquisas e posicionamentos acadêmicos e políticos. Entre esses, está este *Esboço dos fundamentos da teoria econômica*, de 1957, que descortina o universo erudito do autor, permitindo entender as opções teóricas de suas análises da história do Brasil.

Intelectual de múltiplas facetas, militante comunista heterodoxo, Caio Prado Júnior teve na filosofia, na sociologia e na geografia um suporte vigoroso, ainda que tenha sido a história sua base. Por meio do marxismo, analisou o Brasil buscando entender sua formação e encaminhar seu futuro. Destacou-se ao criar um poderoso paradigma na historiografia nacional, e a história foi o instrumento para cumprir sua grande paixão: a ação política. Não qualquer ação política, mas uma capaz de levar o Brasil à autonomia e à igualdade social.

Sua origem na elite paulista e sua preocupação com o esgotamento do jogo oligárquico explicam, ainda nos anos 1920, recém-formado em direito, sua adesão ao Partido Democrático, de caráter liberal. Entusiasmado com as possibilidades de mudança, participou do movimento que levou, em 1930, Vargas ao poder. Decepcionado com os rumos do varguismo, porém, em 1932 filiou-se efetivamente ao Partido Comunista. Em 1933, publicou *Evolução política do Brasil*, texto de interpretação materialista da história brasileira que inovou a abordagem dos estudos históricos.

E esse momento de impasse constitui, no pensamento nacional, um redescobrimento para encontrar a base de nossa identidade e direcionar um projeto de nação, como já tentara Oliveira Vianna.

Ao lado de Gilberto Freyre, que em *Casa-grande & senzala* escancarou as relações raciais que sustentavam o patriarcalismo político, e de Sérgio Buarque de Holanda, que em *Raízes do Brasil* destacou a identidade cultural do colonizador, Caio Prado Júnior apontou a identidade política a partir da exploração mercantil, do escravismo e de um sistema imperfeito de classes.

A partir de 1933, o cenário político polarizou-se; Caio Prado Júnior, em 1935, participou ativamente da Aliança Nacional Libertadora (ANL) e foi preso. Libertado em 1937, exilou-se e aprofundou seus estudos em história. O amadurecimento de suas posições quanto à nação evidencia-se em *Formação do Brasil contemporâneo*, de 1942, obra em que articulou seu axioma para o entendimento do Brasil: o sentido da colonização. Sentido perceptível na duração, na diacronia que fundamenta a especificidade de nossa história como elemento estruturante. Essa obra, até hoje paradigma de discussões acadêmicas e diretrizes políticas, destacou as deficiências de nossa formação social, herdeira do escravismo, mas que deixara fora do polo orgânico senhor/escravo a grande massa populacional livre que, à margem dos elementos sinérgicos da lei e da cultura dominantes, fariam do Brasil, como dissera Louis Couty, um país que tinha população, mas não tinha povo.

Em 1945, o enfoque econômico passou a ser o centro da produção de Caio Prado Júnior, com a publicação de *História econômica do Brasil*, livro que expõe as estruturas da economia nacional, enfatizando sua inserção ancestral no capitalismo e sua vulnerabilidade ao imperialismo.

O fim do Estado Novo e a legalização do Partido Comunista estimularam a candidatura e a eleição de Caio Prado Júnior à Assembleia Legislativa do Estado de São Paulo, em 1947. Naquele ano, contudo, o PCB foi novamente colocado na ilegalidade, e, no começo de 1948, Caio teve seu mandato cassado, sendo preso pouco depois. Após libertado, sua militância e seu trabalho intelectual ganharam fôlego – Caio, por exemplo, editou, pela Brasiliense, entre 1948 e 1955, a revista *Fundamentos*, de forte viés nacionalista e ligada ao PCB.

Se o olhar do historiador dissecava o passado, o intelectual militante, ao pensar o presente, descortinava as possibilidades do futuro. O destino do Brasil e das nações de formação colonial tinha de encontrar em mudanças estruturais próprias seu desenvolvimento. A Segunda Guerra Mundial, ao sacudir o mundo e indicar nova ordem, abria perspectivas de liberdade e socialismo. Entender a natureza dessas áreas e suas possibilidades de desenvolvimento era questão nascente e candente. A onda descolonizadora nos pós-1945 apontou o horizonte de ação e suas reflexões, encaminhou o debate sobre o subdesenvolvimento e os rumos específicos dessas economias.

Os anos 1950 trouxeram ao cenário político mundial as lutas de descolonização travadas no cenário da guerra fria e da disputa imperialista. Mais uma vez, as posições de Caio Prado Júnior sobre a especificidade dos países de formação colonial apontavam a necessidade de autonomia política para o desenvolvimento econômico. Questão central nas discussões da recém-criada Organização das Nações Unidas e que, por inspiração de Raúl Prebisch, levou à instalação da Cepal. O novo instrumento teórico a unir o problema seria o conceito de dualismo, a delinear-se no seio do pensamento da comissão, cujo arcabouço analítico focava a ideia de desenvolvimento desigual da economia mundial, em que a agricultura pré-capitalista e latifundiária representava o setor retardatário e o núcleo industrial identificava-se com a fração capitalista da economia.

Em relação à Cepal, Caio Prado Júnior tinha duas discordâncias. A estratégia de desenvolvimento, indicada pelo órgão, tomava como base os modelos do capitalismo hegemônico, o que implicava o fortalecimento da burguesia frente a uma estrutura temporalmente atrasada e a negação do caráter específico dessas sociedades periféricas de formação colonial. Aliás, o sentido dado a essas sociedades pela colonização, sua inserção originária no processo capitalista, haviam colocado Caio Prado Júnior desde a década de 1930 em desacordo com as teses do PCB, que apontavam as ex-colônias, submetidas ao imperialismo e por sua estrutura arcaica, como expressão de uma economia feudal ou semifeudal. Posição reiterada pelo partido em 1943, na Conferência da Mantiqueira, e explicitamente defendida por Prestes no Programa de 1954, sobre o peso dos restos feudais e o apoio ao caráter progressista da burguesia, dentro da estratégia etapista da revolução.

Em 1954, candidatou-se a professor de economia política na Faculdade de Direito da Universidade de São Paulo. No concurso, realizado em 1956, recebeu o título de livre-docente, mas não o cargo. Sua tese, *Diretrizes para uma política econômica brasileira*, apresentava a impossibilidade de repetir no Brasil e nos outros países de formação colonial o desenvolvimento autossustentado dos centros imperiais. Essa posição marcou a luta de Caio Prado Júnior por uma revolução que, ao lado das mudanças sociais e da estrutura colonial, fundamentasse políticas econômicas específicas, com base no trajeto e nas especificidades históricas, posições mais tarde defendidas vigorosamente em *A revolução brasileira* (1966), *História e desenvolvimento* (1968) e *A questão agrária* (1979).

Firme em sua posição de que o desenvolvimento dos países periféricos não se devia a uma defasagem temporal, mas a sua gênese como colônias, e que as soluções tinham de corresponder à afirmação nacional, Caio Prado Júnior lançou a *Revista Brasiliense*, periódico que reuniu figuras acadêmicas e militantes, entre 1955 e 1964, e que foi um importante meio para divulgar as discussões nacionalistas e as polêmicas políticas e ideológicas da época.

Diretrizes para uma política econômica brasileira e *Esboço dos fundamentos da teoria econômica* surgiram na mesma época e respondem a desafios colocados, então, à política e à economia do país. O fim da era Vargas, os projetos de desenvolvimento e o plano de metas apontavam, na onda populista, ao crescimento e ao progresso industriais.

Em meio a uma vasta produção de história e de ação política, este livro corresponde a um verdadeiro curso introdutório à disciplina, estruturado a partir do pressuposto de que o desenvolvimento econômico dos países periféricos é bloqueado pela situação da dependência e subdesenvolvimento em que se encontram. É preciso, portanto, reestruturar suas economias em bases nacionais.

Com uma introdução e oito capítulos, o autor conduz o leitor à tese principal da especificidade das economias de formação colonial. Logo no início, defende a natureza histórica da economia e sua compreensão dentro do processo sociotemporal do capitalismo. Acentua as relações entre história econômica, história das doutrinas econômicas e economia política. E destaca: "O ponto de vista da história seria [...] o da simples sucessão daqueles fatos. [...] Mas a história econômica não é simples cronologia, e sim interpretação e sistematização lógica também – tanto quanto a pretensão da economia política de fazer abstração das contingências temporais é ilusória"*. Partindo do pressuposto da unidade entre teoria e prática, o autor introduz suas reflexões, afirmando que a teoria não se compreende nem se explica sem experiência, pois a teoria é a teorização da experiência, mas também a prática, a ação.

Explora a teoria econômica para apresentar as melhores ferramentas de entendimento da época, em que a economia, em conexão com a história do Brasil, assume um papel central. Em cinco capítulos, discute a importância da história na construção da teoria econômica, conduz a análise da economia política como produto histórico do capitalismo e instrumento de sua ação. Aponta a gênese das relações econômicas no processo de apropriação do produto e de que forma a divisão e a especialização do trabalho resultam no comércio e no estabelecimento do valor de troca dos bens econômicos. Esse sistema mercantil em que se dá, da generalização dos bens econômicos e inclusive da força de trabalho, é o capitalismo interpretado e explicado por Smith e Ricardo. Mas é em Marx, em suas considerações, na crítica dos limites da economia clássica, que se encontra a melhor teoria de análise. A força do marxismo, destaca Caio Prado Júnior, é decorrência da origem histórica e da rigorosa objetividade, extraídas do dinamismo natural.

Com dados empíricos e acuidade crítica, esta obra analisa, nos dois capítulos finais, a relação entre o capitalismo hegemônico e as economias periféricas, que reiteram sua dependência e seu subdesenvolvimento. O desenvolvimento econômico, nessas áreas, não se resume apenas à adoção de técnicas modernas ou à substituição de importações. É necessário criar condições para a implementação dessas técnicas e direcioná-las a objetivos específicos. Critica, assim, a visão simplista que considera apenas a

---

* Ver p. 20 deste volume. (N. E.)

difusão de tecnologia como solução, apontando que o verdadeiro desafio é utilizar essa tecnologia de maneira estratégica para benefício nacional.

Caio Prado Júnior propõe uma teoria econômica que não enxergue esses países apenas como integrantes do sistema capitalista internacional, mas que busque a emancipação econômica e a construção de uma economia nacional autônoma. Essa perspectiva implica escolhas complexas entre se integrar ao sistema internacional capitalista ou procurar uma via independente de desenvolvimento. As políticas de integração em geral promovem a abertura de mercados e a atração de investimentos estrangeiros, mas resultam em dependência econômica e desigualdade social. Por sua vez, a abordagem de emancipação prioriza o fortalecimento das capacidades produtivas internas, proteção dos mercados locais e um papel ativo do Estado na economia. A escolha entre esses caminhos envolve fatores históricos, políticos, sociais e econômicos, assim como a estrutura de poder interna e as dinâmicas das relações internacionais. A teoria proposta por Caio Prado Júnior sugere que essa escolha não seja estática, mas adaptável às circunstâncias mutáveis e específicas de cada país, permitindo a construção de um caminho de desenvolvimento que atenda às necessidades e às aspirações nacionais.

A publicação deste livro é oportuna por destacar a importância da história na constituição e ação da economia. Obra instigante, que nos recoloca frente ao dilema do desenvolvimento nacional e questiona nossa inserção periférica no capitalismo; que aponta a necessidade de criarmos caminhos, além de ações episódicas e conjunturais. Acima de tudo, obra fundamental para entendermos a evolução do pensamento caiopradiano e sua espinha dorsal: o sentido da colonização.

SOBRE OS CAPÍTULOS

1

Nas ciências sociais e, portanto, na teoria econômica, é preciso considerar tanto os fatos objetivos e exteriores ao pensamento humano como esse pensamento que conduz a ação dos homens e, assim, determina e configura aqueles fatos.

2

Gênese das relações econômicas. Formas de apropriação do produto social. A troca e a divisão e especialização do trabalho por ela estimuladas, resultando no comércio e no estabelecimento do valor de troca dos bens econômicos. O processo de mercantilização dos bens econômicos. Critério ou padrão das trocas e dos preços: o esforço produtivo que se mede pela força de trabalho aplicada na produção dos bens econômicos. Mercantilização da força de trabalho e, com isso, complementação e integração do sistema mercantil. Funcionamento automático do sistema, fora e acima das vontades individuais dos participantes dele, e regulado por leis naturais. A economia política tem por objeto essas leis naturais.

3

O sistema mercantil, no qual se dá a mercantilização generalizada dos bens econômicos, inclusive e sobretudo da força de trabalho, constitui o capitalismo. Funcionamento do capitalismo. Análise e interpretação desse funcionamento por Adam Smith e Ricardo e constituição da economia política. A teoria do valor e as divergências que suscita. O ponto de vista do proletariado representado pelos precursores do socialismo e por Marx. O marxismo como teoria econômica do proletariado. O ponto de vista da burguesia. Concepção otimista do funcionamento do sistema capitalista. A questão das crises periódicas de superprodução.

4

O sistema capitalista, realização da burguesia, tem no lucro capitalista, que constitui a fonte de receita e a origem da riqueza e domínio da burguesia, seu elemento central e essencial. O lucro acumulado forma o capital que se destina a produzir mais lucros e nova acumulação de capital. O ciclo produtivo do capitalismo, no qual se forma e reforma o capital, constitui o essencial do dinamismo do sistema; e dele resulta uma tendência permanente e irremovível ao subconsumo e ao desequilíbrio entre a oferta e a demanda de mercadorias. Daí as crises de superprodução. A tendência ao desequilíbrio é contrabalaçada, na primeira fase de estruturação e desenvolvimento do sistema capitalista, pelas oportunidades de inversão que aquela estruturação e desenvolvimento proporcionam, pois o subconsumo é compensado pelo consumo produtivo de bens de produção. Quando o capitalismo amadurece, as oportunidades de inversão declinam, o desequilíbrio latente entre a produção e o consumo não encontra mais compensação, e as crises, por conseguinte, se agravam. Daí maior incidência, extensão e gravidade do desemprego; e o regime político e social em que se apoia o capitalismo se torna precário. Necessidade em consequência, para a burguesia, de uma nova teoria econômica interpretativa e preventiva das crises.

5

A nova teoria econômica da burguesia terá de explicar, dentro da ortodoxia capitalista, como e por que o poder aquisitivo do mercado pode ser inferior ao valor da produção, bem como encontrar a maneira de evitar ou pelo menos atenuar os desequilíbrios que se verificam entre a oferta e a demanda de mercadorias. O primeiro economista a realizar a tarefa de forma geral e sistematizada foi o inglês John Maynard Keynes (1936). A *Teoria geral* de Keynes e suas incorreções e incongruências.

6

As transformações recentes do sistema capitalista que a economia política ortodoxa, inclusive a teoria geral de Keynes, não tomaram em devida conta. O processo de concentração e centralização do capital que deu no sistema de capitalismo monopolista e trustificado de nossos dias. Originalidade e especificidade do novo sistema e como nele se apresenta a questão do equilíbrio da produção e do consumo. Necessidade da intervenção do Estado como consumidor e inversor alternativo do consumo dos particulares; isto é, como consumidor e inversor providencial que intervém no momento oportuno na balança desequilibrada da oferta e da demanda de mercadorias. A política compensatória do ciclo como solução do problema das crises. Insuficiência da solução e o projetado recurso a inversões, compensadoras do desequilíbrio crônico do sistema capitalista, nas áreas e países subdesenvolvidos.

7

A teoria moderna do desenvolvimento econômico e a concepção puramente quantitativa e mecanicista de um desenvolvimento capitalista unilinear, homogêneo e uniforme em todos os países. Especificidade dos países de economia complementar e periférica do capitalismo, como entre outros o Brasil, cujo papel essencial é de fornecedores internacionais de produtos primários. Limitação, nesses países, de perspectivas e oportunidades de inversões capitalistas partidas do centro do sistema; limitação, também, das perspectivas de desenvolvimento econômico determinado por aquelas inversões.

8

O desenvolvimento econômico dos países subdesenvolvidos do tipo do Brasil é embaraçado pela dependência e subordinação em que eles se encontram relativamente ao sistema internacional do capitalismo trustificado. É preciso, portanto, que se libertem desse sistema e reestruturem sua economia em bases nacionais. Necessidade para isso de uma teoria econômica que seja expressão legítima da experiência própria dos países subdesenvolvidos. Essa teoria se há de inspirar na natureza específica da economia daqueles países, que de complementar e dependente se deve transformar numa economia nacional. Intervenção do Estado e perspectivas para o socialismo.

Não se pretende neste livro, como bem diz seu título, desenvolver a teoria econômica em nenhuma de suas partes, muito menos considerá-la em conjunto. Trata-se apenas dos fundamentos em que a análise econômica deve assentar, e assim mesmo apenas em esboço, com a finalidade essencial, se não única, de articular melhor do que ordinariamente fazem a análise econômica, a teoria e a prática, o pensamento e a ação. Isso é condição essencial para a elaboração da teoria econômica, particularmente em países como o Brasil, onde se é obrigado partir de modelos teóricos largamente distanciados, em muitos casos, da experiência real e da ação própria daqueles países.

O estudo e o conhecimento da economia se encontram distribuídos em três disciplinas fundamentais: a *economia política*, a *história econômica* e, finalmente, a *história das doutrinas econômicas*[1]. Essa divisão, ditada por considerações de ordem metodológica, não representa, todavia, uma realidade absoluta, pois os fatos de que se ocupam as três disciplinas citadas são na verdade os mesmos. Isso é evidente no que diz respeito à *economia política* e à *história econômica*, pois o objeto daquela primeira não constitui senão um momento ou uma fase da história. Realmente,

[1] A chamada ciência das finanças não passa, efetivamente, sobretudo em nossos dias, de um capítulo da economia política. Não precisamos, pois, considerá-la aqui à parte.

o que de ordinário se entende por economia política nada mais compreende que os fatos de determinada época histórica, a do *capitalismo*. É certo que a economia política procura apresentar tais fatos de maneira logicamente sistematizada, genérica e abstraindo-se das contingências temporais. O ponto de vista da história seria outro, a saber, o da simples sucessão daqueles fatos. Essa distinção, todavia, se é útil e mesmo necessária do ponto de vista metodológico, está longe de ser absoluta e mesmo rigorosa. Isso porque a história econômica não é simples cronologia, e sim interpretação e sistematização lógica também – tanto quanto a pretensão da economia política de fazer abstração das contingências temporais é ilusória. O *fato* não se distingue essencialmente e não se pode separar de forma absoluta do *processo* pelo qual se passa de um fato a outro. E se a economia política se ocupa propriamente dos fatos econômicos e a história econômica se ocupa da sucessão daqueles fatos e, pois, do processamento dessa sucessão, é certo também que nem a economia política pode esquecer e desprezar o processo imanente em todo fato e que tende permanentemente a lhe transformar o conteúdo, nem a história econômica pode ignorar a natureza íntima e a estrutura orgânica dos fatos que compõem os processos de que ela se ocupa.

Mais sutis e menos aparentes são as relações entre a economia política e a história econômica de um lado e a história das doutrinas econômicas de outro. Mas, ainda aqui, uma análise atenta e aprofundada do assunto revela claramente que o pensamento econômico, objeto da história das doutrinas econômicas, constitui um dos aspectos e elementos do fato econômico, objeto tanto da economia política como da história econômica. Sem querer me adiantar ao assunto desenvolvido no corpo deste livro, lembrarei apenas que o fato econômico é resultante da ação pensada de indivíduos racionais; e é esse pensamento dos indivíduos participantes da atividade econômica que fornece a matéria-prima de qualquer doutrina ou teoria econômica. Adam Smith, Ricardo e os demais teorizadores clássicos do capitalismo nascente e em sua primeira fase de desenvolvimento não fizeram mais em sua obra que condensar e exprimir o pensamento difuso e ainda informe antes deles por milhares de capitalistas atentos a seus negócios, aplicando-se a eles e, com isso, organizando e estruturando a nova ordem capitalista; da mesma forma que a obra de Marx, Engels e demais socialistas do século passado deu forma sistematizada e orgânica ao pensamento antes deles também difuso e informe de produtores e trabalhadores que o progresso do capitalismo transformava em assalariados e proletários sem outro bem econômico que a força de seu trabalho.

Em suma, a divisão do assunto de que a economia se ocupa em diferentes disciplinas, e que realiza para fins metodológicos, precisa também ser superada. É o que se pretende mostrar neste livro, em que procurei realizar a síntese daquelas matérias ou, antes, apresentar as perspectivas para a realização de tal síntese no plano oferecido pela observação das circunstâncias atuais do mundo em que vivemos. Na história econômica vou buscar as origens do capitalismo ou, mais precisamente, das relações capitalistas de produção tal como resultaram de uma longa evolução e transformação das primitivas relações que se estabeleceram entre os homens convivendo em sociedade e procurando resolver por meio dessas relações seus problemas fundamentais de vida. Na história das doutrinas econômicas encontro a maneira como os homens, representados por seus pensadores especializados, interpretaram e procuraram explicar aquelas relações e, transportando esse pensamento para suas obras, influíram na ação e, portanto, nas relações econômicas de seus contemporâneos e das gerações seguintes. A economia política, finalmente, que ao interpretar os fatos da atualidade que são os do capitalismo, exprime o pensamento econômico dos nossos dias, essa nos fornece as premissas e bases sobre que há de trabalhar a elaboração teórica presente, inspirada na experiência corrente e voltada para os objetivos práticos que os homens procuram alcançar – ou, antes, que procuram alcançar, com seus divergentes pontos de vista, as diferentes classes e categorias sociais, bem como agrupamentos nacionais em que a humanidade se divide.

Considerados desse ponto de vista geral e amplo, os fatos econômicos, ou mais precisamente o comportamento econômico dos homens, bem como a maneira como eles interpretam esse comportamento e as razões que os impulsionam na ação, se tornam mais claros. O que concede à elaboração da teoria econômica, tanto quanto à da política econômica que deve resultar daquela teoria, armas poderosas. É isto que se pretende nas páginas que seguem. Numa palavra, o que este livro procura é situar o fato econômico e a teoria que dele se ocupa, na confluência precisamente destes dois elementos que compõem em conjunto o verdadeiro objeto da economia, a saber: de um lado, a ação que constitui propriamente o fato e, de outro, o pensamento que conduz a ação e inspira a teoria orientadora da prática. E na medida, reduzida embora, em que esse objetivo for realizado, ter-se-á uma visão mais adequada e concreta da vida e das relações econômicas, que não se moldam por princípios, leis ou padrões absolutos e eternos – como quer a metafísica e aparece, ou antes se disfarça, na análise corrente e ortodoxa dos fatos econômicos – e são apenas expressão momentânea do comportamento dos homens estimulados e guiados por suas necessidades materiais e morais, bem como pela experiência que esse mesmo comportamento lhes proporciona. Visão aquela da realidade econômica altamente fecunda, em particular para nós brasileiros, porque chama atenção para nosso próprio comportamento coletivo, para nossa própria experiência, permitindo-nos, com isso, enxergá-los com mais liberdade e sem ser através dos óculos de experiências alheias e de teorias que dão conta dessas experiências em boa parte completamente estranhas a nós.

1

Aquilo que, em contraste com as ciências físicas, caracteriza as ciências sociais, e entre elas a economia de que nos vamos ocupar, é a circunstância que nelas o assunto ou o objeto de que tratam se confunde com o próprio ser humano que trata desse objeto. Nos fatos humanos, o homem é, ao mesmo tempo, o ator e o espectador: é com sua ação que ele dá origem àqueles fatos; e é ainda ele que considera e observa os mesmos fatos, constituindo com eles, ou antes com a consideração e a observação deles, o conhecimento e a ciência. Noutras palavras, o homem tem nas ciências sociais, o que não ocorre nas ciências físicas, um duplo papel: ele é, ao mesmo tempo, simples agente nos fatos que competem àquelas ciências sociais e que constituem o objeto delas e, doutro lado, observador e intérprete desses fatos que ele mesmo como agente determina. Os filósofos exprimiriam isso afirmando que a "esfera objetiva" do conhecimento (isto é, os fatos que são "objeto" do conhecimento) se confunde nas ciências sociais com a "esfera subjetiva", a saber: o pensamento que elabora o conhecimento. O homem é simultaneamente objeto e sujeito do conhecimento: *objeto* como participante dos fatos que são "objetos" de conhecimento ou ciências sociais; *sujeito do conhecimento* como indivíduo observador e analista daqueles fatos.

Essa situação é distinta, como logo se vê, daquela que se apresenta nas ciências físicas, nas quais o objeto do conhecimento que são os fatos físicos independe do sujeito que deles se ocupa e se encontra, portanto, separado daquele objeto[1]. Essa distinção entre as ciências sociais e as físicas é muito importante e precisa ser levada em conta, o que geralmente não se faz, derivando daí muitas confusões e apreciações falseadas dos fatos sociais. Para se compreenderem e para explicar adequadamente esses fatos, é preciso ter sempre em mente que eles não são, como os fatos físicos, independentes do homem e de seu pensamento, pois é esse pensamento que determina a ação humana da qual resultam os fatos sociais. Nada de semelhante, está claro (a não ser para o mais empedernido idealista), se apresenta na esfera dos fatos físicos que não resultem do pensamento humano e dele independem. Ora, as ciências sociais, que em sua feição moderna se constituíram depois das físicas, procuram modelar-se por estas últimas. É sabido como ordinariamente se resolve, ou antes se ladeia, a dificuldade para o fim de conformá-las com o modelo escolhido e obter nelas uma igual separação entre as esferas subjetiva e objetiva, condição necessária, segundo em geral se crê, para a devida elaboração científica. Isso se consegue distinguindo arbitrariamente no homem duas qualidades ou personalidades separadas uma da outra e entre si alheadas: de um lado, o indivíduo pensante que se ocupa da elaboração científica, e é como o puro espírito que paira acima das contingências da vida concreta e não faz mais que observar e analisar, do exterior, os fatos humanos e sociais com que nada tem a ver se não naquela simples qualidade de observador e analista de ocorrências que lhe são de todo estranhas. Doutro lado, distingue-se desse indivíduo pensante e elaborador do conhecimento ou ciência social o indivíduo agente que participa da vida concreta, configura por sua ação os fatos sociais e constitui, assim, o objeto da elaboração científica de tais fatos.

É assim que ordinariamente se propõe o assunto, sem se perceberem as posições e as apreciações falseadas a que isso conduz. A diferenciação

---

1 Essa independência e essa separação são apenas relativas e mais marcadas que nas ciências sociais, pois também os fatos considerados pelas ciências físicas o são em função do homem ou do sujeito do conhecimento daqueles fatos. Mas não nos interessa discutir aqui esse ponto. Numa primeira aproximação, suficiente em nosso caso, os fatos físicos podem ser tomados como inteiramente distintos do sujeito do conhecimento, isto é, do homem que deles se ocupa, e serem, assim, contrastados com os fatos sociais para maior caracterização destes últimos.

assim introduzida no indivíduo humano ou conjunto de indivíduos que compõem a sociedade humana importa praticamente, como é fácil observar, numa partilha dos homens em duas categorias distintas, sendo que uma delas compreenderia a maioria e quase totalidade, formada daqueles indivíduos cuja ação e comportamento constitui o objeto do conhecimento e elaboração científica realizada pela outra categoria e minoria ínfima sobrante que se comporia do reduzido grupo de "homens de pensamento" e cientistas dos fatos sociais: os sociólogos, os economistas, os historiadores etc. Faz-se, assim, efetiva, e como que material e tangível, a separação das duas esferas em que respectivamente se incluem de um lado o objeto e do outro o sujeito do conhecimento nas ciências sociais. Não há confusão possível e realiza-se nessas ciências o modelo e ideal proposto pelas ciências físicas. Entre os milhares ou milhões de seres humanos que figuram, por exemplo, nas estatísticas sociais como simples números e o homem de ciência que elabora essas estatísticas e as interpreta, vai uma diferença tão grande como entre Newton e os fatos da gravitação universal.

Em ponto menor, qualquer um de nós frequentemente pratica consigo mesmo essa discriminação – e sem ao menos se dar conta disso. Assim, por exemplo, quando nos referimos a fatos relativos a coletividades ou grupos sociais a que pertencemos (país, cidade, classe, profissão, partido político etc.), interpretando-os e formando juízos a respeito, consideramo-nos ordinariamente exteriores e alheios a tais fatos, sem nos lembrarmos de que lhes estamos trazendo uma contribuição ativa, mesmo às vezes no próprio instante em que a respeito deles nos pronunciamos. Ao afirmar que o Brasil tem tantos ou quantos habitantes, e embora eu esteja incluído nesse número, e no próprio momento de minha afirmação, não é ordinariamente isso que me ocorre. Parece-me antes que me encontro como de fora do fato social da população brasileira; e o espírito com que lhe atribuo certo número é o mesmo que teria com relação à população da China ou mesmo do Brasil na data de sua Independência.

Tudo isso parece natural e de fato se justifica de certa maneira e dentro de certos limites. Em cada caso particular, é possível, e mesmo frequentemente indispensável, separar-se na elaboração e no conhecimento das ciências sociais o ser pensante do ser agente. Nos casos extremos, isso se impõe mesmo pela própria natureza do assunto em foco. Assim, o sociólogo que se ocupa de uma coletividade humana que não seja a sua e que se encontra afastada dele no tempo e no espaço, bem como o historiador que trata de acontecimentos remotos, pode considerar-se, ao que parece com toda legitimidade, completamente estranho e alheio aos fatos que observa e interpreta, não se distinguindo, então, em nada do físico, que observa os fenômenos celestes. Nosso sociólogo e nosso historiador nada têm a ver com aqueles fatos de que se ocupam, a não ser como simples observadores, e em nada interfere, no caso, a qualidade de indivíduo agente e participantes dos fatos sociais. Em frente aos remotos assuntos que procura analisar e conhecer, constitui puro pensamento e, pois, esfera subjetiva inteiramente exterior à objetiva e dela separada.

Mas, se é assim ou aparenta ser assim em cada caso específico, no conjunto do conhecimento e da ciência social a situação se apresenta de forma diferente. Examinada a questão com tal generalidade – generalidade essa que se impõe sempre que pretendemos ir ao fundo dos fatos sociais –, ela muda de figura. Se totalizamos, de um lado, os fatos sociais, de outro, nosso conhecimento desses fatos, veremos claramente que ambas as esferas a que nos referimos, a objetiva e a subjetiva, os fatos e o conhecimento deles interferem constantemente uns nos outros, e nunca se podem isolar inteiramente entre si.

Se não, vejamos. O conhecimento assim totalizado, isto é, considerado em toda a sua generalidade e sua extensão, não é evidentemente privilégio de ninguém, de nenhum indivíduo ou categoria de indivíduos (cientistas, homens de pensamento...). Todo indivíduo humano, por força de sua própria condição de ser pensante, tem certo conhecimento, em particular dos fatos sociais que tão de perto o afetam. Está mesmo permanentemente elaborando esse conhecimento, isto é, desenvolvendo-o e enriquecendo-o com novas experiências que lhe proporcionam os contatos permanentes que mantém com seus semelhantes. Alguns indivíduos especialmente dotados ou colocados em posições privilegiadas que lhes permitem considerar e observar os fatos sociais em perspectivas mais amplas, estes terão uma participação maior na elaboração do conhecimento. Poderão dedicar-se profissionalmente a essa elaboração e se farão cientistas. Mas, em essência, não se distinguem dos demais. Sua contribuição para o conhecimento dos fatos sociais, que já se eleva neles para o plano da ciência propriamente, será muito mais ampla, generalizada, sistematizada. Fundamentalmente, contudo, o conhecimento que eles elaboram terá a mesma natureza que a de qualquer outro de seus semelhantes, por modesto que ele seja. Um sociólogo poderá, por exemplo, trazer uma grande contribuição para o conhecimento da instituição da família e considerá-la em diferentes coletividades humanas, o que dará margem para conclusões de ordem muito geral. Mas isso não exclui, e antes pressupõe, o modesto conhecimento que qualquer indivíduo tem das relações de família, pelo menos da comunidade a que pertence, e não elimina a pequena parcela de opiniões e convicções, certas ou erradas, que tem a respeito. Opiniões e convicções essas que constituem *conhecimento*, insignificante embora na escala da sociologia como ciência. É, aliás, desse conhecimento específico, particularista e difundido por todos os indivíduos, que se constitui em grande parte o conhecimento mais geral e sistematizado que o cientista propriamente tem dos fatos sociais. Em suma, o conhecimento, e particularmente o conhecimento dos fatos sociais, constitui um fenômeno coletivo, social. Não é privilégio exclusivo de ninguém nem de nenhuma categoria de indivíduos humanos, mas se difunde pelo conjunto e por todos eles, embora em proporções muito variáveis; e se elabora também por esses indivíduos, alcançando em alguns deles, que são propriamente os cientistas dos fatos sociais – sociólogos, etnólogos, economistas, historiadores etc. –, o plano mais elevado da ciência, que não é se não o do conhecimento geral e sistematizado.

Ora, de onde provém esse "conhecimento" se não da experiência, experiência essa que resulta dos fatos concretos? O conhecimento, seja qual for o nível de sua generalidade, sua sistematização e do plano em que se encontra, não é mais que a expressão mental, isto é, no pensamento humano, da experiência resultante dos fatos que no domínio do conhecimento social se constituem da ação dos indivíduos. É assim essa ação dos indivíduos que se encontra na base do conhecimento social desses mesmos indivíduos. A ação, e os fatos sociais que a ação compõe, penetra, assim, o conhecimento. Ou em outras palavras, faze-se "conhecimento" que não tem outra fonte e origem que aqueles fatos. É o caso, já lembrado, da esfera objetiva (que é a esfera dos fatos sociais), interferindo na esfera subjetiva (que é a do conhecimento).

Em sentido oposto, o conhecimento interfere nos fatos, pois é o conhecimento que cada indivíduo tem do mundo que o cerca e em que vive que lhe dita e orienta a ação. Que compõe e forma, portanto, os fatos sociais que mais não são que resultante da ação dos indivíduos. Em outras palavras, é o conhecimento que guia a ação dos indivíduos, e é dessa ação que resultam os fatos sociais. O conhecimento (esfera subjetiva) interfere, pois, permanentemente nos fatos (esfera objetiva). E, em suma e conclusão, os fatos sociais não se concebem sem o conhecimento desses mesmos fatos, tanto quanto o conhecimento dos fatos sociais não se concebe sem esses fatos que por meio da experiência que eles proporcionam aos indivíduos proporcionam também aquele conhecimento.

Como se vê, não é possível isolar entre si as esferas objetiva e subjetiva. Os fatos sociais e o conhecimento desses fatos interferem entre si, condicionam-se e se determinam mutuamente. Podemos ver isso mais claramente num exemplo concreto, para o qual escolheremos um caso extremo a fim de lhe dar a maior generalidade possível. Considere-se o cientista dos fatos neste texto referidos, o sociólogo ou historiador que se ocupa de fatos que lhe são remotos. Ele poderá destacar certos acontecimentos e ocorrências a que é estranho a fim de tratá-los à parte e sem neles se incluir. Mas isso não excluirá a circunstância que tais acontecimentos se relacionam, por remota e indiretamente que seja, com outros acontecimentos atuais e presentes de que aquele cientista participa e que sobre ele atuam. E atuam, portanto, sobre seu pensamento através de que ele considera os fatos que constituem o objeto de suas considerações. Sua personalidade e sua inteligência, seu modo de ser e de ver as coisas, são produtos das circunstâncias em que se encontra (a educação e a instrução que teve, o meio social em que vive, a posição que ocupa...), circunstâncias essas que constituem fatos sociais componentes da esfera objetiva do conhecimento social considerada em sua generalidade. Portanto, a esfera objetiva, vista assim em sua generalidade e na continuidade que efetivamente apresenta no espaço e no tempo (o que quer dizer: os fatos sociais, objeto do conhecimento social, considerados como devem ser em sua universal interligação e condicionamento recíproco), vista assim, a esfera objetiva interfere necessariamente na esfera subjetiva e dela participa, não podendo ser isolada – como talvez pretendesse nosso cientista. É possível, e é o que em geral se dá, que esse cientista não se aperceba disso no curso de seus trabalhos. Mas quando nada, ele estará pelo menos usando na análise e na interpretação que realiza, as noções e as categorias que apreendeu em sua formação e adquiriu em sua experiência. E com isso relacionará, queira ou não queira, e embora o faça inconscientemente, aqueles fatos longínquos e estranhos de que se ocupa com os atuais de que participa. Inclui-se, portanto, como agente e parcela dos fatos sociais, como elemento que é da esfera objetiva, na elaboração científica que realiza. A maneira com que respectivamente um historiador burguês e um marxista verão, por exemplo, a revolta de Espártaco não pode deixar de sofrer a influência das situações sociais tão diversas da atualidade em que cada qual se inspira.

Em contrapartida, por mais inatuais e alheios que sejam os fatos tratados por um cientista da sociedade e do comportamento humano, e por menos que ele se deixe influenciar pelas ocorrências de que é parte, o que ele não pode impedir e não impede realmente é que a interpretação que dá a tais fatos e a teoria científica que com eles elabora se projetem nos fatos subsequentes com maior ou menor efeito e intensidade. Isto é, o pensamento por ele expresso se marcará mais ou menos, conforme sua profundidade, seu valor intrínseco e as circunstâncias em que se manifesta, nos acontecimentos posteriores por meio da ação daqueles indivíduos sobre que tal pensamento influiu. Em suma, a expressão desse pensamento constituirá um novo fato a se agregar aos demais que com ele ocorrem e com que interagirá. O marxismo, que é o pensamento de um homem que foi Marx, se fez fato social através da ação do proletariado que se inspirou naquele pensamento. A esfera subjetiva em que nosso cientista hipotético (que poderia ser Marx) se colocou abre-se para a objetiva e vai com ela se confundir.

Tudo isso é bastante sensível e se torna claro no domínio da teoria e dos fatos econômicos. As instituições econômicas atuais, que são fatos de hoje, e se fazem a esse título objeto da economia, constituíram todas elas pensamento e teoria de ontem (e, portanto, fatos subjetivos) traduzidos em normas de ação e dinamizadas em seguida em fatos objetivos. Elas se originam em práticas inspiradas por certas necessidades e que, embora puramente empíricas a princípio, foram assim mesmo e necessariamente em certo momento anterior concebidas por alguém e se traduziram mais ou menos obscuramente no pensamento de precursores. Assistimos aí à passagem da esfera subjetiva (isto é, do indivíduo pensante aplicando-se à solução de problemas ditados por necessidades da vida prática) para a objetiva, isto é, para a prática resultante que se toma por efeito disso em fato econômico. Considerem-se, por exemplo, as instituições monetárias. Os padrões e a natureza e qualidades da moeda, ou os sistemas de crédito que lhe fazem as vezes, tudo isso e o mais que configura aquelas instituições decorre originariamente de projetos e providências antes concebidos por certos indivíduos ao considerarem os fatos que tinham sob as vistas e de que participavam, transformando-se posteriormente em práticas e, portanto, fatos econômicos. Em alguns casos existem mesmo indicações bastante seguras sobre a origem histórica das instituições monetárias, como se dá com a letra de câmbio, "inventada" (isto é, *concebida* e depois adotada na prática) em fins do século XIII por comerciantes italianos a fim de dispensar o transporte de numerário. Coisa semelhante ocorre em todos os fatos econômicos que constituem sempre um emaranhado de teoria e prática; onde a prática se faz teoria, e a teoria, prática. O empresário industrial que na base da consideração, análise e interpretação dos fatos concretos de que participa (a situação do mercado, as disponibilidades de capitais, de crédito, de mão de obra etc.) se dispõe a organizar um empreendimento, em que esfera se acha colocado? Será na *subjetiva*, como indivíduo pensante que é, teorista e fato subjetivo que ele representa quando elabora mentalmente seus planos; ou será na esfera *objetiva*, ao agir e provocar a ação de outros (de subscritores de capital, de banqueiros prestamistas e financiadores, de operários trabalhadores...) e configurar, com isso, novos fatos econômicos? Evidente que ele passa alternada e permanentemente de uma para outra esfera. É num momento sujeito do conhecimento, quando projeta e planifica seu empreendimento e, com isso, elabora uma teoria, a pequena e particularizada teoria de seu negócio, mas sempre uma teoria que constituirá conhecimento econômico. Mas logo depois de ser sujeito do conhecimento e elaborador desse conhecimento, nosso empresário se torna objeto do conhecimento econômico ao dar os passos necessários para a realização de seu empreendimento. Isto é, ele se faz pela ação, fato econômico *objeto* da economia como disciplina do conhecimento ou ciência.

Examinando os fatos econômicos com atenção, verifica-se que situação análoga se apresenta na ação de qualquer participante, por modesto que seja, daqueles fatos. E é da soma, da conjugação e da composição de tais ações individuais que resultam os "fatos". Não é possível por isso isolar a esfera objetiva da subjetiva. Qualquer indivíduo, pela simples circunstância de constituir um ser pensante, estará agindo e contribuindo, assim, para o fato econômico de que participa com seu pensamento. Não é um autômato e agirá inspirado nesse pensamento, numa concepção ou numa teoria, modesta embora – concepção ou teoria essa que há de ser, portanto, levada em conta pela economia ao ocupar-se do fato para o qual contribuiu aquela ação.

Considere-se, por exemplo, o indivíduo que na expectativa de uma alta de preços adquire uma quantidade maior que a habitual de seus gêneros de consumo. Ele agirá assim, influenciado por alguma concepção ou teoria que certa ou erradamente lhe faz prever aquela alta, e terá elaborado com essa teoria na base das observações que fez e faz como *sujeito do conhecimento econômico*. A rigor, e dado o devido desconto das proporções, ele não se distingue de um economista de ofício cuja obra vai determinar uma nova feição dos fatos. Ele será, como este último, um analista dos fatos econômicos. E é em função dessa qualidade (que pertence à esfera subjetiva) que age como participante deste fato econômico que é a compra, a estocagem e o consumo dos gêneros que adquire.

Dir-se-á que sua "teoria" não tem a menor importância e significação e que se pode com toda legitimidade desprezá-la e considerar unicamente o fato concreto em que se traduziu. E é isto precisamente que o tratamento vulgar da economia costuma fazer: a teoria a considerar é apenas a dos elaboradores consagrados e de ofício que são os economistas, puros espectadores dos fatos que do exterior eles contemplam e interpretam. Quanto aos fatos, esses independem daquela esfera subjetiva e elaboradora do conhecimento em que se abrigam os teoristas. Eles nada têm a ver com aquela esfera subjetiva e pensante e se desenrolam por determinação mecânica de autômatos que são o comum dos indivíduos cuja ação compõe os fatos econômicos.

Esse modo de colocar o assunto é evidentemente inadequado. Em primeiro lugar porque as "teorias" dos economistas de ofício, salvo pela generalidade e a amplidão e pela natureza indireta da ação que provocam, não se distinguem essencialmente da mais modesta concepção de qualquer um dos participantes dos fatos econômicos, seja em sua essência, sua origem, seja nas consequências que determina[2]. Como estas últimas concepções, as "teorias" sistematizadas e consagradas dos economistas também constituem simplesmente maneiras de ver os fatos e de interpretá-los; e, como elas, representam ponto de partida e impulso inicial de novos fatos. A obra de um Adam Smith ou Ricardo, por exemplo, que traçou as linhas mestras e fundamentais do moderno sistema do capitalismo industrial, não fez mais que interpretar sob forma geral o comportamento de milhares, se não de milhões, de indivíduos engajados naquele processo histórico do capitalismo e exprimir sistematizadamente esse pensamento que já se encontrava difuso e mais ou menos informe e indefinido na consciência daqueles indivíduos. Ao mesmo tempo, contribuiu poderosamente para o processo de estruturação e desenvolvimento do capitalismo industrial, pois traçou normas e exibiu modelos de comportamento que ditaram a ação de grandes conjuntos de indivíduos do mesmo modo que as concepções e as "teorias" particulares de cada um desses indivíduos influenciavam seu comportamento próprio. Teoria e prática, em ambos os casos, tanto no do economista de ofício (um Adam Smith, um Ricardo ou outro qualquer) como no do

2 Essas consequências, no caso da teoria econômica própria, são indiretas, pois em geral não resultam da ação do próprio teórico economista, como no caso comum dos indivíduos participantes dos fatos econômicos, em que teoria e ação se confundem na mesma pessoa. Essa diferença, todavia, não é essencial para a caracterização do fato econômico a que estamos aqui procedendo.

simples participante direto nos fatos econômicos com sua concepção ou "teoria" particular, são fundamentalmente as mesmas: teoria e prática, esfera subjetiva e objetiva, se penetram e determinam de forma recíproca. Não se encontram isoladas e não podem, por isso, ser isoladas na consideração dos fatos econômicos, tanto como na da teoria desses fatos.

Ao mesmo tempo, e voltando ao exemplo do comprador que na expectativa de uma alta de preços adquire uma quantidade maior que a habitual dos gêneros de seu consumo, há de se advertir que, não fosse a "teoria" de tal comprador sua maneira particular de interpretar a situação (circunstância esta de natureza subjetiva que a economia vulgar e corrente tem a tendência de subestimar, se não excluir por completo), outro teria sido seu comportamento; e outro, portanto, eventualmente, o fato econômico global resultante de sua ação adicionada à de outros muitos indivíduos no mesmo caso que ele.

Em suma, não é lícito à economia ignorar a circunstância que os fatos sociais em geral, e os econômicos em particular, são resultantes da soma e da composição dos atos de indivíduos *pensantes* cujo pensamento é condicionado e conformado por concepções e teorias econômicas correntes na época e no lugar em que vivem. A notícia de uma longa estiagem estimula a aquisição de gêneros agrícolas – e não somente provoca alta de preços, mas predispõe a generalidade dos compradores a pagarem esses preços aumentados. E para isso concorre, como poderoso fator, a circunstância que os indivíduos têm um mínimo de noção da teoria econômica e não ignoram os efeitos da "lei da oferta e procura". Isso é muitas vezes patente, porque não é raro o caso em que menos que o fato da escassez, é a previsão dela que determina a carestia. Numa situação como essa, observa-se muito bem que a lei econômica (a da oferta e da procura), que é uma "teoria" do comportamento econômico, concorre decisivamente nesse comportamento. O fato *subjetivo* condiciona o *objetivo*, e não há mais como isolar as duas esferas.

A economia vulgar não podia deixar de reconhecer essas circunstâncias – e a elas se adaptou, ou antes tentou se adaptar, com a introdução em seu arsenal de um fator adventício e estranho a seu sistema que é o chamado "fator psicológico". Não é preciso lembrar o papel desse fator no domínio do pensamento econômico vulgar. De um lado, ele representa o espírito maligno capaz de ocasionalmente destruir a mais bem arquitetada interpretação dos fatos; de outro, é o "pau para toda obra", a chave mágica explicativa de qualquer acontecimento imprevisto e obscuro. Na realidade, o "fator psicológico" encontra-se fora da sistemática da economia vulgar e constitui um sobressalente que nas formulações daquela economia atua de seu exterior e não se enquadra e integra em seu conjunto. E, apesar dos esforços intermitentes de alguns economistas para levarem em consideração o fator psicológico e o incluírem efetivamente em seus sistemas, os resultados têm sido praticamente nulos[3].

A razão profunda disso é que, na realidade, não é possível distinguir nos fatos econômicos aspectos distintos: um psicológico, outro não. O fato econômico é uma resultante coletiva da ação de indivíduos pensantes, não de indivíduos às vezes pensantes e outras vezes não. A natureza, o nível, a propriedade e a adequação desse pensamento poderão ser variáveis – e o são realmente, conforme as circunstâncias de tempo, lugar e momento particular. Mas haverá sempre pensamento, e o fator essencial determinante desse pensamento serão, precisamente, as concepções econômicas difundidas e dominantes na coletividade considerada e o teatro dos fatos econômicos que se têm em vista. Tais concepções são fruto da consciência que os indivíduos participantes e agentes do fato econômico têm dos fatos anteriores e contemporâneos do momento de sua ação, consciência essa que constitui, precisamente, a esfera subjetiva: o indivíduo como ser pensante e conhecedor situando-se em face da esfera objetiva dos fatos concretos que considera. Para logo em seguida se incluir nesses fatos como agente que passa a ser, e integrar, assim, a esfera objetiva. Antes de se tornar agente, o indivíduo é pensante; antes de integrar com sua ação a esfera objetiva, ele é sujeito do pensamento que considera e interpreta os fatos exteriores da realidade objetiva. Poderá sê-lo com mais ou menos generalidade, desde o economista de ofício que representa uma coletividade e nessas condições encarna a consciência

3 Veja-se um balanço da situação em Pierre-Louis Reynaud, *La Psychologie économique* (Paris, [Librairie Marcel Rivière et Cie,] 1954).

comum dessa coletividade, até o indivíduo vulgar cuja consciência particularista não vai além de seu âmbito individual. Mas será sempre um sujeito do pensamento defrontando o objeto desse pensamento; esfera subjetiva opondo-se à objetiva para, em seguida, incluir-se nesta última e fazendo ambas as esferas se confundirem.

É essa interligação das duas esferas, a posição respectiva que cada qual ocupa com relação à outra, que precisa ser levada em conta na análise e na interpretação dos fatos econômicos. Note-se bem que não se trata de confundi-las. Entre o fato econômico objetivo e concreto e o fato subjetivo do observador e analista que considera aquele fato objetivo, vai, evidentemente, uma grande distinção. Entre o economista e os acontecimentos que ele observa e analisa ou, para lembrar um caso mais modesto e frequente, entre o comprador que comparece ao mercado procurando interpretar os acontecimentos que nele observa a fim de agir em consequência, e de outro lado esses acontecimentos, entre esses dois polos, respectivamente da esfera subjetiva e objetiva, não pode haver confusão. Mas distinguir as duas esferas não significa isolá-las como faz ou pretende fazer o tratamento ordinário dado aos fenômenos econômicos. Aliás, as maiores confusões entre as duas esferas resultam precisa e paradoxalmente de um tal isolamento, pois se cai, então, ora num, ora noutro extremo, absorvendo-se num caso a esfera objetiva na subjetiva e teremos o idealismo ou, então, inversamente, é a esfera objetiva que absorve a subjetiva, e degenera-se para o materialismo vulgar e mecanicista. Subestimam-se no primeiro caso a realidade objetiva e o condicionamento concreto dos fatos, para derivar esses fatos exclusivamente do fator pensante que se propõe então por si e independentemente das circunstâncias que o determinam. No caso do mecanicismo, vai-se ao outro extremo e elimina-se o elemento racional que preside à ação humana e através do qual atuam as circunstâncias exteriores determinantes daquela ação e que conformam o fato social.

É de notar que esses extremos se encontram lado a lado na generalidade das teorias e dos sistemas da economia ortodoxa, que vacila permanente e incoerentemente entre um e outro sem conseguir ao menos fixar-se num deles. Assim o "marginalismo" que dominou o pensamento econômico ortodoxo desde a última parte do século passado e conserva ainda raízes profundas na maior parte dos economistas da atualidade procura derivar os fatos econômicos e, em última análise, explicá-los na base de um esquema psicológico que se propõe como elemento irredutível e último, como um dado primordial e espontâneo da natureza humana. Contudo, sobre esse fundamento essencialmente subjetivista, o marginalismo constrói uma "mecânica" econômica em que o homem e sua consciência desaparecem para dar lugar ao autômato rigidamente determinado pelos mecanismos econômicos: mercado, preços, volume monetário etc. Expressão perfeita dessa natureza dúplice dos sistemas teóricos do marginalismo é a figura do *homo economicus*, tão do agrado da generalidade dos economistas ortodoxos e que, expresso ou implícito, está presente em todos eles. O *homo economicus* tem a propriedade de servir cabalmente nas duas situações opostas e contraditórias que se propõem na economia ortodoxa, pois ao mesmo tempo que oferece o esquema psicológico necessário ao subjetivismo, se presta por seu próprio esquematismo para ser reduzido às dimensões de simples peça de um mecanismo econômico e encerrar o comportamento humano em simples funções cujos parâmetros são quantidades materiais: quantidade de mercadorias ofertadas e demandadas, volumes de moeda, preços etc. Melhor figura não fazem os demais *homos* propostos por economistas mais recentes (o *homo corporativus* dos fascistas italianos, o *homo socius* dos solidaristas, o *homo medius* de Guyot, o *homem-massa* de Ortega y Gasset; a que podemos ainda acrescentar os *homens de Descartes e de Pavlov* sugeridos por Jean Marchall), bem como a repartição do homem econômico em séries de tipos segundo as categorias da *produção* (o capitalista, o assalariado, o empresário), da *troca* (o vendedor, o comprador...), da *distribuição e consumo* (o burguês, o proletário etc.)[4].

Tudo isso vem sempre, no fim das contas, a dar no mesmo, por mais que se refine e complique o esquema. Não escapa à regra o próprio esquema keynesiano, substituindo como fazem os tipos econômicos do neoclassicismo por faculdades psicológicas. A "propensão a consumir",

4 Ibidem, p. 77.

a "preferência pela liquidez" e a "eficácia marginal do capital" de Keynes não se distinguem essencialmente dos anteriores esquemas subjetivistas do marginalismo que são as "leis de Gossen" e a "utilidade marginal" ou as "linhas de indiferença" de Vilfredo Pareto. E tanto quanto estas últimas, e apoiando-se, embora como elas, no subjetivismo, acabam fazendo do homem um autômato que age engrenado em funções mecânicas dadas uma vez por todas pelo impulso de um motor inicial.

Por trás desse esforço tão malsucedido dos economistas ortodoxos em buscar a essência dos fatos econômicos, e por menos que o suspeitem – como geralmente se dá –, encontra-se a questão do dualismo, tão flagrante no conhecimento dos fatos sociais, do homem sujeito e objeto ao mesmo tempo. Trata-se para aqueles economistas, percebam-no ou não, de levar em conta e harmonizar essas esferas cujo dualismo os embaraça. E assim é porque eles as propõem numa separação e num isolamento preliminares que são a premissa das confusões seguintes. A solução não consiste, como julgam, em assentar a economia na psicologia, porque, posta assim a questão, já se está partindo da separação das esferas subjetiva e objetiva. A psicologia, no caso, faz o papel da primeira, e a economia, da outra. Ora, psicologia e economia, como disciplinas científicas, são apenas pontos de vista distintos, a par de outros, de um mesmo fato que tem como centro o homem em sua integridade de ser pensante e agente ao mesmo tempo; pensante porque agente e agente porque pensante. Nem a psicologia pode excluir o agente, nem a economia, o pensante.

Não se trata, portanto, para a economia, de se amparar na psicologia ou incluir em seu âmbito, a par dos demais elementos que a constituem, um suposto fator psicológico que viria completá-la. Trata-se, sim, de considerar os fatos que fazem o objeto da economia, tal como eles efetivamente são, a saber, fatos humanos e, por conseguinte, racionais. Em outras palavras, fatos resultantes da ação pensada e consciente dos homens. Mas esse "pensamento" que a economia há de levar em conta não é derivado de nenhum esquema psicológico, como o do hedonismo, ou do psicologismo de economistas ortodoxos mais recentes, de Keynes inclusive. Não se trata de propor um tal esquema preliminar e exterior à economia e seu objeto, sejam as *leis da máxima satisfação e do mínimo de pena* do hedonismo, o *espírito de empreendimento* de Schumpeter ou os *fatores subjetivos* de Keynes. O "pensamento" a considerará a consciência adquirida pelos indivíduos na ação e na participação anterior deles nos fatos sociais. A "consciência" em questão, e que interessa à análise econômica, não é um esquema psicológico abstrato e destacado da vida, e sim a consciência do indivíduo concreto e real que encontramos participando coletivamente do fato econômico. Isto é, consciência forjada na própria ação presente e passada daquele indivíduo, e derivada, portanto, não de uma suposta "natureza" abstrata, mas dos fatos de que direta ou indiretamente ele tomou parte. Se o subjetivo interfere no objetivo, também este último interfere no primeiro, pois são os fatos objetivos que condicionam e determinam a subjetividade.

Propõe-se, assim, alternadamente nos fatos econômicos: de um lado, a ação propriamente, o "acontecimento" ou a "ocorrência" social; doutro, a consciência derivada dessa ação e desse acontecimento.

O indivíduo pensante age na base de sua experiência anterior traduzida para ele em concepções, teorias, normas que constituem sua consciência dos fatos precedentes em que ele participou. E é tal ação que vai configurar o novo fato. Dos fatos brota a consciência dos indivíduos agentes por meio da experiência que aqueles fatos lhes proporcionam. E da consciência resultam a ação e os novos fatos econômicos.

Deriva daí a permanente renovação dos fatos econômicos que em cada etapa (a rigor, em cada momento) se acrescentam da contribuição de novas perspectivas adquiridas na experiência da etapa anterior. Essas perspectivas que se traduzem em noções, concepções ou teorias – "maneiras de pensar", em suma – mais ou menos gerais ou particularistas se propõem como novo fator determinante dos fatos subsequentes. Fatos esses que significam novas experiências para os indivíduos participantes (ou simplesmente observadores, o que seria o caso mais geral dos economistas e cientistas da sociedade) e, por conseguinte, uma nova consciência já mais ou menos distinta da anterior. Donde uma ação, inspirada por essa consciência, diversa da precedente. É assim num perpétuo *devenir* que se encontram os fatos econômicos, bem como as concepções e as teorias que, de um lado, interpretam e conceituam aqueles fatos e, de outro, contribuem para seu processamento, uma vez que são elas que conduzem a ação dos indivíduos e configuram os fatos econômicos resultantes daquela ação.

Essa visão dinâmica do fato econômico é proporcionada pela história. Não por certo a história como simples rol de acontecimentos que se sucedem uns aos outros, à moda do historicismo vulgar e empirista que pouco se distingue da simples descrição, se não da pura cronologia, mas a história interpretada como ação e comportamento consciente do indivíduo em frente dos fatos em que se acha engajado e procurando determinar seu rumo. A história, em suma, na perspectiva dos próprios participantes dela e de seus autores, dotados precisamente daquela consciência condicionada pela experiência anterior a que já nos referimos, e procurando dar aos fatos a feição que lhes parece conveniente. Numa tal perspectiva, e para os indivíduos de cada momento, os fatos passados se projetam num plano único que constitui o chamado "presente" (cobrindo, embora, um período e lapso de tempo mais ou menos longo, conforme a visão de cada um) e aparece como situação estabelecida, objetiva e exterior aos indivíduos contra a qual eles reagem com maior ou menor intensidade, esforçando-se por modificá-la seja nesse sentido, seja naquele. A composição e a resultante desses esforços dão origem a novos fatos que constituirão a situação do momento seguinte, que outros fatores virão em seguida modificar.

A situação de cada momento deve assim ser considerada à luz dos fatos de que é resultante. Esse passado nos dará não somente sua caracterização, e por conseguinte definirá a posição ocupada pelos indivíduos, ou antes, grupos de indivíduos e setores sociais identificados por circunstâncias semelhantes que sobre eles atuam, como dará, ainda, a maneira pela qual tais indivíduos e grupos reagem sob o estímulo da posição em que se encontram, contribuindo, com isso, para a configuração dos fatos ocorrentes. Em outras palavras, a perspectiva histórica nos fornece, ou pelo menos é suscetível de nos fornecer, em conjunto, tanto a natureza e o caráter da situação que se trata de considerar como ainda a maneira como os indivíduos se situam em frente a ela e determinam, com isso, sua ação. Temos aí a essência profunda do fato social, ao mesmo tempo ocorrência objetiva e circunstância exterior que se impõem aos indivíduos que participam daquele fato, e elemento subjetivo, como perspectiva desses indivíduos a traçar-lhes as diretivas futuras de ação.

Desfaz-se, com isso, o dualismo do homem sujeito e objeto, pois é o mesmo indivíduo humano que, propondo-se como *sujeito*, encontra seu *objeto* na ação que ele ou sua espécie desenvolveram no passado e que determinaram a situação presente em que se acha engajado; que se propõe, portanto, como *objeto* também. No caso comum e mais frequente, esse indivíduo será o homem vulgar que considera sua experiência individual e faz, assim, a si próprio *objeto* de seu pensamento com que elabora sua concepção particularista e restrita da realidade objetiva; e agirá em consequência, contribuindo com isso, minimamente embora, para a configuração dos fatos sociais. No outro extremo, será o cientista ou pensador de ofício (o sociólogo, o economista, o homem público e dirigente político) que encarna a experiência passada de uma coletividade (expressa na ciência e no conhecimento acumulado e sistematizado que tem à disposição) e faz dessa experiência coletiva seu *objeto*, elaborando as concepções gerais e teorias acerca dos fatos sociais e induzindo, com isso, a ação de outros indivíduos.

Entre esses extremos há toda a escala de indivíduos de visão e ação mais ou menos amplas ou restritas que compõem o conjunto da sociedade. Todos, em maior ou menor grau, darão sua contribuição para o processamento dos fatos sociais, bem como para a observação e a interpretação desses fatos; para as noções, as concepções e as teorias sociais que condicionam aquele processamento. É isso que precisa ser levado em conta na análise e na interpretação dos fatos econômicos. Se a teoria não se compreende nem se explica sem a experiência que a determinou – uma vez que ela não é senão a teorização da experiência –, assim também a prática, a ação, o fato histórico (objeto da teoria posterior) não se explicam nem se compreendem sem a consideração da teoria que os condicionou e conduziu.

2

Na medida em que os fatos sociais podem ser, para fins metodológicos, separados em setores distintos, a economia, como disciplina científica, ocupa-se daqueles fatos que se relacionam diretamente com a produção e distribuição dos bens econômicos, isto é, daqueles bens necessários ou úteis ao homem, ou simplesmente por eles desejados e cuja existência ou usufruto depende de um esforço de criação ou apropriação, uma vez que, para os bens que abundam na natureza e que se oferecem natural e espontaneamente sem limitações (como o ar atmosférico necessário à respiração), não se propõe, evidentemente, questão nenhuma de produção e distribuição.

Os fatos relativos à produção e à distribuição dos bens econômicos[1] são, assim, aqueles que interessam diretamente à economia. Tais fatos, colocados na perspectiva que assinalamos no capítulo anterior, exprimem e representam a maneira pela qual os homens dão conta e resolvem as seguintes questões que naturalmente se propõem a eles em sua existência coletiva de indivíduos gregários que vivem associados e não isolados, a saber, *o que produzir, quanto produzir, para quem produzir.* As duas primeiras questões dizem respeito à produção propriamente; a última, à distribuição. Dito de outro modo, os homens, ao enfrentarem suas

[1] Deixamos de fora os dois outros grupos de fatos da circulação e do consumo que completam o conceito clássico à economia, porque se incluem nos dois citados.

necessidades e procurando satisfazê-las, praticam certos atos que terão por diretriz ou norma as respostas ou as soluções que, nas condições naturais e sociais em que se acham, eles encontraram para as questões acima. Tais atos individuais vão dar em conjunto, isto é, quando adicionados e compostos entre si, uma resultante geral que constitui o fato econômico propriamente cujo processamento faz o objeto da economia.

Em planos rudimentares da cultura humana, a saber, quando o meio e as condições sociais em que vivem os homens são de nível tecnológico muito baixo, como se dá nas sociedades primitivas, as questões econômicas enfrentadas são, sobretudo, de natureza técnica e física e não têm ainda conteúdo propriamente econômico. "O que produzir" e "quanto produzir" são determinados desde logo e unicamente por contingências naturais, e a margem de escolha e decisão é mínima. Assim, numa coletividade primitiva que vive da colheita natural, da caça e da pesca e que utiliza para isso materiais em seu estado natural ou quase natural (paus, pedras, palha e folhas para construções etc.), "produz-se", isto é, se colhe, caça e pesca aquilo que é encontrado de utilizável e ao alcance de uma técnica rudimentar – e na quantidade possível, que em geral é insuficiente e atinge, quando muito, o mínimo de subsistência orgânica dos indivíduos. E é devido a essa insuficiência que a questão da distribuição se simplifica também ao extremo e se torna necessariamente igualitária e segundo as necessidades de cada um. Não fosse assim, os menos aquinhoados logo cairiam abaixo do mínimo de subsistência e pereceriam. O equilíbrio orgânico e a integridade do grupo social impõem, portanto, uma tal distribuição igualitária, e os desvios da regra seriam logo advertidos pela fatal deterioração da coletividade. Não se podem, por isso, fazer sistemáticos, pois, quando ocorresse normalmente uma distribuição não equitativa, o grupo tenderia ao aniquilamento como coletividade organizada.

O progresso tecnológico, seja material – com o emprego de melhores e mais aperfeiçoados instrumentos de trabalho e produção –, seja de organização mais eficiente das atividades, determinando uma elevação da capacidade produtiva acima do nível mínimo de subsistência de todos os membros da coletividade, resulta, evidentemente, num excedente de bens além daquele mínimo de subsistência. Numa situação como essa, os bens produzidos poderiam continuar distribuídos, como antes do progresso tecnológico verificado e do resultante aumento da produção, de maneira igualitária, elevando-se em consequência, e por igual, o padrão de todos os membros da coletividade. Apresenta-se, contudo, uma alternativa, irrealizável na situação anterior e que consistiria em destinar o excedente de bens acima do mínimo de subsistência de todo grupo, a alguns de seus membros apenas, os quais seriam dispensados da atividade produtiva ordinária.

Historicamente, ocorre esta última alternativa por efeito de diferentes circunstâncias, sejam internas da comunidade – como a diferenciação, dentro dela, de certos indivíduos afetos a funções religiosas, militares, de direção política e administrativa e que, em consequência disso, são dispensados de atividade produtiva –, sejam externas, como a guerra que pode trazer e frequentemente trouxe a submissão de um grupo social a outro, apropriando-se, então, o dominador do excedente da produção do outro sob forma de tributo. Também se verifica a apropriação do excedente quando um grupo, vitorioso na guerra, reduz os indivíduos do outro a servos ou escravos. Não entraremos aqui nesses pormenores que são mais de ordem política e pertencem a outro assunto que não o nosso. O que nos interessa como economistas é, sobretudo, que uma produtividade acrescida e a eventualidade de excessos regulares de produtos acima do mínimo de subsistência dos indivíduos tornam possível uma repartição diferente da produção social. E tal possibilidade, uma vez verificada, propõe de maneira nova e diferente os problemas da produção e distribuição.

De fato, entra em jogo uma nova circunstância: o direito ao produto social já não pertence mais unicamente, como antes, aos produtores diretos, ao trabalhador que despendeu seu esforço na produção. E a apropriação daquele produto se fará também a outros títulos: de sacerdote ou chefe, de guerreiro vitorioso, de senhor de servos ou escravos. Isso complica singularmente o assunto. O direito do produtor ao produto é uma decorrência natural e espontânea do próprio fato da produção e da ligação direta que nela se verifica entre aquele produtor e o bem que sai de suas mãos. O mesmo não se dá quando tal direito cabe também a outros indivíduos não produtores e por efeito de circunstâncias estranhas ao fato da produção e que só exteriormente a envolvem.

Além do mais, propõe-se paralelamente à primeira divisão do produto entre produtores e não produtores (o mínimo de subsistência para os primeiros, o excedente para os outros) a distribuição do excedente entre esses não produtores que se apresentam com títulos vários e pretensões também distintas. Tudo isso vai se resolvendo com atos de autoridade e um jogo de forças que, aos poucos, dão origem a normas determinadas e fixas que formam as instituições jurídicas da coletividade, isto é, conjuntos de regras costumeiras mais ou menos sistematizadas e estruturadas em princípios gerais que eventualmente se traduzem em textos escritos que são as leis positivas. Terá nascido o direito, ou pelo menos alguns de seus capítulos fundamentais e essenciais.

Isso, contudo, ainda é, a rigor, matéria estranha à economia e que só indiretamente lhe diz respeito. Abordemos agora o setor próprio das relações e dos fatos estritamente econômicos. A par da regulamentação político-jurídica da produção e da distribuição que vimos e que se realiza por via autoritária mais ou menos expressa e consentida, ocorrem outros processos de apropriação do produto social e sua repartição entre produtores e não produtores, processos esses que independem da autoridade política e da injunção jurídica. Para observá-los e analisá-los, devemos preliminarmente considerar certas circunstâncias dos fatos econômicos em que se vê aos poucos esboçar-se um sistema de apropriação gerado no próprio mecanismo do fato econômico. Esse sistema tem sua origem e se apoia no ato da *troca*.

A troca constitui essencialmente um processo de redistribuição do produto social. Qualquer que seja o regime de produção e apropriação desse produto, a troca intervém, ou pode sempre intervir, como uma eventual segunda distribuição que ajusta melhor a distribuição já realizada aos gostos e aos desejos dos indivíduos. Numa instância muito simples, podemos observar a natureza profunda e originária da troca, no caso de um grupo de crianças às quais se distribuíram brindes diferentes. Realizada essa distribuição, as crianças beneficiadas redistribuem os brindes entre si pela troca, cedendo cada qual o brinde recebido e que lhe agradou menos em troca de outro que o satisfaz mais.

Sob forma esporádica e ocasional, a troca é um fato universal e comum a qualquer tipo de coletividade – e fundando-se como se funda em atos de livre determinação dos indivíduos, isto é, em que não ocorrem coação ou injunções estranhas, constitui um processo de alta flexibilidade e grande eficácia para corrigir possíveis enganos ou azares adversos decorrentes de uma distribuição inicial defeituosa. São essas vantagens que a troca apresenta e as perspectivas que com isso oferece, as quais estimulam a crescente generalização de seu emprego. E, com isso, abrem-se-lhe novas perspectivas de grande alcance que são a possibilidade da especialização do produtor e a consequente divisão do trabalho e desenvolvimento da produtividade que daí decorre. De fato, uma vez que há o recurso da troca, que feito em uso generalizado oferece ao produtor garantia suficiente de que sempre poderá vantajosa e compensatoriamente se desfazer pela troca de bens de que não necessita pessoalmente, isso lhe permitirá dedicar-se sem receio àquelas atividades e produções mais a seu gosto e em que se revela mais capaz e eficiente, mesmo que elas sejam de bens de que não necessite. Isso porque os bens que lhe são necessários, ele os adquirirá pela troca. Está aí preparado o terreno para a especialização do produtor e a divisão do trabalho, que, por seu turno, estimularão a produtividade. A especialização da produção, como é óbvio e a experiência confirma a cada passo, constitui um dos principais fatores, se não o principal, do progresso tecnológico e do desenvolvimento da produção. *Esses* efeitos serão particularmente sensíveis no caso das trocas externas, isto é, entre comunidades diferentes que, por efeito precisamente dessa diferença, encontram em geral melhores oportunidades de se especializar e se complementar reciprocamente.

Essa ampla generalização do regime de trocas – que por natureza é autoestimulante, uma vez que, se a troca estimula a especialização e a divisão do trabalho, essa especialização e essa divisão tornam a troca ainda mais necessária – dá margem para a figura do intermediário ao qual se oferece com isso a oportunidade de captar através do jogo da dupla troca que realiza o aumento alcançado pela produtividade, ou parte substancial dele, nos dois polos do intercâmbio. É o preço que cobrará pelo serviço de estabelecer contato entre produtores que por efeito de suas ocupações se encontram afastados uns dos outros e mesmo frequentemente se desconhecem por completo. Tal é o papel do comércio e do comerciante em seus primeiros tempos; e aparece-nos com esse último o primeiro personagem de natureza própria e exclusivamente econômica (em contraste com o chefe, o sacerdote e outros personagens políticos e jurídicos que encontramos antes) que, não sendo produtor, consegue apropriar-se de um excedente de produção por meio de um mecanismo puramente econômico, a troca, e sem intervenção alguma de relações autoritárias e de mando. Se as circunstâncias não desfavorecerem esse personagem, ele tenderá naturalmente a se fazer, por motivos compreensíveis, em fator de grande importância na promoção e no estímulo do regime de trocas. É dele que se sustenta, e sua prosperidade pessoal está indissoluvelmente ligada ao desenvolvimento de tal regime. Torna-se, assim, um fator decisivo na configuração dos fatos econômicos de que o regime de trocas constitui o traço mais saliente.

Começamos aqui a enxergar com nitidez (embora não pela primeira vez) o papel do indivíduo pensante referido no capítulo anterior como agente dos fatos econômicos. O intermediário de trocas ou comerciante, fundado na experiência e nos conhecimentos nela adquiridos, projeta, planeja; e em função desse "pensamento" (que são seus projetos e planos) e das "teorias" econômicas que elabora na base da observação, análise e sistematização de fatos anteriores, age e determina ou contribui para determinar novos fatos econômicos. Os fatos deram a teoria, e a teoria deu novos fatos. O conhecimento dos fatos econômicos, que é a economia como disciplina científica, não pode ignorar os fatos propriamente (a esfera objetiva do conhecimento) nem a teoria ou pensamento relativo a esses fatos (a esfera subjetiva). Isso porque a motivação do agente dos fatos econômicos, que no caso agora considerado é o comerciante, motivação essa que se faz com a teorização de fatos anteriores pelo agente, constitui o fator decisivo e impulsionador dos novos fatos. Em outras palavras, não são simplesmente os fatos que determinam os fatos subsequentes, como pretende a causalidade mecanicista da economia vulgar, e sim aqueles fatos pensados e teorizados pelo agente. A consideração cuidadosa dessa circunstância, em cada caso, evitaria muitas das confusões em que com bastante frequência se perde a economia vulgar.

O regime de trocas generalizadas, estimulado pela ação do comerciante, vai dar em outro regime ainda mais avançado, que é o de trocas sistemáticas, pelo menos no que diz respeito a certos bens de maior aceitação que passarão a ser produzidos sobretudo, e logo mais exclusivamente, não para o produtor e apenas eventualmente servindo nas trocas, e sim especialmente para serem trocados. Produz-se só e unicamente para o fim de transferir o produto, pela troca, a outrem. Alcançado esse estágio, os bens em questão se fazem propriamente *mercadoria*. Isto é, agrega-se à sua qualidade original de *objetos de uso* que são desde sempre, pois é por isso que são produzidos, a qualidade de *objetos de troca*. E esta última qualidade tende mesmo a se tornar a mais importante, no sentido que, enquanto bens ou objetos de uso, eles interessam unicamente os consumidores e, como objetos de troca, são considerados e estimados por várias outras categorias de indivíduos: o produtor, o intermediário de trocas ou comerciante, o transportador..., bem como pelo próprio Estado, que se aproveitará das operações de que tais bens são objeto a fim de tributar os agentes que as promovem. O *uso* dos bens econômicos se ofuscou inteiramente atrás da qualidade de "permutabilidade" que eles assumiram.

Note-se, se isso já não tiver sido notado, que não fizemos até agora referência à moeda. Isso porque ela é, por enquanto e para nós aqui, dispensável. No ponto em que historicamente nos encontramos, a moeda não é mais que uma mercadoria – privilegiada por certo e servindo como intermediário universal de trocas, mas mercadoria ainda – e simples instrumento de troca. Encontra-se, assim, implícita nas observações feitas a respeito das trocas, porque seu manejo constitui em cada caso apenas uma troca destinada a facilitar outras trocas. A introdução expressa da moeda nesta altura do texto viria apenas complicar a exposição, sem nenhuma vantagem para a clareza daqueles pontos que essencialmente nos interessa aqui ressaltar.

Denominemos o processo de generalização do regime de trocas, com sua tendência a se tornar sistemático, processo de *mercantilização*, a saber, a crescente caracterização dos bens econômicos como objetos de troca não só intensiva (isto é, destacando-se e se afirmando cada vez mais a natureza "permutável" ou mercantil dos bens econômicos), como extensivamente, pela inclusão sempre mais larga de novos bens econômicos no giro comercial. Esse processo de mercantilização progressiva é amplamente ilustrado pela história e encontra em sua base os fatores aqui já assinalados em que se conjugam os interesses gerais – pois a mercantilização implica e favorece a divisão do trabalho, a especialização do produtor e o consequente desenvolvimento da produtividade e da riqueza geral – com os interesses privados de uma categoria de indivíduos, que são os comerciantes e que encontram aí a oportunidade de se apropriar de uma parcela do sobretrabalho (isto é, dos excedentes do produto social acima do mínimo de subsistência dos produtores, conforme vimos) sem serem eles próprios produtores e sem dependerem, para isso, de classificação social e política, como se dá no caso de chefes, administradores, sacerdotes e outros que também se apropriam do produto do sobretrabalho, mas por força de privilégios políticos e jurídicos reservados a uma minoria. A profissão de comerciante atrairá, por isso, os elementos mais capazes e ativos que, situados fora dos grupos privilegiados cuja tendência é se fecharem e fazerem estanques, encontram no comércio a maneira de escapar da modesta condição de produtores (servos, escravos, artesãos e camponeses) esmagados pela hierarquia político-jurídica que sobre estes se estrutura.

Essas circunstâncias contarão por muito no desenvolvimento do processo de mercantilização que, uma vez encetado, e não encontrando pela frente restrições excessivas de natureza político-jurídica (como se deu em muitos casos), logo se expande. Onde quer que se apresente oportunidade para levar a mercantilização a novos setores da produção e outras regiões geográficas ainda não atingidas pelo processo, tal oportunidade será avidamente aproveitada e explorada ao máximo. A história do mundo antigo nos oferece disso as mais flagrantes instâncias. Observa-se, contudo, que tanto no mundo antigo, como mais próximo de nós e até princípios da

Idade Moderna, o desenvolvimento do comércio e do processo de mercantilização esbarra sempre num limite além do qual não progride. E é só muito recentemente, já os tempos modernos (e é isso precisamente o que caracteriza essa época), que a mercantilização se faz efetivamente um fato geral; e da exceção ou quase exceção que foi até, pode-se dizer, o século XVI, se não mais próximo ainda, tornou-se sistema geral das atividades econômicas de parte apreciável da humanidade, difundindo-se em seguida, de modo progressivo, por ela toda, até chegarmos à situação contemporânea (século XIX), em que todas aquelas atividades repousam numa base mercantil e a generalidade dos bens econômicos se fez em mercadoria. Todos esses bens se produzem com objetivos comerciais e, nessa qualidade que os caracteriza muito mais que sua utilidade ou sua necessidade, percorrem todo o ciclo de sua existência até o extremo do consumo final. Qual é a explicação dessa diferença entre o passado e o presente, entre a mercantilização sempre malograda antes dos tempos modernos, e, depois disso, a progressão dela em ritmo acelerado até se universalizar e praticamente se completar em nossos dias?

O que nos interessa aqui não é, evidentemente, uma revisão da história universal e a análise das inúmeras e complexas circunstâncias históricas de toda ordem que condicionam a evolução e o desenvolvimento do comércio e das relações mercantis em geral. Temos em vista apenas os fatores essenciais e de natureza especificamente econômica (isto é, interiores à dinâmica das relações econômicas) que condicionaram aquele desenvolvimento. E, dentro desses limites, podemos afirmar que, nas condições do mundo pré-moderno, o processo de mercantilização é embaraçado por deficiências orgânicas do sistema comercial; deficiências essas que consistem fundamentalmente e têm suas raízes na insuficiência e mesmo na falta de critério geral e sistemático que presidisse às trocas[2] – e capaz,

[2] Incluído aí o processo de compra e venda, isto é, a troca realizada com o intermediário de dinheiro. Diríamos, no caso, com mais precisão que faltava critério geral e sistemático para a fixação de preços. Mas não há necessidade, pela razão já exposta, dessa referência expressa à moeda e ao processo de compra e venda que se reduz a uma troca de mercadoria por moeda.

por isso, de orientar o comércio, de maneira regular e permanente, no sentido da plena realização de seus benefícios.

Vejamos esse ponto com atenção. Como foi referido, o comércio, ao mesmo tempo que deriva da divisão do trabalho e da especialização da produção, torna-se um estimulante delas; e ambas as ordens de fatos, de um lado o comércio, de outro a divisão e especialização da produção, se desenvolvem necessariamente emparelhadas. Não pode haver trocas, e num estágio mais evoluído, comércio propriamente, sem divisão do trabalho; tampouco essa divisão é possível sem trocas e comércio. Isso é óbvio: trata-se de fatos complementares que marcham juntos estimulando-se mutuamente e impulsionados em conjunto pelos benefícios resultantes da divisão do trabalho e especialização da produção como fatores que são do aumento da produtividade e do rendimento do trabalho. O que tem como contrapartida a economia do esforço produtivo. É graças a esses efeitos evidenciados pela experiência que o progresso da divisão do trabalho e, consequentemente, das trocas e do comércio vai ao encontro tanto do interesse geral como do particular daqueles indivíduos que se fazem em propulsores do desenvolvimento mercantil, a saber, os comerciantes. Nessas condições, um tal desenvolvimento é condicionado pela medida em que o mecanismo comercial, por seu funcionamento, contribui efetivamente para uma divisão do trabalho e uma especialização da produção de fato vantajosas e resultando em incrementos reais da produtividade.

Ora, esse resultado depende da possibilidade de uma confrontação, por meio das operações comerciais, do esforço despendido na produção por diferentes produtores, confrontação essa que permitirá aos interessados julgarem a conveniência ou não da especialização e da divisão de atividades que realizam. Noutras palavras, as indicações relativas à conveniência ou não de se produzirem certos bens, condição evidentemente essencial para o fim de assegurar adequadas especialização e divisão do trabalho, somente se obterão quando efetivamente, pelas trocas que se vão realizando, isto é, do mecanismo comercial, se revelar com suficiente aproximação a relação entre os esforços despendidos na produção dos diferentes bens objetos de troca. Para isso, é essencial que as proporções em que as trocas se efetuam (proporção que no caso da troca por moeda ou compra e venda se exprime no preço pago) realizem ou pelo menos tendam permanentemente a realizar, pela repetição e na continuidade das operações, a equivalência em termos de esforço produtivo dos bens trocados.

É isso precisamente o que o comércio pré-moderno não realiza ou realiza de forma precária. As proporções em que os bens são trocados, assim como as variações que sofrem, derivam, sobretudo ou em grau excessivo, de fatores estranhos ao esforço produtivo neles despendido. Tais proporções, em vez de indicarem que os bens trocados se equivalem, isto é, que o esforço produtivo aplicado a cada qual deles é o mesmo ou pelo menos semelhante, com frequência decorrem de situações momentâneas e específicas formadas sob o influxo de fatores subjetivos imediatos e apreciações pessoais das partes que se defrontam nas operações de troca e que se deixam arrastar por suas necessidades do momento e pelo grau de utilidade que, naquele instante, atribuem aos bens objeto do negócio. Ao se fixar a proporção em que em determinada operação dois bens se hão de trocar, os participantes dessa operação se deixam levar menos pelo cálculo do esforço produtivo despendido respectivamente em cada um daqueles bens que pela necessidade que têm deles no momento e pelo desejo de os possuírem. Lembremo-nos de Esaú trocando sua sucessão por um prato de lentilhas. Isso que é patente e por demais conhecido nas práticas comerciais de culturas e civilizações de estrutura comercial rudimentar (como entre populações primitivas) persiste, embora até certo ponto atenuado, em regimes já mais evoluídos nos quais aquela prática mercantil não se generalizou e sistematizou o bastante. Não se costuma, então, ir muito além da impressão imediata provocada pelos bens considerados e não se cogita de maiores informações a respeito do esforço produtivo que representam e que neles se contém – aquilo que hoje denominaríamos o *custo* –, ficando-se na superficialidade, do ponto de vista econômico e comercial, da atração que tais bens exercem e que se confronta unicamente com o sacrifício subjetivamente ressentido que se há de fazer e consentir para se obter um deles e alienar o outro. Ou seja, em termos precisos, não se caracteriza plenamente, no mercado pré-moderno, um *valor de troca* distinto e desligado do *valor de uso*. A utilidade ou necessidade dos bens predomina na estimação deles, e não se afirma ainda precisamente um *valor* diferente e específico de natureza puramente mercantil; isto é, exclusivamente de *troca*.

Essa incaracterização do valor de troca, observada nos fatos, se reflete na teoria. Assim, embora Aristóteles vivesse na fase de apogeu da economia e das atividades comerciais das cidades gregas, apesar de perceber a distinção entre *valor de uso* e *valor de troca*, não consegue caracterizá-la. É assim que, para conceituar o *valor de troca*, se refere à "necessidade"; mas, percebendo que reduz assim o valor de troca ao de uso, recorre ao *preço*, não sendo, todavia, capaz de explicar (nem mesmo tenta fazê-lo) o que seja esse "preço" e qual é sua relação com o valor. E conclui o assunto limitando-se a afirmar que "é a moeda, representando o papel de medida, que torna as coisas comensuráveis e as reduz à igualdade" e "é ela que mede o valor respectivo das coisas, pois medir as coisas é o próprio da moeda"[3].

Com certeza não foi por insuficiência científica e lógica que esse grande pensador, atento observador e rigoroso analista que foi Aristóteles, vai dar em tão patente círculo vicioso. A razão disso foi que as circunstâncias da época não proporcionavam ainda um ponto de vista favorável para a consideração do valor de troca. Esse valor evidentemente já fazia sentir sua presença, como faz claro o texto aristotélico citado. A ponderabilidade econômica e mercantil dos bens (em contraste com a simples necessidade e utilidade deles) encontra-se implícita no fato de serem aqueles bens objetos de trocas e de comércio, uma vez que é na base de tal ponderabilidade que se realizam as trocas e se estrutura o comércio. É a diferença de esforços despendidos na produção respectiva de cada bem e a comparação desses esforços que condicionam e orientam a especialização da produção, a divisão do trabalho e, em consequência, as trocas e a atividade comercial em geral. Mas, precisamente porque essa "comparação" se conduzia ainda de maneira empírica e muito ao acaso, mesclando-se de elementos

---

3 *Ética de Nicômaco*, livro V, cap. V.

estranhos que são as estimações e avaliações de ordem subjetiva que referimos aqui, é por esses motivos que a comparação se faz não somente precária e insuficiente, como passa, ainda, inapercebida. Ela é sentida, mas vagamente, e por isso é malcompreendida e interpretada. As hesitações e as dubiedades reveladas por Aristóteles nos mostram isso. E, assim, o conceito de *valor de troca*, que deriva daquela comparação, encontra-se envolto na ganga matriz em que se gerou e que é a utilidade ou valor de uso. E com frequência se confunde com esse valor de uso, como acontece com o filósofo grego que se mostra incapaz de o definir. Como também se mostraram incapazes de fazê-lo os sucessores dele na interpretação dos fatos econômicos. A famosa disputa medieval em torno do "preço justo" não significa mais que o esforço dedicado à conceituação do *valor de troca*. Para que ela chegasse a termo, seriam necessárias condições que não existiam no mundo pré-moderno e nas quais o confronto entre os bens, em termo de esforço despendido na produção deles, pudesse realizar-se e efetivamente se realizasse de maneira satisfatória.

As razões gerais dessa deficiência e das limitações do comércio pré-modelo residem em sua imaturidade do ponto de vista de facilidade do intercâmbio, fluidez da oferta e da procura, concorrência efetiva de ofertantes e demandistas. Na ausência, em suma, dos elementos que constituem o que os economistas denominam um "mercado perfeito". Mas todas as deficiências do comércio pré-moderno se centralizam (porque é aí que se conjugam para darem naquela circunstância fundamental da confusão entre o valor de uso e o valor de troca) no fato de não se terem formado ainda as condições necessárias para que o esforço despendido na produção fosse suscetível de medição por meio do funcionamento normal das trocas, pois faltava para isso, em primeiro lugar, o *padrão* dessa medida. Tal padrão seria naturalmente dado pela *força de trabalho* – outro sentido não pode ter, em última análise e fundamentalmente, o "esforço produtivo" que se trata de medir, uma vez que é aquela força de trabalho que está na origem e gênese de todos os bens econômicos. É a força de trabalho, portanto, ou, antes, a medida dela, que pode fornecer indicações finais e conclusivas acerca da conveniência ou não de se produzir este ou aquele bem; e é isso, afinal de contas, que deve orientar a especialização da produção e a divisão do trabalho, que são as circunstâncias básicas em que assentam as trocas e o comércio em geral.

Ora, essa força de trabalho, no mundo pré-moderno, não é encontrada em estado puro, e assim utilizável para o fim indicado, isto é, como padrão de medida do esforço produtivo. Não é pelo menos encontrada nas proporções e com a generalidade requeridas no caso. Isso porque, nas condições em que se realiza a produção, o trabalho aparece unicamente, ou quase unicamente, em sua forma concreta, isto é, no produto acabado que representa força de trabalho já convertida em forma concreta, e não mais forma pura ou abstrata que é a força do trabalho desligada e dissociada de todas as demais circunstâncias em que se realiza a produção e que são essencialmente a matéria-prima e os instrumentos de trabalho empregados. Na produção acabada, a força de trabalho já se uniu e se confundiu com outros elementos da produção, e não é mais possível distingui-la. Não serve, portanto, de padrão de medida – ou, pelo menos, não representa suficientemente bem esse seu papel de padrão.

É isso que ocorre nas condições de produção do mundo pré-moderno em que predomina o trabalho artesanal e camponês (veremos em seguida o caso do escravo) onde o que se mercantiliza, isto é, o que entra no comércio, é o produto já acabado, a força de trabalho já concretizada nesse produto e nele indissoluvelmente incluída. A força de trabalho somente alcança o mercado e o comércio sob essa forma. Não serve, portanto, de padrão de medida do esforço produtivo, para o que se requer o trabalho abstrato ou puro, e suscetível de utilização na produção de qualquer mercadoria. Para se compararem as mercadorias em termos de esforço despendido na produção, é necessário destacar nelas e considerar à parte o elemento comum que é aquele trabalho abstrato ou força de trabalho que se aplica indiferentemente na produção de qualquer mercadoria e está incluído nelas todas. Uma vez concretizada num produto, a força de trabalho perde sua individualidade e somente poderá ser observada e considerada na forma útil em que se apresenta no bem produzido. Como *valor de uso* que ela gerou. E esse valor de uso é inadequado, por si só, para aferir o valor de troca.

Interessante observar que essa dificuldade foi percebida por Aristóteles, que, procurando determinar o valor de troca, escreve o seguinte: "Bem entendido, objetos tão diferentes [como são os objetos trocados] não poderiam na realidade ser referidos a uma medida comum [de valor]". E acrescenta logo em seguida: "Mas eles [os objetos] podem ser referidos à necessidade com uma aproximação suficiente"[4]. É a utilidade, portanto (uma vez que a "necessidade" se refere à utilidade dos objetos), que, segundo Aristóteles, constitui a medida do valor. É isso precisamente que embaralha o assunto e torna impossível descobrir o justo valor de troca dos objetos que se conservam confundidos com o valor de uso. Essa confusão do filósofo grego não era somente dele, e sim de sua época e do imaturo comércio de então. E deriva do fato apontado, a saber, que realmente nas condições vigentes da produção não ocorriam as circunstâncias necessárias que permitissem considerar a parte e, isoladamente, a força de trabalho ou o trabalho abstrato destacado do produto em que esse trabalho se converte.

Isso não exclui, todavia, a presença do esforço produtivo que, em última instância, se reduz à força de trabalho, impondo-se como padrão de medida e realizando, embora grandemente embaraçado e, por isso, de forma precária e insuficiente, sua finalidade de orientar a especialização da produção e a divisão do trabalho no sentido de um maior rendimento. É esse maior rendimento a que se visa com a especialização da produção e a divisão do trabalho, que, por seu turno, condicionam as trocas mercantis e o comércio. Trocas e comércio se farão assim vantajosos para os interesses gerais – e disso dependem seu progresso e sua extensão – na medida em que através deles se orientam convenientemente a divisão e a especialização no sentido do maior rendimento do esforço produtivo. Mas, a fim de se realizar isso plenamente, faz-se necessário um sistema de relações de produção tal que permita à força de trabalho se exibir e tornar com isso plenamente efetiva sua função específica de padrão para confronto dos bens trocados; ou seja, padrão de medida do valor de troca das mercadorias.

---

4 Idem.

Ora, é isso, como foi referido, que não ocorre nas relações de produção que predominam no mundo antigo. Nem na produção artesanal e camponesa, em que a força de trabalho se dissolve e se disfarça no produto em que ela se converte (pois é esse produto, e não seu trabalho, que o artesão ou camponês leva ao mercado), nem na produção do escravo. Nesta última, a força de trabalho se confunde com a *pessoa* do escravo e se apresenta, em bloco, como energia potencial do escravo no transcurso de toda a sua existência futura. Não se pode assim computar nela, pelo menos com rigor suficiente, o esforço despendido na produção das diferentes mercadorias, cada uma de *per si*[5]. Além do que (e isso se aplica igualmente a outras formas de servidão que se traduzem na obrigação do pagamento de tributos ou de partes da produção ou da prestação de serviços), a força de trabalho, quando se confunde total ou parcialmente com a pessoa do trabalhador e do produtor, não chega a perder seu caráter individualizado, isto é, de provir de determinado indivíduo. E o que interessa para o fim que consideramos (a saber, repetimos, servir de termo de confronto e comparação das mercadorias segundo o esforço despendido na produção de cada qual delas) é, sobretudo, um padrão de medida que seja expressão de esforços coletivos ou possa exprimir esses esforços coletivos. O que, em suma, se requer, ou, antes, o que o processo de especialização da produção e divisão do trabalho requer para ser convenientemente conduzido, é a força de trabalho em sua expressão mais pura e inteiramente destacada não só dos produtos ou dos bens em que se converte, como também dos indivíduos em particular que dela dispõem.

Ora, isso somente se realiza quando essa força de trabalho se mercantiliza, isto é, se transforma em mercadoria idêntica às demais, oferecendo-se e adquirindo-se em operações de troca com outras mercadorias. É somente assim que a força de trabalho logrará representar de forma plena seu

[5] Isso é teoricamente possível com um sistema de contabilidade em que se computasse a amortização do escravo no custo do produto, tomando por base a vida provável dele e a parcela dessa "vida" aplicada no produto. Fazendo possível com o escravo o que se faz correntemente com o equipamento industrial fixo. Seria inócuo tratar dessa hipótese que nunca se realizou e que era mesmo praticamente irrealizável.

papel no processo mercantil, medindo o valor de troca das mercadorias e estabelecendo, com isso, o confronto permanente e sistemático, em termos de esforço produtivo, daquelas mercadorias.

O regime de trabalho em que isso se realiza, isto é, em que a força de trabalho se iguala às mercadorias e toma seu caráter, é naturalmente o do *salariado*. Mas apenas quando esse salariado se generaliza e deixa de ser um fato ocasional – ou, em todo caso, uma exceção limitada a poucos setores e ocupações, só então a força de trabalho se torna efetivamente um objeto de trocas tal como outra mercadoria qualquer e vem integrar o sistema comercial completando-o e permitindo seu integral desenvolvimento. Logo veremos como isso ocorre, mas notemos desde já que tal generalização do salariado e mercantilização da força de trabalho só são possíveis em circunstâncias particulares que não ocorriam ou somente ocorriam em proporções limitadas no mundo pré-moderno, circunstâncias essas de que a principal é a completa separação entre o produtor e a propriedade dos demais fatores da produção (instrumentos de trabalho, matérias-primas, gêneros de subsistência do produtor e trabalhador). É essa separação, aliada à liberdade pessoal do produtor e do trabalhador (o que lhe permite a livre disposição de sua força de trabalho, fato que não ocorre na escravidão), que isola por completo a força de trabalho como bem econômico à parte e capaz de se tornar, por si e com total autonomia, objeto de troca; uma mercadoria, em suma, com as mesmas características de qualquer mercadoria.

Tais circunstâncias não existem, pelo menos com a generalidade necessária, no mundo pré-moderno, onde prevalecem relações de trabalho em que o produtor é proprietário dos meios de produção (como se dá no caso do artesão; ou, o que vem a dar no mesmo, no do camponês que dispõe da terra que explora, bem como dos materiais e instrumentos necessários à exploração); ou onde o produtor conserva alguns direitos sobre aqueles instrumentos e fatores produtivos, sejam embora limitados e precários (o caso, entre outros, do servo da gleba com relação à terra). Nessas situações, bem como em geral quando o produtor está ligado a outras pessoas ou instituições por vínculos de natureza pessoal que desta ou daquela forma lhe retiram ou restringem a livre disposição de sua força de trabalho, esta última não reúne os caracteres necessários para se fazer em simples mercadoria. É condição essencial da mercadoria que ela seja um objeto que por si, e independentemente de qualquer outro, possa ser livremente transacionado. E assim, enquanto a força de trabalho se liga e se confunde com os bens que produz e somente aparece no mercado sob essa forma (como se dá no caso da produção artesanal e camponesa), ou quando ela não pode ser objeto de transações livres, como no caso do regime servil, nesses casos, a força de trabalho não está em condições de se fazer mercadoria. Torna-se, em consequência, impossível a complementação e a integração do sistema comercial em que a força de trabalho, no papel de mercadoria, se insere como peça essencial e fundamental, como foi visto aqui e como se observa muito bem naquele sistema quando efetivamente completo. E é tal inacabamento do sistema comercial que explica as limitações do processo de mercantilização no mundo pré-moderno a que nos referimos. Enquanto a força de trabalho não se converte em mercadoria, esse processo é incompleto, e daí as insuficiências do mecanismo comercial.

Foi a evolução tecnológica da produção operada no curso do século XVIII e completada no seguinte que contribuiu, como fator final e decisivo, no sentido da desapropriação do produtor e da separação entre ele e os instrumentos de produção. O trabalhador e produtor não disporá mais desses instrumentos, transformados pelo progresso tecnológico em equipamentos custosos e fora de seu alcance. Com suas modestas ferramentas e rudimentares aparelhos, não lhe é possível concorrer com a máquina que multiplica muitas vezes a produtividade do trabalho e não lhe sobrará mais que sua própria força de trabalho e o direito da livre disposição jurídica dela, o que quer dizer a obrigação de oferecê-la, em troca dos meios de subsistência necessários a sua manutenção, ao proprietário dos novos instrumentos de produção, que é o capitalista.

Esses fatos históricos, como logo se vê, liberam, destacam e isolam a força de trabalho e fazem dela simples objeto de troca e comércio, isto é, mercadoria como as demais que se oferecem livremente no mercado onde ofertantes, que são os produtores agora chamados operários, e demandistas, que são os proprietários dos meios de produção ou capitalistas, se apresentam concorrendo uns com os outros tal como se dá no mercado de qualquer outra mercadoria. Quando isso ocorre, torna-se possível empregar a força de trabalho expressamente como medida do esforço necessário à produção dos diferentes bens que poderão ser assim objeto de confronto sistemático e avaliação para os fins da troca. Ter-se-á a medida do esforço produtivo aplicado a cada bem, o que será dado pela força de trabalho despendido na produção desse bem. Força de trabalho essa que se apresenta desde logo como um valor de troca determinado, uma vez que sua equivalência é naturalmente dada pelos bens necessários para mantê-la em ação, a saber, a subsistência do trabalhador e produtor; ou mais precisamente, a subsistência do conjunto ou da classe de trabalhadores que compreende não somente os indivíduos presentes no processo de produção, mas também seus filhos e eventuais sucessores que asseguram a continuidade daquele processo. Em outras palavras, o valor de troca da força de trabalho será o valor dos meios de subsistência do trabalhador e de sua família, família essa de cuja existência depende a continuidade da oferta de força de trabalho.

Em suma, com a mercantilização da força de trabalho, completa-se o sistema comercial que se apresentará então em sua expressão mais ampla e íntegra. A saber, todos os bens econômicos, inclusive a força de trabalho de cuja aplicação produtiva eles se originam, inter-relacionados num sistema de equivalências para o fim da troca. Equivalências essas nas quais a força de trabalho serve de padrão de medida e, por sua vez, é computada nos bens e nas mercadorias necessários à subsistência da classe de produtores e trabalhadores que fornecem aquela mesma força de trabalho. O sistema de trocas se integra assim internamente, bastando-se a si próprio e sem intervenção de fatores estranhos – ou seja, apreciações e avaliações de natureza subjetiva que não se incluem no mecanismo econômico da troca e comércio e dos fatores que o impulsionam: a divisão do trabalho e a especialização da produção. Com isso, realizam-se plenamente os fins e as vantagens, para o interesse geral, desse mecanismo comercial, pois tem-se como padrão universal e expresso de confronto das mercadorias para o fim das trocas o esforço produtivo nelas despendido, o *quantum* de força de trabalho necessário à produção de cada uma delas. O que fornece desde logo a norma conveniente de orientação na distribuição daquele esforço produtivo pelos diferentes bens econômicos e seu melhor aproveitamento. Em outras palavras, a orientação adequada da divisão do trabalho e da especialização da produção. As trocas e o comércio, por meio da própria maneira com que se realizam tais trocas, e portanto automaticamente, determinam a distribuição mais conveniente do esforço produtivo e, portanto, as melhores divisão do trabalho e especialização da produção. Divisão e especialização essas que condicionam aquelas mesmas trocas e o comércio. O automatismo do sistema, voltado para melhores aproveitamento e rendimento do esforço produtivo é, como se vê completo.

Ao mesmo tempo, na base de tal sistema, estabelecem-se as normas segundo as quais se determinam a qualidade e a quantidade dos bens a ser produzidos, uma vez que isso se encontra implícito na orientação dada ao esforço produtivo, pois é dela que resulta. A qualidade e a quantidade dos bens produzidos são evidentemente função da aplicação que é dada ao esforço produtivo, da maneira com que é repartido entre diferentes atividades produtivas. Também a distribuição dos bens econômicos pelos vários membros da sociedade – o que responde à última das três questões propostas no domínio dos fatos econômicos: *o que produzir*, *quanto produzir*, *para quem produzir* – se acha pré-determinada no funcionamento do sistema comercial, pois cada indivíduo receberá, no fim das contas, a soma de bens equivalente à parcela da força coletiva de trabalho de que dispõe ou que comanda. De que "dispõe" como proprietário e vendedor de força de trabalho e que "comanda" na qualidade de adquirente de força de trabalho alheia e na medida dessa aquisição. A distribuição dos bens econômicos, tanto quanto a produção deles, se enquadra no sistema geral de trocas e de comércio e se funda nas equivalências determinadas nesse sistema e fixadas pela força de trabalho despendida na produção.

É assim, na base da equivalência que se exprime nas trocas e que as orienta no sentido da maior conveniência da especialização da produção e da divisão do trabalho, que se estabelece a norma geral segundo a qual se fixam tanto a qualidade e a quantidade de bens econômicos a ser produzidos como a distribuição deles pelos membros da sociedade. Essa norma resulta espontânea e naturalmente do livre jogo das operações de troca e funcionamento automático do mecanismo comercial. A ação dos indivíduos engajados nas relações de produção, embora autônoma e resultante da livre determinação própria de cada qual, vai dar num ordenamento do conjunto econômico em que produção e distribuição se realizam já não mais como em regimes anteriores ao do mundo moderno, isto é, por força de regras político-jurídicas e mandamentos autoritários, e sim de acordo com leis econômicas que independem de vontades individuais. Esse será o regime capitalista em que

> a massa de produtores diretos encontra diante de si o caráter social de sua produção sob forma de uma autoridade meticulosa e um mecanismo social completamente ordenado e hierarquizado, mas [na qual] essa autoridade não pertence a seus detentores [que são os indivíduos participantes da atividade econômica] senão como personificação das condições de trabalho em face do trabalho, e não como nos antigos modos de produção, na qualidade de senhores políticos e teocráticos. Entre os representantes daquela autoridade, os capitalistas, os proprietários de mercadorias, reina a mais completa anarquia, em que o processo social da produção prevalece unicamente como lei natural todo-poderosa em face arbítrio individual.[6]

É aquela norma reguladora da produção e da distribuição dos bens econômicos, ou "lei natural" a que se refere Marx, resultante do livre jogo da ação individual e do arbítrio de cada um, norma essa que se foi constituindo e impondo no curso do processo de mercantilização das relações econômicas de produção e distribuição e que se afirma plenamente quando tal processo chega a termo e envolve afinal toda a atividade econômica até suas raízes no ato direto e imediato da produção; é isso que forma essencialmente o objeto da economia política tal como se constitui em disciplina científica desde o fim do século XVIII até nossos dias. E é disso que nos ocuparemos no próximo capítulo.

---

[6] Karl Marx, *Le Capital* (trad. J. Molitor, Paris, 1930), cap. XIV, p. 213-4 [ed. bras.: *O capital. Crítica da economia política*, Livro I: *O processo de produção do capital.* Trad. Rubens Enderle, São Paulo, Boitempo, 2011].

3

Antes de considerarmos a maneira pela qual os economistas abordam a análise e a interpretação do sistema capitalista, vejamos como se apresenta esse sistema nos elementos essenciais e fundamentais de seu funcionamento. A caracterização do capitalismo, que já abordamos e que se destaca nitidamente em confronto com os sistemas anteriores do mundo pré-moderno e como termo da evolução deles, encontra-se no fato da mercantilização generalizada que no capitalismo penetra no âmago do processo produtivo onde a própria força de trabalho é englobada no regime de trocas. É isso o que essencialmente distingue nosso atual sistema econômico.

Observemos com atenção. Note-se que, por efeito mesmo da generalização do regime de trocas, o processo de produção capitalista é circular, isto é, os diferentes momentos ou fases dele se sucedem com o retorno permanente ao ponto de partida. É isso que complica a compreensão adequada do assunto e leva, muitas vezes, por não ser devidamente considerado, a apreciações defeituosas. No capitalismo, a produção sempre é consumo, e o consumo, produção. Produz-se para consumir, o que é óbvio, mas também se consome para produzir, o que nem sempre é tão claro. Em suma, tanto a produção envolve consumo, como o consumo, produção. Na produção capitalista consome-se diretamente *força de trabalho* e indiretamente os meios de subsistência dos fornecedores da força de trabalho, que são produtores e trabalhadores.

E assim o consumo destes últimos é função da produção. O consumo se faz produção, como antes a produção se fizera consumo. Melhor ainda e de forma mais geral: produção e consumo não são senão aspectos da mesma operação, circunstância essa inseparável da própria natureza da produção capitalista, caracterizada pela universalidade do sistema de trocas, isto é, em que todos os atos sempre se reduzem a operações de troca. A troca implica dois termos e pode, portanto, ser considerada sob dois aspectos, seja de um, seja de outro dos termos. No conjunto do processo capitalista, um dos aspectos será a produção; o outro, o consumo; e o funcionamento do sistema se caracterizará pela passagem constante de um para o outro: a produção fazendo-se consumo, e este último voltando a se fazer produção.

O processo da produção capitalista apresenta-se, assim, sob forma circular, e a fim de o observar, acompanhá-lo e descrevê-lo, precisamos (uma vez que um processo circular não tem nenhum ponto inicial necessariamente determinado) escolher esse ponto de forma mais ou menos arbitrária, sem nos importarmos com aquilo que o precede e que aparecerá no encerramento do ciclo. No ponto que ora escolhemos, encontramos os bens econômicos (que nessa situação costumam-se denominar *fatores de produção*) distribuídos entre duas categorias, ou classes, de indivíduos: de um lado, os produtores diretos ou trabalhadores que dispõem de sua *força de trabalho*; do outro, os proprietários de instrumentos de produção (máquinas e equipamentos produtivos), recursos naturais (terra, jazidas minerais, quedas-d'água etc.) e, portanto, também das matérias-primas proporcionadas por esses recursos naturais e que se destinam à produção; os proprietários, enfim, dos meios de subsistência da coletividade considerada. Todos esses bens, como sempre ocorre no regime capitalista, encontram-se sob forma de *mercadoria*, isto é, de objetos destinados à troca – mais precisamente, troca por dinheiro ou compra e venda.

O processo produtivo que estamos descrevendo e que constitui a parte essencial e fundamental do funcionamento do sistema econômico do capitalismo consiste na troca da força de trabalho por meios de subsistência. É isso o que essencialmente ocorre quando o trabalhador vende sua força de trabalho ao capitalista e proprietário dos meios de produção e, com o resultado financeiro dessa venda, que forma o *salário*, adquire seus meios de subsistência de outro capitalista: o comerciante. Considerando-se as classes sociais em conjunto, pode-se dizer que os trabalhadores vendem aos capitalistas sua força de trabalho e compram deles os meios de subsistência. Duas operações que se reduzem fundamentalmente a uma só: a troca de força de trabalho por meios de subsistência.

Enquanto os meios de subsistência vão sustentar o trabalhador e refazer a força de trabalho que ele vendeu e que se gasta na atividade produtiva, o capitalista "consome" essa força por ele adquirida, isto é, a utiliza no ato físico da produção, conjuntamente com as matérias-primas e os instrumentos de trabalho (máquinas etc.) que se desgastam naquele ato e na medida de tal desgaste são "consumidas". Em termos contábeis, como se sabe, esse desgaste ou consumo de máquinas e equipamentos se denomina *amortização*.

Do ato da produção assim processado e em que se consumiram força de trabalho, matérias-primas e parcelas de instrumentos de produção, resultam novos bens que (considerando-se o conjunto da produção capitalista) são precisamente aqueles instrumentos de produção, matérias-primas e meios de subsistência que se apresentam todos sob forma de mercadorias, pois se destinam à troca ou, mais precisamente, à venda. Esses bens se encontram na propriedade dos capitalistas que organizaram e dirigiram a produção. Cabem, portanto, àquela categoria ou classe social que citamos antes e que se defronta com a dos trabalhadores e proprietários da força de trabalho. Encontramo-nos com isso no ponto ou momento do processo produtivo em que iniciamos nossa análise e descrição, repetindo-se em seguida o mesmo ciclo.

Há, contudo, uma diferença. O que resultou do ciclo da produção que consideramos não é equivalente ao que nele se consumiu e que existia no ponto inicial dele – é, sim, superior[1]. O valor de troca da

1 Lembremos aqui, mais uma vez, que estamos considerando a produção social em seu conjunto. Nesse sentido, a "produção" é simultaneamente de gêneros destinados ao consumo final, inclusive meios de subsistência, e instrumentos de produção e

produção realizada (isto é, aquilo pelo que poderá ser trocada) é superior ao valor de troca dos bens ou das mercadorias que se inverteram na produção (máquinas e equipamentos, matérias-primas, meios de subsistência). A explicação disso é que a força de trabalho adquirida pelo capitalista produziu mais que os meios de subsistência pelos quais foi trocada. E isso se dá porque já não nos encontramos mais naquele nível rudimentar da técnica a que nos referimos no capítulo anterior, quando o produtor conseguia apenas produzir o necessário para sua subsistência. Agora, como aliás já há muito tempo, a força de trabalho humano, graças ao progresso tecnológico, teve sua produtividade muitas vezes ampliada, e a capacidade de produção do trabalhador e produtor moderna que estamos considerando supera de muito o necessário para a sua subsistência. Considerada a produção capitalista em conjunto – e em conjunto, portanto, os indivíduos que formam as classes respectivamente dos capitalistas e dos produtores diretos ou trabalhadores –, verifica-se que no fim de cada ciclo produtivo se encontram bens econômicos sob forma de meios de subsistência e de produção (matérias-primas, máquinas e equipamentos etc.) suficientes não somente para satisfazer as necessidades dos produtores e trabalhadores e suprir a energia por eles despendida na produção, mas também para repor os gastos de matéria-prima e o desgaste do equipamento empregado e, ainda, para constituir um excedente de bens econômicos acima que existia antes. A produção, em suma, foi maior que o consumo nela realizado. E isso se deu porque um dos itens desse consumo (a força do trabalho representada pelos meios de subsistência consumidos pelos fornecedores daquela força) acrescentou à massa de bens invertidos na produção e repostos no fim dela um excedente que se deve ao fato de a técnica empregada na produção, multiplicando a capacidade produtiva do trabalhador, ter-lhe permitido

---

matérias-primas. Considerando hipoteticamente que a produção de todos esses bens se realize ao mesmo tempo, cada ciclo produtivo dá origem, no mesmo momento, a uma massa de bens em que se distinguem aquelas diferentes categorias. O valor de troca dessa massa de bens será superior ao da massa que, no início do ciclo considerado, foi invertida na produção.

produzir um excesso além daquilo que consumiu na produção e que são seus meios de subsistência consumidos no transcurso do trabalho[2].

É nisso, em suma, que consiste o processo produtivo do capitalismo. Note-se que dele resulta automaticamente a distribuição dos bens produzidos: a trabalhadores e produtores vão os meios de subsistência necessários à reposição daquilo com que contribuíram para a produção, a saber, sua força de trabalho. Com os meios de subsistência, os trabalhadores refazem suas energias despendidas na atividade produtiva e conservam, assim, permanentemente disponível sua força de trabalho. Recebem, pois, na produção o que lhe deram. Quanto aos capitalistas, esses recebem, de retorno, os bens ou, antes, um equivalente dos bens com que contribuíram para a produção (equipamentos, matérias-primas, meios de subsistência) e mais um excedente dessa inversão que constitui o ganho que os anima a renovar o processo produtivo.

Note-se bem que uma tal distribuição se faz automaticamente, isto é, sem recurso a mandamentos e normas político-jurídicos especiais e de natureza extraeconômica (salvo o reconhecimento e a segurança da propriedade e da liberdade contratual das trocas). Tudo se realiza pelo processo natural e espontâneo de operações mercantis, que são as trocas, livremente convencionadas e efetuadas, com cada qual trocando o que é seu pelo que é de outrem com equivalência rigorosa dos bens trocados. Realmente, o *valor de troca* dos bens ou mercadorias se mede (vimos no capítulo anterior a razão desse padrão de medida) pelo esforço despendido na produção deles, o que em última instância vem a ser a força de trabalho aplicada nessa produção. Ora, é precisamente isto que ocorre no processo produtivo descrito: a força de trabalho é trocada pelos meios

---

2 Um dos pontos mais controvertidos do marxismo tem sido esse da subsistência do trabalhador, muitas vezes interpretado como o mínimo biológico para a manutenção dele em vida. Essa discussão não tem sentido, porque o conceito de "necessidades humanas" não pode ser interpretado como uma abstração apriorística. Noutras palavras, as necessidades do homem não podem ser aferidas por padrões abstratos, mas apreciadas em confronto com os padrões reais e concretos da sociedade de que o homem participa. "Necessidades econômicas" não é um conceito biológico, mas essencialmente social e histórico.

de subsistência necessários à manutenção do trabalhador e à conservação de suas energias físicas que fornecem aquela força de trabalho. Que, por conseguinte, a "produzem". O *valor de troca* da força de trabalho é, assim, o dos meios de subsistência recebidos pelo trabalhador. E é isso o que o capitalista lhe dá em troca daquela força. A equivalência dos bens trocados – força de trabalho de um lado, meios de subsistência do outro – é, pois, rigorosa.

Tem-se com isso também o valor de troca dos bens econômicos em geral, isto é, a relação de equivalência, para os fins de troca, de todos eles, pois será computada em cada qual a força de trabalho aplicada na produção dele, mais a força de trabalho passado, incluído nos meios produtivos consumidos na produção (matérias-primas, desgaste de equipamento etc.). Sendo aquela força de trabalho, tanto a atual como a passada, determinada, como se viu aqui, pelos meios de subsistência de produtores e trabalhadores.

Completa-se, assim, e se integra num conjunto, o sistema geral de valores, todos eles entre si relacionados e determinando-se reciprocamente. Um tal valor como abstrato das mercadorias (pois é representado unicamente por relações gerais de equivalência) se concretiza sob a forma de *preço*, que representa a equivalência de todas as mercadorias e de qualquer uma em particular, com uma mercadoria determinada, que são os metais preciosos e o ouro em particular. O valor de troca se faz com isso, de expressão de uma relação, em algo de determinado e representado por uma quantidade fisicamente mensurável: *um peso de ouro*. Todos os bens econômicos ou mercadorias, inclusive a força de trabalho, terão assim um preço – ou, antes, tenderão por meio da concorrência de ofertantes e demandistas a ter um preço – que representará seu valor, isto é, exprimirá o esforço produtivo nelas despendido. Isso servirá de orientação para a especialização da produção e divisão do trabalho, bem como para a fixação da quantidade e da qualidade dos bens a ser produzidos, pois os eventuais desvios do melhor aproveitamento da força social de trabalho e da conveniente aplicação qualitativa e quantitativa dela nos diferentes setores conforme as necessidades do consumo serão logo advertidos, por meio do livre jogo da oferta e procura, por oscilações de preços que indicarão aquelas atividades que devem ser adotadas ou abandonadas, desenvolvidas ou limitadas por estes ou aqueles indivíduos ou grupos de indivíduos. Os preços tenderão, assim, sempre a se fixar no valor real de troca das mercadorias, isto é, aquele valor no qual se exprime o esforço a ser despendido na produção daquelas mercadorias e em que se realiza o equilíbrio do sistema – a produção ajustada qualitativa e quantitativamente ao consumo – e efetuando-se nas melhores condições de aproveitamento, do esforço produtivo.

Assim, por um sistema de motores e freios de ação reguladora automática e que se torna efetiva pelo livre jogo da iniciativa individual e das operações de troca, a produção capitalista tenderá sempre a realizar uma ideal divisão de atividades e, portanto, uma produtividade máxima. Ao mesmo tempo, promoverá a distribuição dos bens econômicos produzidos de maneira a assegurar, de um lado, a renovação permanente da força de trabalho pelo encaminhamento aos detentores e proprietários dessa força, que são os trabalhadores, dos meios de subsistência que lhes são necessários para continuar a fornecer a sua força de trabalho; do outro lado, a levar aos capitalistas dirigentes, organizadores e propulsores da produção não somente os bens destinados à reposição dos que se consumiram na produção (matérias-primas, desgastes de equipamento etc.) como, ainda, os excedentes produzidos pela força de trabalho acima dos meios de subsistência de que ela se alimenta – excedentes esses que em parte se aplicarão no sustento e no bem-estar dos capitalistas (o que os anima a continuar na atividade de organizadores e dirigentes da produção) e, em outra parte, constituirão novos meios de produção que ampliam, com o poder econômico, a riqueza e o domínio dos capitalistas, a capacidade produtiva da coletividade. Asseguram-se, com tudo isso, a perpetuação do processo produtivo e o funcionamento em permanência do mecanismo econômico do capitalismo.

Esse, em linhas gerais, é o sistema capitalista e a maneira pela qual nele se resolvem as questões propostas a qualquer sistema econômico: *o que produzir*, *quanto produzir*, *para quem produzir*. Mas isso, que é hoje tão claro e que os manuais de economia política podem descrever tão simplesmente, não se apresentava assim aos contemporâneos das primeiras fases do capitalismo e quando o sistema capitalista, ou o que viria a ser o sistema capitalista, ainda germinava no seio do mundo pré-moderno. Nessa aurora do capitalismo, o "livre jogo dos fatores naturais", a saber, a livre-iniciativa e a determinação dos indivíduos que se encontram na base do sistema, ainda tinha um papel secundário e pouco se fazia sentir. Outros elementos e fatores predominavam: a regulamentação político-jurídica, complementada por normas éticas. Era isso, sobretudo, que orientava as atividades econômicas. E nessas condições evidentemente não era fácil perceber o caráter das débeis e excepcionais relações capitalistas afogadas no conjunto ainda não capitalista nem ter delas uma clara intuição – muito menos compreendê-las e interpretá-las convenientemente.

A simples presença, todavia, daqueles primeiros elementos do capitalismo, ou daquilo que viria a ser o capitalismo, já contava como fator de transformação que, embora ainda não sentido, atuava cada vez mais intensamente com o desenvolvimento do processo de mercantilização a que nos referimos. Só que isso se fazia por uma ação inconsciente dos resultados gerais para que tendia, ação essa dos indivíduos, embora relativamente poucos, que já se encontravam engajados em relações de natureza capitalista ou que resultariam no que chamamos de capitalismo. As atividades de tais indivíduos, em particular as dos comerciantes, estavam de fato, quer eles o percebessem, quer não, promovendo e ampliando aquelas relações capitalistas em oposição e substituição a outras de natureza diversa que ainda predominavam e que se fundavam no anterior sistema de regulamentação autoritária de caráter político-jurídico e ético.

É de tais atividades, e na medida que elas se desenvolvem, ampliam e difundem, que vai resultando a teoria do capitalismo, expressão ideológica da experiência adquirida em sua prática e, ao mesmo tempo, norma de conduta a seguir para a obtenção dos melhores resultados nessa prática. Do empirismo dos primeiros momentos evolui-se aos poucos para uma sistematização teórica que assinala os primeiros passos da economia política como disciplina científica; isto é, teoria explicativa da ação e dos fatos econômicos de natureza capitalista e, além disso, diretriz para a conveniente condução e orientação de tais fatos. Encontramos esses esboços nos mais antigos economistas (Montchrétien, William Petty etc.) que já lançam com suas obras alguma luz sobre as relações capitalistas que, embora fragmentariamente, eles procuram descrever. Uma tal descrição e primeiro esquema sistemático e teoria vão indicando propriamente, como consequência de sua natureza, um rumo, pois, colocando em destaque aquelas relações capitalistas, apresentarão modelos que se procurarão seguir. Que procurarão seguir pelo menos aqueles que, engajados em tais relações, se interessam em ampliá-las e que, já realizando isso naturalmente como consequência do rotineiro exercício de suas atividades, poderão realizá-lo agora, com a compreensão mais clara de sua ação graças àqueles "modelos", de maneira mais precisa e em escala maior. Passa-se, assim, de modo progressivo para novas etapas mais avançadas não só de relações capitalistas de maior desenvolvimento e teoricamente melhor compreendidas, mas em que se oferecem graças a tal desenvolvimento e compreensão, base cada vez mais ampla e sólida para um novo progresso e uma teorização mais completa. A prática faz a teoria, e a teoria ilumina e promove a prática. E assim o sistema capitalista se vai progressivamente estruturando, e a teoria dele, a economia política, se constitui.

Esse processo, todavia, de progressiva substituição de um tipo de relação social por outras, não vai evidentemente sem perturbações e atritos, com vantagens para uns e prejuízo para outros. Sem entrarmos aqui em pormenores que são mais de ordem da história política e social, observemos que aquelas perturbações e atritos giram, sobretudo, no plano teórico (mas com repercussões práticas imediatas de monta) em torno da questão da *possibilidade* e da *eventualidade* da transformação do sistema econômico e substituição do vigente em que predomina a regulamentação político-jurídica das relações econômicas em outro de relações derivadas da livre-iniciativa e da determinação dos indivíduos movidos por seus interesses privados. Essa questão não se propõe naturalmente em geral de maneira tão explícita, mas é ela que de fato condiciona implicitamente a marcha dos acontecimentos. A comprovação da possibilidade da transformação do regime econômico, questão evidentemente da maior importância teórica, e também prática, porque sem aquela comprovação a transformação não se poderia realizar pelas resistências que encontraria, dependia da segurança de que, por meio da livre-iniciativa e da determinação dos indivíduos, poderia realizar-se, e com vantagens de ordem geral, um ajustamento espontâneo das relações econômicas suscetível de fazer as vezes da regulamentação político-jurídica existente. E isso dependia da consciência, adquirida na prática, da "lei natural" implícita no sistema capitalista e que proporcionaria aquele ajustamento espontâneo das relações econômicas sem necessidade de regulamentação jurídica. Em outras palavras, fazia-se mister o "conhecimento" de que a regulamentação político-jurídica era dispensável e podia ser suprida com vantagem por um ajustamento espontâneo naturalmente decorrente da livre determinação dos indivíduos engajados na atividade econômica e propulsores dela.

É somente no século XVIII, e quando aquela "prática" referida já se alargara suficientemente e amadurecera graças ao desenvolvimento do processo de mercantilização, que será possível uma tal "consciência" ou "conhecimento" da lei natural das relações capitalistas de produção. Isso se exprimirá pela primeira vez, pelo menos de maneira clara e inequívoca, na obra dos fisiocratas, que expressamente reconhecem e proclamam a existência de uma ordem ou lei natural capaz de realizar a maior felicidade dos homens e progresso de sua riqueza e bem-estar – ordem ou lei essa que se achava embaraçada e incapacitada de se manifestar plenamente por efeito das restrições de natureza legal e jurídica (além de ética) que impediam a livre determinação e comportamento dos indivíduos. Essa "lei natural" dos fisiocratas não é senão a lei econômica que regula o funcionamento do sistema capitalista e que realiza espontaneamente, por meio da livre ação individual, o ajustamento e o ordenamento das atividades humanas dedicadas à produção e à distribuição dos bens econômicos. A "realidade" dessa lei não implica, todavia, sua efetividade, que depende precisamente da liberdade outorgada aos indivíduos na escolha e no exercício de suas atividades econômicas. Ora, uma tal liberdade não ocorria ainda no século XVIII, no qual se situa a obra dos fisiocratas. Mas era preciso realizá-la, no entender dos setores, restritos embora, engajados e interessados nas relações capitalistas de produção (a burguesia, em suma), bem como igualmente no pensar dos fisiocratas, que em termos ideológicos exprimem tais setores e interesses. Daí o famoso lema fisiocrático *laissez-faire*, *laissez-passer*, norma destinada justamente a estabelecer a liberdade econômica dos indivíduos com a eliminação dos entraves político-jurídicos que pesavam sobre suas atividades.

Se os fisiocratas foram assim capazes de compreender e revelar a natureza do sistema capitalista, a saber, o jogo espontâneo dos fatores naturais ou a livre determinação econômica dos indivíduos promovendo a produção e provendo à distribuição social dos bens econômicos, não atinaram, contudo, com o mecanismo de tal sistema. Isso se deve ao fato de que confundiram o *valor de uso* com o *de troca* e não enxergaram nos bens econômicos se não o primeiro. Mais grave ainda é à matéria concreta que atribuíam aquele valor, fazendo dele uma "qualidade" ou "propriedade" da matéria. Daí a esdrúxula concepção fisiocrática da produção e da produtividade, limitada segundo ela à agricultura, pois é somente na agricultura que se observam a multiplicação e o aumento material dos bens econômicos. Essa deformação é fruto, em grande parte, como tão bem observou Marx, do fato de se inspirarem os fisiocratas na economia da França, país sobretudo agrícola e em que o capitalismo se estava erguendo sobre as ruínas do agrarismo feudal[3]. Diverso era o caso da Inglaterra, onde dominavam o comércio e a indústria e onde as atenções se dirigiam, por isso e sobretudo, para a circulação e as trocas. Caberá, nessas condições, a um inglês, Adam Smith – em continuação à longa série de precursores seus compatriotas que vinham desde o século anterior abordando a análise do mecanismo econômico do capitalismo – elaborar a teoria do valor que dá conta desse mecanismo e explica o automatismo e a espontaneidade dos fatos econômicos do capitalismo. Adam Smith, em contraste com os fisiocratas, enxergará a natureza social do *valor*, expressão que ele é das relações estabelecidas pelos homens no curso de suas atividades econômicas; a saber, na produção, na

---

3 Karl Marx, *Histoire des doctrines économiques* (trad. J. Molitor, Paris, [Alfred Costes,] 1924), cap. I, p. 50.

circulação e na distribuição de bens necessários ou úteis à satisfação de suas necessidades.

Note-se, antes de mais nada, que não foi por diletantismo e simples espírito curioso que Adam Smith – filósofo de profissão e que só em adiantada fase de sua vida e obra voltou as atenções para a economia – elaborou sua grande obra econômica. O que ele se propôs, como indica o nome de seu famoso livro, é "inquirir da natureza e das causas da riqueza". Encontrou-as, como era natural para um pensador progressista de sua época, nos primeiros sintomas do sistema capitalista que começavam a se fazer sentir naquele momento, e sobretudo naquela Inglaterra do século XVIII, que era a sua. Fixou aí sua atenção e a economia política que elabora não é mais que a descrição sistemática e, pois, a teorização das relações capitalistas de produção que ele via formarem-se e progredirem sob suas vistas. Sua economia política servirá, assim, de modelo teórico; e, definindo e clareando com isso a situação, como de fato a clareou, abriu novas perspectivas para a ação econômica dos homens de seu tempo e para o progresso das atividades deles no sentido do capitalismo.

Na análise do mecanismo capitalista e no estabelecimento da teoria do valor, Adam Smith teve antecessores, como foi referido, sobretudo no seu próprio país, onde os primeiros elementos da teoria do valor já se encontram em William Petty (1623-1687). Mas, enquanto esses primitivos da economia política se tinham limitado a considerar certos aspectos parciais e fragmentários da questão, Adam Smith deriva desde logo sua teoria do valor do sistema geral das relações econômicas e a integra nesse sistema como peça essencial e fundamental dele. A influência e a inspiração dos fisiocratas na obra de Adam Smith se fazem aí claramente sentir. Partindo do fato da troca e da divisão do trabalho que dele decorre, Adam Smith apresenta a noção de valor como norma reguladora do conjunto dos fatos econômicos. Descarta-se desde logo, e num curto parágrafo, o valor de uso e passa a analisar o valor de troca, seus fundamentos, sua essência e sua medição. Já na primeira frase de seu livro observa que "o trabalho anual de cada nação é o fundo que originariamente a abastece de todo o necessário e conveniente à vida que ela consome anualmente". É essa observação preliminar, evidente por si e que dispensa comentários e maior justificação, que fundamenta em Adam Smith as conclusões a propósito do *valor* e sua natureza. Eis seu texto a respeito:

> Todo homem é rico ou pobre de acordo com o grau em que ele pode gozar do necessário e conveniente, bem como das diversões da vida humana. Mas depois que a divisão do trabalho se estabeleceu em largas proporções, é somente uma pequena parte desses bens que o homem pode proporcionar-se com seu próprio trabalho. A maior parte deles deve provir de trabalho alheio, e ele será rico ou pobre de acordo com a quantidade daquele trabalho que pode comandar ou adquirir. O valor de um bem, portanto, para a pessoa que o possui e que não pretende usá-lo ou o consumir ela própria, e sim trocá-lo por outros bens, é igual à quantidade de trabalho que ela pode adquirir ou comandar. O trabalho, portanto, é a medida real do valor de troca de todos os bens.[4]

Nesta proposição, acha-se contida, em suma, toda a teoria do valor e a essência do sistema capitalista: de um lado, e bem explícitos, a natureza e o padrão de medida do valor de troca; do outro, e implícita, a norma reguladora, que é a lei do valor, segundo a qual os bens se distribuem pelos homens de acordo com a quantidade de trabalho que cada qual consegue adquirir. A produção anual de bens econômicos ("o necessário, o conveniente e as diversões", segundo a especificação de Adam Smith) se distribui pelos homens segundo a quantidade de trabalho que cada um comanda. Assim, os detentores de capital, que precisamente por esse fato estão habilitados a adquirir e, portanto, comandar trabalho alheio, receberão da produção social uma parte correspondente àquele capital que detém e à quantidade de trabalho com ele adquirido[5].

Adam Smith não vai, todavia, muito além dessa intuição geral da teoria do valor; e, no desenvolvimento dela, esbarrará com dificuldades, que não saberá superar, para caracterizar o trabalho como medida do valor – isto é, para explicar a maneira pela qual o trabalho despendido

---

4 Adam Smith, *An Inquiry into the Nature and Causes of the Wealth of Nations* (4. ed., trad. Edwin Cannan, Londres, Methuen & Co., 1925), cap. I, p. 32.

5 Uma parte do trabalho adquirido pelo capitalista com seu capital será trabalho passado, isto é, materializado e convertido em instrumentos de trabalho e matérias--primas. Outra parte será de trabalho vivo, força de trabalho.

no esforço produtivo se exprime no valor das mercadorias. Um tal desenvolvimento da teoria do valor caberá a Ricardo, que teve sobre seu antecessor a vantagem não somente do terreno desbravado, como ainda de alguns decênios de avanço no progresso industrial e capitalista da Inglaterra. Decênios esses decisivos para aquele progresso, pois a indústria inglesa alcança então sua maturidade, dando a Ricardo a possibilidade de observar o sistema capitalista em pleno florescimento. É por isso que, enquanto Adam Smith, embora atinando com a teoria do valor, não lhe dá o devido destaque e desenvolve seu pensamento à margem dela, ficando por isso numa descrição formal e exterior do sistema capitalista, Ricardo, pelo contrário, assenta toda sua análise no fato essencial e fundamental de todo processo econômico, o *trabalho* – apontado, aliás, por Adam Smith, mas que este não soubera conservar presente ao longo de toda sua teoria. "O fundamento, o ponto de partida da fisiologia do sistema burguês, da compreensão de seu organismo íntimo e de seu processo vital, é a determinação do valor pelo tempo de trabalho. Ricardo parte daí e força a ciência a renunciar à sua velha rotina."[6] Graças a isso, Ricardo não só pode e soube caracterizar definitivamente o valor de troca das mercadorias como determinado pelo tempo de trabalho despendido na produção, e também pelo despendido na produção das matérias-primas e meios ou instrumentos de trabalho utilizados na produção direta daquelas mercadorias[7], como ainda apontou o padrão de medida do valor do próprio trabalho expresso monetariamente no salário e que vem a ser o valor dos meios de subsistência do trabalhador. A diferença entre o valor desses meios de subsistência, mais o dos bens consumidos na produção (matérias-primas, desgaste dos instrumentos de produção etc.), e o valor da mercadoria produzida constitui a parte que reverte para o capitalista sob a forma de lucro.

---

6 Karl Marx, *Histoire des doctrines économiques*, cit., cap. III, p. 8.

7 "Quando afirmo que o valor da mercadoria é determinado pelo tempo de trabalho, isso se aplica tanto ao trabalho diretamente consagrado à mercadoria no processo do trabalho quanto ao tempo de trabalho contido na matéria-prima e nos meios de trabalho necessários à produção da mercadoria." D. Ricardo, *Principles of Political Economy and Taxation* (Londres, G. C. K. Gonner, 1891).

Caberá a Marx desenvolver esse último ponto da teoria do valor, a saber, a natureza do lucro capitalista ou mais-valia*, suas diferentes formas e distribuição delas pelas várias categorias em que se divide a classe que a apropria, isto é, a burguesia: o lucro do empresário ou empreendedor, o interesse do capitalista propriamente, seja o industrial, o comerciante, seja o agente financeiro (bancos etc.), a renda do proprietário da terra. Nessa altura, contudo, já bem entrados no século XIX, encontramo-nos em outra etapa da economia política. O capitalismo atingira um alto grau de maturidade, e as consequências sociais que ele implica se afirmavam clara e distintamente nos fatos correntes, a saber, na nítida diferenciação e separação das classes fundamentais que o sistema comporta: de um lado, os produtores diretos e trabalhadores que são os operários, destituídos de todos os bens econômicos e senhores unicamente de sua força de trabalho. É a classe do *proletariado*. Do outro lado e em oposição, os detentores do capital e, pois, dos bens econômicos em geral que o capital comanda e a que intitula seus proprietários. É a *burguesia*, que por isso mesmo que detém o capital, faz-se beneficiária de seu fruto que é a mais-valia. Essa diferenciação de classes, que no terreno social e político resultava na luta irreconciliável delas, propunha por efeito disso, no terreno da teoria econômica, duas linhas de desenvolvimento que derivam do ponto de vista respectivamente da burguesia e do proletariado em que se coloca o observador dos fatos econômicos, bem como dos interesses que representa e dos fins a que almeja: ou a conservação, o aperfeiçoamento e, portanto, em consequência, a justificação do sistema capitalista; ou a transformação e destruição desse sistema e, pois, sua condenação. No primeiro desses pontos de vista, escusado dizer, coloca-se o teórico da economia política burguesa chamada depois clássica, ortodoxa ou vulgar. No outro se situa a teoria econômica do proletariado, que será em sua mais alta e pura expressão o *marxismo*.

Em termos teóricos, o assunto se propõe em torno de uma questão fundamental que a economia política, tal como se apresenta depois da

* Apesar de a Boitempo adotar em todo o seu catálogo a forma "mais-valor", mantivemos, neste volume, a grafia usada pelo autor. (N. E.)

obra de Ricardo, deixara em aberto ou não resolvera satisfatoriamente. Essa questão tem sua origem no argumento com que se procurou refutar a teoria ricardiana do valor medido pelo trabalho despendido na produção dos bens econômicos[8]. Realmente, se o valor se constitui e se mede pelo trabalho despendido na produção, como se explica o excedente que forma o lucro capitalista? Ou, em outras palavras, como se explica o fato de o valor do produto, expresso no preço de venda, ser superior ao valor do trabalho aplicado na produção e que se exprime no salário[9]? Em suma e mais precisamente, trata-se de saber como o valor de troca criado pelo trabalho é superior ao valor de troca desse mesmo trabalho[10].

A economia conservadora e ortodoxa se valerá do argumento para refutar a teoria clássica do valor tal como ela se apresenta em esboço na obra de Adam Smith e completada em Ricardo. A saber, contestará a exclusividade atribuída ao trabalho como fonte do valor e imputará a diferença verificada entre o valor da força de trabalho e o da mercadoria produzida por essa força (diferença que constitui o lucro capitalista e a renda fundiária) a uma contribuição respectivamente do capital e da terra. Consideraremos adiante essa conclusão da economia ortodoxa, que persistirá, como se sabe, até nossos dias. Vejamos por ora o ponto

---

8 Em rigor, seria não o trabalho, mas o valor de troca dos meios de subsistência destinados a manter a força de trabalho.

9 Não estamos aqui considerando os demais gastos de produção (matéria-prima consumida, desgaste ou amortização do equipamento produtivo etc.) que constituem trabalho passado e que se incluem no valor ou preço do produto pelo mesmo valor com que concorreram na produção. Para esses itens do valor do produto, não há dificuldade; esta se apresenta unicamente no fato de a força de trabalho gerar um valor superior ao seu próprio valor. Note-se, outrossim, que estamos assimilando valor e preço, o que não é rigorosamente exato, pois o preço, expressão monetária do valor, nem sempre e mesmo raramente coincide com esse valor, mas apenas tende para ele por meio das flutuações que sofre no mercado.

10 Reproduzimos aqui essa questão nos termos, ou aproximadamente nos termos propostos por Karl Marx, *Contribution à la critique de l'économie politique* [(trad. Laura Lafargue, Paris, 1928), p. 76]. Deixamos de referir outras maneiras de formular o assunto porque alongaríamos inutilmente a matéria com questões que não são para nós aqui de importância ou não tiveram maior projeção na história da economia política.

de vista dos teóricos revolucionários que representam ideologicamente o proletariado e pretendiam por isso uma transformação ou modificação e reforma da ordem vigente. Trata-se daqueles que se denominarão "socialistas".

Os socialistas (refiro-me agora àqueles que precederam Marx e Engels, ou que persistiram depois deles na mesma ordem de ideias, como Proudhon e os "reformistas" posteriores) aceitam a formulação da economia política clássica e, situando-se no terreno ético, tiram dela a conclusão de que, se o valor tem sua fonte exclusiva no trabalho, cabe ao trabalhador o direito integral a esse valor. No sistema vigente, dirão eles, o trabalhador é vítima de uma espoliação, e essa injustiça precisa ser corrigida. É sobre essa base ética que os socialistas construirão seus sistemas que objetivam restituir ao trabalhador o produto integral de seu trabalho, sistemas esses que vão desde as *comunidades* de Owen e os *falanstérios* de Fourier até os *bônus de trabalho* de Proudhon através de variantes mais ou menos engenhosas... e impraticáveis, como a experiência demonstraria fartamente.

Em seu aspecto teórico, a falha da concepção socialista está no fato de que elimina o automatismo e a necessidade da lei do valor, pois abre nela uma exceção injustificável. A lei do valor, válida e operante em todas as relações econômicas do capitalismo, não se aplica e não atua no caso das relações de trabalho, que são precisamente as fundamentais do sistema. Todas as mercadorias são trocadas por seu valor; o trabalho não. Intervêm neste último caso fatores extraeconômicos e de que a teoria econômica não dá e não pode dar conta: o fato ético. O trabalhador é vítima de uma "injustiça", que faz de sua mercadoria, que é o trabalho, exceção única no conjunto das mercadorias. Por que isso? Uma resposta adequada é impossível, e a teoria socialista dá, assim, por terra com toda a teoria econômica. A lei do valor, que é uma lei natural, não pode sofrer exceções, sobretudo uma exceção que diz respeito ao elemento fundamental de todo sistema. Se é o valor que determina a proporção em que as mercadorias são trocadas, e isso precisamente porque é na base do esforço de produção nelas despendido que aquele valor é computado (e isso constitui a essência da teoria econômica), como então justamente esse trabalho, mercadoria como as demais, não é avaliado e trocado, isto é, pago por seu valor? A exceção que os socialistas introduzem na teoria do valor joga essa teoria por terra, destrói-a em seus fundamentos. E destrói, com isso, a própria concepção que atribui ao trabalho a produção do valor. A teoria econômica do socialismo assenta numa incongruência irremovível.

O mais grave da posição assumida pelo socialismo é que ela o priva de uma base teórica sólida e o impede por isso de ir além, em sua ação prática, de um apelo à distribuição mais equitativa do produto social e à correção da injustiça sofrida pelos trabalhadores. Concepção essa que não tem outra perspectiva que a tarefa imediatista da realização de melhores condições de vida e maior remuneração para o trabalho. Será o "reformismo", com todas as suas consequências, tão graves na história política do proletariado de entendimentos e composição com burguesia.

A esse socialismo, de tão precárias bases teóricas – e, por isso, a princípio utópico, degenerado em seguida –, se opõe o socialismo de Marx e Engels. Marx e Engels ocupam, entre os socialistas, escusado repeti-lo, uma posição ímpar no que diz respeito tanto à natureza científica de sua obra e à amplidão que a caracteriza (uma vez que extravasou largamente o terreno próprio da economia para se dilatar até mesmo pela filosofia) como à projeção político-social que tal obra terá pelos tempos afora. Mas para o que nos interessa aqui mais diretamente, o que singulariza a contribuição marxista para a economia política, é que deixa de parte na análise do sistema capitalista toda e qualquer preocupação de ordem "ética" ou idealista no sentido da projeção objetiva, isto é, para fora do pensamento do observador, de desejos e aspirações próprios dele, mas estranhos à realidade e aos fatos que o cercam e sobre os quais tem de atuar. A tão poderosa força ético-política do marxismo, como os fatos históricos do mundo contemporâneo têm demonstrado e continuam demonstrando, é decorrência exclusiva da rigorosa objetividade da concepção marxista que vai buscar aquela força no próprio dinamismo natural e espontâneo dos fatos históricos. A transformação da ordem social vigente, implícita na concepção marxista, não provém, como se dá nos sistemas socialistas vulgares, de plano, programa ou objetivo proposto à margem do sistema capitalista, ou por fora e acima dele, e significando quando muito uma boa intenção, um desejo ou uma aspiração animada dos melhores propósitos. A transformação social prevista pelo marxismo se funda naquele próprio sistema do capitalismo a que ele se opõe – e nele se inspira. Assim sendo, não propõe correções ou modificações do sistema capitalista em nome deste ou daquele princípio ou concepção ética, e com o fim de sanar o "erro" que porventura apresente ou represente. O marxismo, pelo contrário, aceita o capitalismo, como fato histórico que ele é, na integridade e por isso nas consequências que comporta; e é precisamente nessas consequências derradeiras e de última instância que o marxismo se funda para propor a transformação do sistema. O socialismo, para o marxista, não é um plano ideal, um objetivo ético, e sim uma decorrência do capitalismo.

É inspirado nessa concepção materialista (no sentido do anti-idealismo) e dialética da história e, pois, do sistema capitalista, momento dessa história, que Marx aborda a economia política. Começa fazendo sua a teoria clássica do valor e aceita-a em todas as suas consequências, inclusive naquilo aparentemente desfavorável ao ponto de vista do trabalhador e, portanto, dele, Marx, que se faz o teórico desse trabalhador, que implica a equivalência rigorosa na troca realizada entre o trabalhador de um lado, o capitalista do outro, a saber, *força de trabalho* por *meios de subsistência* representados no ato da troca pelo salário pago. Não há nessa troca ou pagamento de salário "injustiça" alguma, e sim igualdade de valores. O trabalho, na qualidade de mercadoria, *vale* exatamente o salário com que o capitalista o compra e adquire. Mas como explicar, então, que o produto desse trabalho, a mercadoria por ele produzida, tenha um valor superior ao mesmo trabalho? A dificuldade se encontra numa insuficiente análise da operação realizada pelo trabalhador e capitalista, e é essa insuficiência que o arguto espírito de Marx saberá suprir. O que o capitalista paga pela força de trabalho ao comprá-la, isto é, o salário que entrega ao trabalhador, constitui precisamente o valor de troca dessa força. Mas o que o capitalista adquire nessa compra não é um valor de troca, e sim o *valor de uso da força de trabalho*. O caso é idêntico ao de qualquer transação mercantil realizada pelo consumidor final (que é o caso do capitalista que adquire, para "consumi-la", a força de trabalho): o comprador paga o valor de troca e adquire o valor de uso. Considere-se, por exemplo, a compra de um par de sapatos: o que o comprador e consumidor paga é o valor de troca desse objeto, a saber, seu preço; mas o que adquire e vai utilizar é o valor de uso do sapato, porque foi para usá-lo que o comprou. Da mesma forma, é o valor de troca que o capitalista paga pela força de trabalho ou esforço do trabalhador, mas é o valor de uso que adquire e utiliza. Ora, o valor de troca da força de trabalho é o custo de sua produção ou reprodução (como se dá em qualquer mercadoria, e que no caso da mercadoria-força de trabalho serão os meios de subsistência do trabalhador, pois é com esses meios de subsistência que ele logra conservar sua força de trabalho e colocá-la à disposição do capitalista). Mas o valor de uso da força de trabalho, que é o que o capitalista adquiriu, esse valor de uso é o emprego da força de trabalho e sua utilização na tarefa produtiva. O valor de troca que tal força, assim empregada, vai produzir durante sua utilização, isto é, o valor dos produtos ou mercadorias que dele resulta, isso nada tem a ver com aquele valor de troca pelo qual foi adquirida, pois dependerá unicamente da produtividade do trabalho. O que o trabalhador produz num dia de trabalho, digamos, não tem relação com o que recebe de salário por esse dia[11]. A produção poderá ser considerável e o salário poderá ser mínimo, como inversamente esse salário poderá ser muito grande, e a produção pequena. O capitalista velará, naturalmente, para que o valor da produção do trabalhador supere o montante do salário pago. Para isso, exigirá um máximo de tempo de trabalho, de diligência e aplicação do trabalhador; proporcionar-lhe-á instrumentos adequados, inclusive máquinas que multiplicam muitas vezes a eficiência e produtividade dele; organizará as tarefas com uma disposição adequada da oficina...

---

[11] Relação real, bem entendido. No salário pago por tarefa, parece à primeira vista que o montante do salário deriva da quantidade produzida, porque é pago nessa base. Mas, ao se estabelecer essa base, o que o capitalista toma em consideração não é o valor do produto a ser realizado, e sim a capacidade de produção máxima do trabalhador e o mínimo de salário que deverá perceber. O salário por tarefa é unicamente um meio de estimular o trabalhador, não uma compensação do valor por ele produzido.

Fará tudo isso e muito mais para assegurar um rendimento máximo do trabalho – e o fará precisamente porque pretende dar a melhor utilização possível a essa mercadoria que é a força de trabalho por ele adquirida e pela qual já pagou ou se obrigou a pagar certo preço. É uma tal utilização que determinará o valor de uso do esforço de trabalho adquirido; mas esse valor de uso nada tem a ver com o valor de troca daquele esforço de trabalho. Da mesma forma que o valor de troca de um par de sapatos não tem relação com a maneira como seu adquirente o utiliza, assim também o valor de troca da força de trabalho não é influenciado pelo uso que dela faz seu comprador e empregador, o capitalista. O valor de troca da força de trabalho será dado invariavelmente pelos meios de subsistência necessários ao trabalhador. Mas o valor de uso dela, a saber, a maneira como é empregada e que se reflete na quantidade e na qualidade dos bens produzidos e, pois, no valor de troca da produção realizada, isso é, obviamente, outra questão.

Explica-se, assim, perfeitamente e sem dificuldade alguma ou distorção artificiosa dos fatos econômicos relativos ao valor, a circunstância de o valor de troca do produto do trabalho ser superior ao valor de troca desse trabalho. Num estágio da civilização e do desenvolvimento tecnológico em que a produtividade do trabalho supera aquilo de que o trabalhador necessita para se manter, estágio esse ultrapassado já há muito pela humanidade, a capacidade produtiva dos trabalhadores, aquilo que eles produzem, vai além de seus meios de subsistência. Traduzido isso em termos de uma economia mercantil, como a do capitalismo, o valor de troca do produto gerado pelo emprego da força de trabalho supera o valor de troca dessa força que é determinado pela subsistência do trabalhador. Não há nisso nada de misterioso, e é perfeitamente explicável que o capitalista, pagando embora pelo trabalho seu justo valor de troca, obtenha dele, ao empregá-lo, um produto do valor maior. É nisso, aliás, que consiste essencialmente o sistema capitalista, em que o detentor de certas mercadorias privilegiadas que são os meios de produção consegue, por efeito da rigorosa e justa equivalência das mercadorias trocadas, inclusive da mercadoria-força de trabalho, canalizar para si o produto do trabalho alheio. Isso não resulta de nenhuma "injustiça", não deriva absolutamente do fato de o capitalista não pagar o devido valor da força de trabalho, como pretendem os socialistas, mas, pelo contrário, resulta precisamente do pagamento do justo e devido valor dela. Iludem-se, portanto, os socialistas utópicos e reformistas quando pretendem eliminar a exploração do trabalho por uma correta e justa aplicação da lei do valor; é *precisamente dessa correta e justa aplicação que deriva a exploração*. Uma adequada interpretação da economia capitalista, tal como a realizada na teoria econômica do marxismo, faz isso claro e abre, assim, perspectivas para a verdadeira solução da questão operária e eliminação da exploração do trabalho. Tratar-se-á não de deformar a lei do valor sob pretexto de lhe dar justa aplicação – a irrealizável tarefa do socialismo utópico e reformista –, e sim de eliminar a situação privilegiada de uma das partes do mercado de trabalho, que é a dos detentores dos meios de produção. E isso se fará com a abolição da propriedade privada desses meios, o que significará o socialismo.

É isso, em suma, o marxismo, que se inicia na ação do proletariado lutando instintivamente pela melhoria de suas condições de vida; e, na base da experiência adquirida nessa luta, se faz em teoria econômica que abre novas perspectivas para a mesma luta e a conduz na direção deste outro fato histórico que é o socialismo em vias de se realizar numa parte considerável da humanidade de hoje. Encontramos aqui uma exemplificação bem clara do referido no primeiro capítulo, a saber, a relação íntima e solidariedade entre a teoria e a prática social e econômica – prática essa que constitui o fato histórico. A teoria econômica do marxismo não se explica por si e se compreende unicamente como teorização da experiência do proletariado dentro do regime capitalista e em luta contra a exploração de que é vítima. Assim também a realização do socialismo, esse fato histórico que se avoluma dia a dia sob nossas vistas, não se compreende fora da teoria que, inspirada embora na experiência do capitalismo, abriu novas perspectivas para a ação humana e a história da humanidade.

A mesma relação entre a teoria e a prática se observará em outro ponto de vista em que o observador dos fatos econômicos do capitalismo pode se colocar, que vem a ser o da outra classe que além do proletariado, e gerada como este último no seio do capitalismo, constitui com ele o essencial e fundamental da sociedade humana de nossos dias – a saber, a burguesia. A teorização da experiência operária deu, em sua expressão mais alta, a teoria econômica do marxismo; a teorização da experiência burguesa dará a economia política ortodoxa, que passaremos agora a considerar. Essa teoria tem seu ponto de partida na mesma questão que vimos antes, suscitada pela interpretação da lei do valor e que vem a ser a diferença para mais que se observa entre o valor produzido pelo trabalho e o valor desse trabalho expresso no salário. Enquanto os socialistas utópicos e reformistas enxergam aí uma transgressão da lei do valor e do princípio da equivalência na troca mercantil (e são, por isso, facilmente refutados, porque seus argumentos saem do terreno econômico e objetivo para se fazerem éticos e sofrerem com isso a contingência de apreciações puramente subjetivas e ditadas por simples desejos e aspirações pessoais), os economistas ortodoxos, nisso bem mais coerentes, objetivos e concretos, explicam o fato pela circunstância de que o valor das mercadorias não provém unicamente do trabalho, mas também de outros fatores que com ele concorrem na produção, a saber, a terra e o capital – precisamente aqueles elementos, note-se bem, com que os detentores dos meios de produção contribuem para a atividade produtiva.

Ocorre aí confusão manifesta entre o fato físico da produção, na qual, sem dúvida alguma, intervêm outras circunstâncias além da ação do trabalhador e de sua força de trabalho, e o fato econômico da criação ou da atribuição de valor de troca. Fora isso, que pode a rigor passar despercebido numa análise menos atenta, a explicação parece, sem dúvida, engenhosa e traz, desde logo, uma justificação aparente da apropriação da mais-valia que resultaria não do trabalho, mas dos demais fatores que com ele colaboram na produção e que não são trazidos pelo trabalhador: a terra do proprietário fundiário e os instrumentos de produção do capitalista.

Certas dificuldades de uma tal explicação, embora por demais visíveis, são deixadas de lado. Assim, por exemplo, o fato de a terra e os recursos naturais em geral se erigirem em fatores econômicos pelo simples fato de se encontrarem na posse e sob o domínio de certos indivíduos, o que deriva de circunstâncias de ordem política e jurídica que não têm relação direta alguma, e muito menos de causa e efeito, com os fatos econômicos.

Na concepção da economia ortodoxa, não são os recursos naturais em si que constituem fonte de valor, mas unicamente esses recursos quando apropriados pelo homem. Tanto assim que nenhum economista jamais se lembrou de atribuir a qualidade de gerador de valor à luz solar, ao ar que respiramos, ao espaço físico que ocupamos, enfim, a todos os elementos físicos que nos rodeiam e que condicionam toda a existência dos seres humanos, inclusive sua atividade produtiva. É somente quando esses recursos naturais são apropriados por alguns indivíduos e se tomam coisas suas, de que dispõem pessoalmente, que tais recursos se tornam fonte de valor. O que lhes atribui essa qualidade não é, pois, sua simples existência e sua presença no curso das atividades produtivas, e sim unicamente a circunstância que são propriedade privada de alguém. É essa apropriação da terra e demais recursos da natureza que faz deles geradores de valor. Será se quiserem para o titular daquela propriedade, o proprietário que se apodera através de seu direito de propriedade de uma parcela do valor criado. Mas, certamente, e ninguém sustentaria o contrário, não é atribuível à propriedade privada nenhum dom nem nenhuma capacidade produtiva de valor novo. A propriedade poderá influir na distribuição e na repartição de valores já criados – isso é sem dúvida mais que verdadeiro –, mas não é e não pode ser fonte originária de valor.

Maior dificuldade ainda se apresenta na caracterização do "capital" como criador de valor. O "capital", tal como aparece nas relações econômicas, não representa uma "coisa", uma "entidade", e nada é mais que uma *relação*, isto é, um conjunto de valores que pode ser representado por qualquer bem material, inclusive dinheiro, mas não se confunde com nenhum desses bens em particular. Figura apenas como um título de valor que estabelece em favor de seu titular certa posição ou situação relativamente a outros indivíduos e, em geral, no complexo das relações econômicas. Isso é bem claro no caso, por exemplo, da incorporação de uma empresa, quando se constitui o capital dela pelo concurso de valores representados geralmente por dinheiro, mas que pode sê-lo também, e frequentemente assim é, por outros bens, por títulos de crédito e outros direitos. Observa-se a mesma coisa no funcionamento da empresa quando o valor expresso no capital se vai transmutando em diferentes bens econômicos, estabelecendo-se, com isso, um giro (o chamado giro comercial) em que o capital circula em várias formas. Assim, o capital de uma indústria que se estabelece constitui-se, a princípio, de certa soma de dinheiro que se transforma desde logo em instalações, maquinaria, matéria-prima, força de trabalho paga em salário; transmuta-se em seguida nos artigos produzidos pelo concurso desses fatores – artigos esses que, uma vez vendidos como mercadoria, restituem ao capital sua forma monetária original com que se renova o ciclo.

É isso o "capital" tal como se apresenta no mecanismo da economia capitalista e no processamento dos fatos econômicos. Não se trata, pois, de uma fonte de valor. Ele próprio, o capital, é um valor que se acrescenta e desenvolve unicamente quando invertido na atividade produtiva e fecundado pelo esforço do trabalho. Para atribuir ao capital visos e aparência de elemento criador de valor, a economia ortodoxa teve de deformar por completo o sentido da expressão e a natureza dos fatos econômicos tal como se apresentam, assimilando o capital aos instrumentos de produção. Ora, a mais superficial e sumária inspeção dos fatores econômicos tal como efetivamente se podem observar nos acontecimentos de todos os dias – e é aí, por certo, não em especulações cerebrinas, que os economistas devem buscar seu campo de observação – nos mostra que aquela assimilação e identificação do capital com os instrumentos de produção não tem cabimento algum. Bastaria, para comprová-lo, o relancear dos olhos no balanço de uma empresa capitalista. Ninguém contestará que a contabilidade, como registro que é de operações mercantis, constitua uma legítima expressão de fatos econômicos e, portanto, um campo de observação desses fatos. Ora, o que nos mostra um balanço? A completa separação entre o capital e os tais instrumentos de trabalho que os economistas com ele confundem. Separação essa que até constitui oposição, pois, enquanto o capital figura no *passivo*, os instrumentos aparecem no *ativo*. Assim sendo, conclui-se que o que os economistas ortodoxos entendem por capital ou, antes, aquilo que denominam capital quando tratam da teoria do valor (pois em outras ocasiões eles são obrigados a se mostrar mais acordes com os fatos reais) é algo inteiramente distinto daquilo que a prática e a realidade dos fatos concretos estão a evidenciar a todo momento. Nenhum economista ortodoxo, que se saiba, procurou explicar essa divergência na acepção da palavra "capital" que introduz na teoria econômica tamanha incongruência e tão considerável confusão.

Como, nessas condições, explicar a tolerância da economia política ortodoxa com relação a tão graves dificuldades nunca esclarecidas e efetivamente insolúveis em sua teoria do valor? Deve-se isso ao fato de que atribuir a gênese do valor aos três fatores – capital, terra e trabalho – corresponde efetivamente, de certo modo, à prática empírica do capitalista e homem de negócios cuja experiência a economia ortodoxa procura teorizar, na qualidade de teoria econômica da classe burguesa que ela é. Realmente, ao perceber o resultado da venda das mercadorias produzidas quando se encerra o ciclo da produção, esse resultado ou essa receita, que é o valor realizado da produção, se reparte entre o capital, a terra e o trabalho sob a forma respectivamente de lucro, renda fundiária e salário. Esquematizando o processo da produção, é isso que ocorre, dando a aparência de que aquela repartição do valor produzido representa a remuneração dos fatores que concorreram na produção do mesmo valor, percebendo cada qual deles a parte que lhe coube por aquele concurso. Para um capitalista que nada tem a opor a tal repartição e a considera perfeitamente equitativa, justa e adequada, o fato aparecerá como decorrência natural do processo produtivo do valor, em consequência do qual esse valor se distribui espontânea e proporcionalmente entre aqueles que o criaram. A circunstância dos titulares respectivamente do capital, da terra e do trabalho receberem cada qual certa e determinada parcela do valor criado é a confirmação e a comprovação de que foi na proporção de cada parcela que seu titular concorreu para a criação do valor, um com seu capital, outro com sua terra, o último, finalmente, com o esforço de seu trabalho. O capital, a terra e o trabalho constituem, pois, os elementos ou fatores da produção que geraram e criaram o valor resultante do processo produtivo.

Considerados os fatos econômicos em sua superficialidade, nada há a opor a essa interpretação perfeitamente lógica, do ponto de vista do capitalista, e parecendo dar conta cabal dos fatos econômicos tal como ocorrem no âmbito dos negócios daquele capitalista. A teoria ortodoxa do valor se ajusta perfeitamente aos fatos observados e interpretados *do ponto de vista do capitalista*, que efetivamente pode verificar, na produção econômica, o concurso daqueles três fatores – capital, terra e trabalho – entre os quais se distribui ou, antes, aos quais ele mesmo, capitalista, como dirigente de todo processo, distribui o valor criado. A conclusão é que a atribuição do valor criado que se faz a cada um dos titulares dos fatores de produção, ele, inclusive, corresponde à participação e à contribuição de tais fatores na criação daquele valor. Assim sendo, pode-se afirmar que o valor tem uma tríplice fonte geradora: capital, terra e trabalho. E tal afirmação constituirá o fundamento essencial da teoria ortodoxa do valor que encontramos em todos os tratados e os manuais correntes de economia política e que reflete muito bem, como acabamos de verificar, a prática e a experiência da classe dominante no regime capitalista – experiência essa em que a economia ortodoxa ou vulgar se inspira. A teoria ortodoxa do valor constitui, assim, muito legitimamente, a teorização de tal experiência, tanto quanto a experiência do proletariado encontra sua expressão e sua teorização mais completas e de nível mais alto na teoria econômica do marxismo, como já verificamos.

A dificuldade, contudo, que se apresenta à teoria ortodoxa (afora aquelas que vimos e que a rigor podem ser escamoteadas, como são efetivamente pelos economistas vulgares) é de explicar a proporção em que o valor criado se distribui entre os diferentes fatores de produção. Essa proporção não é e não pode ser arbitrária nem fruto ocasional de cada situação específica, pois há de haver uma norma, uma lei natural segundo a qual a distribuição se realiza e que exprima a parte do total com que cada um dos fatores contribuiu para a formação do valor. Uma teoria econômica digna desse nome e que signifique alguma coisa há de determinar e definir uma tal lei. Ora, a teoria ortodoxa do valor, partindo de suas premissas, não é sequer capaz de fixar um padrão de medida daquele valor. E, evidentemente, sem um padrão não se pode nem pensar na avaliação proporcional da contribuição dos diferentes fatores de produção, o que inclui quantidade e, portanto, medida. Para figurar como padrão de medida do valor, não conta a teoria ortodoxa com mais que o dinheiro em que se exprime o valor da produção e da remuneração dos diferentes fatores, o que é manifestamente insuficiente. Se o dinheiro representa concretamente o valor, não o constitui. Na teoria clássica do valor retomada e completada pela economia marxista, o padrão métrico do valor é dado pela própria essência do valor: fruto que é do trabalho, o valor se há de medir, naturalmente, na escala da aplicação temporal desse trabalho, isto é, pelo tempo de trabalho despendido na produção. A economia vulgar, emparelhando ao trabalho outros fatores produtivos do valor, excluía *in-limine* e por definição aquele padrão *tempo de trabalho* e ficava reduzida unicamente à "expressão monetária daquele valor". Os fatos propriamente do valor, e de que tal expressão é unicamente a manifestação exterior e concreta, isto é abandonado por completo.

Mas não é só isso que decorre do falso ponto de vista em que se coloca a economia política. A teoria ortodoxa chega a uma completa inversão do assunto. Tratava-se, como foi assinalado, de determinar a fonte do valor, a causa determinante dele. A teoria ortodoxa apresenta como sendo essa causa o que, na realidade, constitui o *efeito* do valor, a saber, o preço pelo qual os fatores são pagos. Em outras palavras, a forma monetária sob a qual o valor depois de criado se apresenta e se distribui entre os fatores. Dadas suas premissas, a teoria ortodoxa tinha de cair nessa consideração invertida do problema. Para explicar e justificar a contribuição do capital (ou aquilo que ela chama de capital), bem como a terra na criação do valor, e assim coonestar a remuneração que recebem seus titulares, a teoria ortodoxa recorre, como se viu, a essa mesma remuneração que, para ela, comprova a contribuição dada. Admite *a priori*, como justificada, a remuneração do capital e da terra e daí conclui, com visos de perfeita coerência, que a remuneração dos fatores, tal como isso efetivamente se dá, se realiza na porção da participação de cada qual dos fatores na criação do valor. A contribuição de cada fator nessa criação será igual à remuneração que ele recebe ou deve receber numa situação de equilíbrio econômico não perturbado por circunstâncias adventícias.

Como se vê, a teoria ortodoxa do valor nada realmente explica e se limita a registrar e aceitar tal qual o fato da remuneração monetária dos fatores de produção. E, com isso, torna-se simples teoria monetária da formação de preços, ou teoria de custos de produção. É isso que de fato ocorre na generalidade dos economistas vulgares. Uma teoria propriamente do valor é dispensada, pois tal não se podem considerar as divagações em torno da utilidade marginal que constitui um capítulo de psicologia metido no corpo da economia e sem relação com os fatos nela tratados. Tanto assim que entre as maiores autoridades da economia política vulgar não são poucos aqueles que põem a teoria do valor inteiramente de lado, não se ocupam dela e mesmo contestam a própria legitimidade da noção de valor distinta da de valor monetário ou preço[12].

Notemos aqui, mais uma vez, a natureza praticista da teoria econômica ortodoxa e sua inspiração na experiência e nas necessidades teóricas imediatistas da classe dominante dos capitalistas e dos empresários da produção. Para estes, o que interessa são valores monetários, que é aquilo com que lidam e que exprime o resultado de suas vendas e os pagamentos que têm de efetuar aos agentes que participam da produção; que exprimem, em suma, a receita e a despesa realizadas em seus negócios e de cuja diferença resulta o lucro que esperam e que é tudo quanto os preocupa. É sobre isso que desejam e precisam se informar e é disso que tratará a economia política, embora com formulações mais ou menos ambíguas que disfarçam seus verdadeiros propósitos. Posto o assunto nesses termos, a saber, esquecendo-se ou menosprezando-se o regulador fundamental do sistema econômico e das atividades humanas, que é o valor como expressão das relações de trabalho, a economia política se torna em simples registro descritivo dos fatos superficiais e mais salientes do mecanismo capitalista: de um lado, uma economia de contabilidade em que se descrevem os fluxos monetários indicadores das despesas efetuadas

---

12 Ver, entre outros, Cassel, que a propósito escreve o seguinte: "É preciso [...] eliminar completamente da ciência econômica a pseudoteoria do valor. A exposição teórica da economia de trocas deve desde o início fazer a moeda entrar em linha de conta e tornar-se assim uma teoria da formação dos preços". Gustave Cassel, *Traité d'économie politique* (trad. H. Laufenburger e G. de Persan, Paris, [Girard,] 1929), cap. I, p. 66. Cassel é pelo menos coerente e tira as consequências necessárias que decorrem das premissas da economia ortodoxa, por inadimissíveis que sejam para aqueles que procuram na ciência econômica algo mais que um formulário de contabilidade ou um manual prático do homem de negócios.

com os custos de produção e de venda das mercadorias produzidas; do outro lado, da receita realizada com essa venda.

É isso, em suma e em seus traços fundamentais e mais gerais, a economia política ortodoxa. Observe-se que, considerado o sistema econômico do capitalismo de um tal ponto de vista, a saber, o de receita e despesa do empresário capitalista, a distribuição dos bens econômicos, este outro setor dos fatos que são objeto da economia, também será visualizada pelo mesmo mecanismo: os bens econômicos se distribuirão na proporção da parte que cada indivíduo recebe do empreendimento capitalista, pois é com esse recebimento que adquirirá os bens de que necessita. As despesas da produção constituirão o fluxo monetário de que se alimentam os rendimentos dos indivíduos participantes da atividade econômica e com que adquirirão as mercadorias de seu consumo, que são os bens resultantes do mesmo empreendimento produtivo. Este último recupera assim suas despesas de produção. Em suma, a despesa realizada pelo empreendimento produtivo constitui a receita dos indivíduos participantes da atividade econômica; e a despesa destes últimos formará a receita do empreendimento. Encerra-se, assim, e se completa o circuito monetário com o refluxo, para o empreendimento produtivo, do fluxo monetário originado pela produção. E o ciclo monetário pode recomeçar e se repetir em seguida, indefinidamente. A economia ortodoxa, representando o ponto de vista da empresa capitalista, verá a receita e, portanto, a capacidade de consumo da coletividade como *despesa* dela, empresa, e a despesa e o consumo da coletividade como sua *receita*.

É nesses termos que se articula, no campo da economia política ortodoxa, o conjunto do sistema econômico do capitalismo. A produção, por efeito dos pagamentos que nela se fazem aos fatores produtivos, provê à distribuição de recursos monetários (e, portanto, dos bens econômicos que com eles se adquirem e que resultam da produção) pelos diferentes agentes da produção que constituem o conjunto de indivíduos participantes do sistema. O objeto essencial da economia política ortodoxa consistirá, por isso, em observar e analisar aqueles fluxos e refluxos monetários que reproduzem o processo econômico do capitalismo, que vai da produção de bens a sua distribuição.

Reduzida a essa consideração superficial dos fatos econômicos do capitalismo, a essa visão de tais fatos através dos fenômenos monetários que os envolvem e constituem sua manifestação unicamente exterior, reduzida a isso, a economia ortodoxa postula, desde logo e necessariamente, o equilíbrio do sistema ou tendência fatal para esse equilíbrio. Se da produção se retém unicamente o fato dos pagamentos que nela se realizam aos agentes da produção e da distribuição e do consumo se consideram apenas esses mesmos pagamentos feitos em receita daqueles agentes e que se transformam em novos pagamentos por eles efetuados à fonte que lhes forneceu recursos para isso; se, então, se reduz o funcionamento do sistema capitalista a um repetido e permanente encontro de contas entre os mesmos indivíduos, figurando ora como agentes da produção, ora como compradores e consumidores dessa produção, há de se concluir pela regularidade, em princípio, daquele funcionamento e ajustamento completo das engrenagens do sistema. A produção tem sua contrapartida necessária e adequada no consumo, tanto quanto o consumo tem sua contrapartida na produção. Isso porque a produção determina um fluxo monetário que cria um poder de compra suficiente para lhe absorver os produtos. O que os agentes da produção recebem nessa qualidade de agentes, eles despendem como consumidores. O consumo é função direta e imediata da produção e é necessariamente adequado para adquiri-la e a consumir na íntegra.

Essa conclusão, mais ou menos implícita na economia ortodoxa até época muito próxima de nós e anterior à recente tentativa keynesiana que veremos em outro capítulo, de reforma e remodelação da teoria econômica, essa conclusão representa nem mais nem menos que uma reformulação em termos monetários da famosa Lei de Say, mas que de fato foi originalmente proposta por James Mill. Os primeiros clássicos, preocupados sobretudo com o sistema de trocas em que fundamentalmente assenta o capitalismo, sentiam dificuldade em se desprender da noção, perfeitamente correta em princípio, de que em última instância toda atividade econômica se reduz a trocas. A moeda seria, assim, um simples intermediário de trocas que pode ser, por isso, excluída na consideração geral e essencial das operações econômicas. A compra e venda torna-se, assim, em sua essência e no que tem de fundamental, um processo de troca: vende-se para comprar e compra-se para vender. Excluídos os momentos intermediários em que aparece a moeda, sobra a troca pura e simples que determina e justifica aqueles momentos. Ora, colocada a questão nesses termos, é evidente que toda produção e oferta consequente de mercadorias tem sua contrapartida e encontra sua compensação numa procura e numa aquisição equivalentes. É assim que James Mill escreve:

> Não podem jamais faltar compradores para todas as mercadorias. Quem põe à venda uma mercadoria pede que lhe seja dada outra em troca e é, portanto, comprador pelo mesmo fato que é vendedor. Compradores e vendedores de todas as mercadorias tomadas em conjunto devem, portanto, por uma necessidade metafísica, se contrabalançar. Se há mais vendedores que compradores de uma mercadoria, é preciso que haja mais compradores que vendedores de outra mercadoria.[13]

Ocorre, todavia, que a moeda não é no regime capitalista, como fora originariamente, um simples intermediário de trocas, um instrumento destinado a facilitar as relações de intercâmbio entre os indivíduos e a circulação dos bens econômicos; da mesma forma o sistema econômico do capitalismo não se funda no objetivo de proporcionar um processo social de produção e distribuição de bens destinados à satisfação das necessidades humanas, mas torna esse processo pretexto e meio para realizar o verdadeiro fim do capitalismo, que é a formação e a acumulação de capital[14]. A moeda, além de intermediário de troca, constitui no regime capitalista sobretudo a expressão final e a representação mais adequada e completa daquele capital que, em suas metamorfoses no curso do ciclo produtivo, tende sempre à forma monetária. Essa forma representa o início e o fim de cada ciclo do processo de circulação do capital que faz a essência do sistema capitalista. Assim sendo, não é

---

[13] James Mill, *Elements of Political Economy* (3. ed., [Londres, Baldwin, Cradock, and Joy,] 1826).

[14] Veremos esse ponto, de fundamental importância, no próximo capítulo.

possível reduzir as operações mercantis, derivadas daquele ciclo e por ele condicionadas, a simples trocas. Atrás delas se abrigam e se disfarçam outros fatos que são a formação e a acumulação capitalista via exploração do trabalho humano; e a produção, a circulação e a distribuição sofrem as contingências de tais fatos e das contradições que neles se verificam. Em suma, o sistema de trocas, embora constituindo a trama da economia capitalista, não esgota sua natureza e os fatores de sua constituição. Nem, sobretudo, representa as molas mestras, mais íntimas e decisivas de tal economia. A moeda não pode, por isso, ser considerada simples elemento subsidiário e auxiliar das trocas; e assim, entre produção e consumo, entre oferta e procura dos bens econômicos, entre os dois momentos ou polos com que a troca se integra, interpõe-se um termo que exprime circunstâncias estranhas, troca propriamente. Fato esse que se observa com facilidade na completa desarticulação, no funcionamento do sistema capitalista, entre as duas operações, da compra e da venda, ambas necessárias para se completar uma troca realizada por meio do instrumento monetário. A venda não acarreta uma nova compra, não objetiva necessariamente complementar-se com uma compra. É isso, no essencial e predominante, o que ocorre no capitalismo. Assim a empresa capitalista, que ocupa o centro do sistema e lhe dá o tom geral, compra para vender – isto é, compra força de trabalho para vendê-la sob forma dos bens produzidos por aquela força –, mas não vende para comprar, e sim para formar ou, antes, reformar e acumular capital. A venda se encontra aí desarticulada da compra.

Verifica-se por aí que a Lei de Say, em sua forma original, em que se subestima o papel da moeda e se considera a troca num todo inseparável, apoia-se em falsos fundamentos. Ela se revela um anacronismo que projeta no sistema capitalista uma situação historicamente superada, isto é, a de economias passadas e estruturadas para o fim de proverem pela distribuição dos bens econômicos, fosse embora essa distribuição a mais desigual possível, à satisfação das necessidades dos indivíduos. Numa economia desse tipo, as transações monetárias se destinavam unicamente, ou pelo menos em essência e de modo preponderante, a facilitar a todos os indivíduos a troca dos bens supérfluos ou excedentes de sua produção ou propriedade por outros que necessitavam para consumo pessoal. Já no capitalismo (como em parte já ocorria em sistemas mercantis anteriores), a situação é diversa, pois muitas transações, e mesmo a principal parte delas, visa a outra finalidade que não a simples distribuição de bens necessários ao consumo. Aí a troca se desarticula, e a transação monetária, dantes simples momento da troca, adquire uma individualidade própria e torna-se uma finalidade em si e por si.

Mas eis que a reformulação da Lei de Say em termos monetários e dentro da concepção ortodoxa que vimos aqui e que condiciona a distribuição e o consumo à produção, e não como ocorria em sistemas pré-capitalistas, a produção à distribuição ao consumo, essa reformulação vem dar à citada lei uma consistência que não tinha. A interpretação dos fatos do capitalismo como representados por um fluxo circular de moeda que sai da empresa sob forma de custos de produção e a ela retorna como pagamento pelos seus produtos leva à mesma conclusão essencial expressa na lei, a saber, que a produção cria seu próprio mercado. Não insistiremos aqui (porque isso será feito no próximo capítulo) no fato de que essa nova e mais refinada maneira de apresentar o equilíbrio inerente ao sistema capitalista vem a dar, em última instância, no mesmo que a anterior. Isso porque a moeda, colocada embora em primeiro plano, ao contrário do que se dava nos mais antigos formuladores da lei (James Mill, J. B. Say, Stuart Mill e outros), ainda aí aparece como simples meio de troca, como veículo apenas que encaminha a circulação dos bens econômicos de sua fonte produtiva para a distribuição deles entre os indivíduos participantes do sistema. Essa circunstância, embora mais ou menos obscurecida na formulação monetária da Lei de Say, ainda se encontra bem presente. Mas, seja como for, é com base na premissa do equilíbrio realizado pelo ajustamento automático do consumo à produção (e é isso que essencialmente se exprime na Lei de Say) que a economia política ortodoxa se constitui. Sua atenção estará sempre voltada para as condições necessárias à realização dos equilíbrios parciais nos diferentes setores e fases da atividade econômica (oferta e procura, formação de preços, custos de produção, equilíbrio da empresa e do conjunto de empresas, melhor emprego dos recursos produtivos etc.), que vão dar, em última instância, no equilíbrio geral do sistema, o qual se caracteriza precisamente pela imanência daquelas condições e pelo ajustamento permanente, qualitativo e quantitativo, que nele se realiza entre a produção e a demanda do mercado.

Isso vai dar, como logo se vê, numa concepção eminentemente otimista do sistema capitalista que funcionaria, segundo ela, num regime de equilíbrio estável, isto é, em que esse funcionamento se orientasse por uma situação ideal de perfeita e completa entrosagem de todas as partes do sistema; situação essa para a qual tenderia a resultante de todas as forças mutuamente compensadas e contrabalançadas que atuam naquele funcionamento e o propulsionam. Mas, se é assim, como explicar as crises econômicas, essa desorganização periódica da economia que se observa desde o advento do capitalismo e o acompanha desde então? Simples e precisamente, dir-se-á, como consequência natural daquela citada tendência para o equilíbrio imanente no dinamismo do sistema. A crise seria, de um lado, sintoma e marca exterior de um grave desvio do equilíbrio e, de outro, assinalaria o desencadeamento de forças tendentes ao restabelecimento do equilíbrio rompido. Poder-se-ia, assim, quase saudar a crise como remédio heroico e de um mal profundo que sem ela minaria imperceptivelmente, e cada vez com maior gravidade, o organismo econômico até desorganizá-lo por completo. Da mesma forma que para um empresário capitalista individual as flutuações da demanda e dos preços de seus produtos, e em consequência o estado financeiro de sua empresa, lhe dão indispensáveis e insubstituíveis indicações a respeito da maneira de conduzir seus negócios, assim também, no plano coletivo, as flutuações da conjuntura, de que as crises gerais e periódicas são o índice mais marcante, seriam as orientadoras seguras do conjunto da atividade econômica de uma coletividade e se incumbiriam de as reconduzir automaticamente, quando mal encaminhada, a um justo e saudável equilíbrio. Assim, uma atividade econômica desenvolvendo-se em ritmo exagerado e degenerando em especulação encontraria na crise seu natural e necessário corretivo. Isso, todavia, não terá consequências de maior gravidade, porque, do mesmo modo que a prosperidade traz a crise, a crise é precursora da prosperidade. Ainda na crise de 1929 – isto é, logo antes das decepções maiores que viriam logo depois –, uma tal concepção encontrará eco político e repercussão prática nos prognósticos otimistas do então presidente dos Estados Unidos, Herbert Hoover, que em pleno impacto da crise se mostrava plenamente confiante e apontava para os prósperos dias que se anunciavam na crise e de que esta última não era senão o sinal precursor e a fase preparatória. *Prosperity is around the corner*, "a prosperidade se encontra no dobrar da esquina", era então *slogan* dos economistas ortodoxos.

Foi essa maneira de interpretar as flutuações da conjuntura econômica e as crises que delas decorrem que levou a economia política clássica à concepção do *ciclo econômico*, isto é, uma alternativa de altos e baixos que se desenvolve em ritmo ditado pela própria natureza do sistema e que, em fases sucessivas que necessariamente se seguem umas às outras, leva o sistema econômico da prosperidade para a depressão e crise e, destas últimas, de retorno à prosperidade. A economia capitalista constituiria normal e naturalmente um sistema oscilatório, à semelhança mecânica de um pêndulo (o paralelo é dos próprios economistas ortodoxos), no qual o movimento do sistema numa direção origina ele mesmo as forças que o impulsionam em sentido contrário.

Essa interpretação das crises, que faz delas simples momentos ou fases de um processo cíclico espontâneo e natural do sistema capitalista, encontrava sua aparente confirmação nos próprios fatos mais salientes da história econômica desde antes da metade do século XIX. Realmente, as aparências eram todas naquele sentido e elas calhavam bem demais com as concepções gerais da economia política ortodoxa e com suas tendências apologéticas do capitalismo para não serem adotadas logo que a observação empírica alcançou reunir fatos suficientes para com eles articular uma explicação à primeira vista tão plausível e sedutora. E fecharam-se os olhos para circunstâncias mais profundas que atrás das aparências escondiam tendências de outra natureza que solapavam cada vez mais gravemente os próprios alicerces do sistema capitalista.

É o que ainda veremos em outro capítulo e que os próprios economistas ortodoxos e mais conservadores serão obrigados, com o correr do tempo, a ver também – ao menos em parte. Mas, apesar de tudo, a concepção geral do *ciclo econômico* permanecerá tal qual, e até os nossos dias continua dominando o pensamento da generalidade daqueles economistas. Donde as soluções que preconizam para as crises: uma vez que elas derivam de simples flutuações da conjuntura e constituem desequilíbrios momentâneos, apresentando-se com tanto mais gravidade quanto maiores aquelas flutuações cíclicas e mais acentuado o desvio do equilíbrio e da normalidade do sistema, a solução se encontra em atenuar tais flutuações e desequilíbrios evitando os excessos das fases de depressão, que são as crises, pela contenção das fases de prosperidade.

Mais ou menos empiricamente e sem ainda uma visão clara dos fatos, uma tal solução foi considerada pelos economistas e aplicada pela administração pública desde pelo menos os meados do século passado. Foi assim, entre outras instâncias, que na fase de recuperação que se seguiu à crise de 1847 o governo francês, instruído pela experiência anterior, procurou evitar o desencadeamento de uma nova febre de construção de estradas de ferro que tinha sido, no momento que precedera a crise, o principal estímulo dos negócios e da prosperidade então verificada. E durante algum tempo recusou-se a conceder qualquer nova concessão, apesar da pressão contrária e que acabou, aliás, por vencer a resistência governamental[15].

Não tiveram, aliás outro objetivo que esse de conter a expansão econômica a fim de atenuar os efeitos da depressão, as conhecidas práticas ainda hoje adotadas e que consistem em manipulações monetárias, em particular a elevação da taxa de desconto destinada a cercear o crédito e reduzir com isso o ímpeto dos negócios[16]. Mas, seja por essa, seja por aquela maneira que se procurasse estabilizar a atividade econômica, todas

---

15 Jean Lescure, *Des Crises générales et périodiques de surproduction* (2. ed., Paris, [L. Larose & L. Tenin,] 1910), p. 83.

16 Quando ainda havia conversibilidade da moeda, o objetivo imediato visado pela elevação da taxa de desconto era, como se sabe, a defesa do encaixe metálico que lastreava a circulação monetária. Isso porque a questão das flutuações da conjuntura estava intimamente associada, e mesmo confundida, com a questão monetária e da conversibilidade da moeda.

as providências adotadas e a orientação geral seguida derivavam, como ainda derivam em nossos dias, da concepção fundamental, antigamente mais ou menos percebida e já hoje claramente formulada pelos economistas ortodoxos, de que as crises gerais e periódicas do capitalismo não têm outra origem que não as flutuações da conjuntura e fazem parte do processo cíclico por meio do qual o sistema *naturalmente* se desenvolve. Trata-se, assim, ao mesmo tempo que de amortecer o impacto da crise e reduzir ao mínimo as perturbações por ela produzidas, de facilitar e apressar o desenvolvimento do processo cíclico em sua fase de depressão, criando, para isso, condições favoráveis ao jogo automático da recuperação. É sobretudo esse automatismo que se encontra na base de toda a interpretação ortodoxa das crises, e é nele que se funda o essencial da terapêutica aconselhada pela teoria econômica ortodoxa.

É por esse traço essencial de suas concepções que se definem os economistas ortodoxos, por mais ousados e "revolucionários" que à primeira vista pareçam (como em particular alguns da contemporânea geração keynesiana). Não há neles nada de fundamentalmente novo, e é ainda no capitalismo, na expressão mais pura daquilo que o sistema tem de essencial, que eles confiam para corrigir seus defeitos. Relegam-se essencialmente na capacidade de recuperação natural do sistema, louvando-se, para isso, na experiência histórica que proporcionou a esse sistema condições favoráveis, mas não necessárias e eternas, de desenvolvimento. Em consequência, tudo se resume para eles em "aperfeiçoar" o funcionamento do capitalismo que, se não tem a perfeição que lhe atribuíam os economistas de gerações passadas com menor experiência, é ainda o ideal da organização econômica.

Todavia, aquelas condições favoráveis que propiciaram o progresso do capitalismo e que no curso do século passado lhe permitiram elevar a humanidade a um novo nível mais alto de bem-estar econômico, aquelas condições, se ocorreram no passado, já não existem. O transitório da história é confundido pela economia ortodoxa com o permanente. E, por isso, o que na realidade não passa de categoria da história e situação específica de um momento dela, se faz nas mãos dos economistas ortodoxos em virtude imanente no próprio sistema. É o que veremos ao considerarmos certos traços característicos do capitalismo que a economia ortodoxa deixou e ainda deixa numa semipenumbra em que se esfumaçam precisamente aqueles fatores que conduzem o capitalismo para seu aniquilamento, pois tornam a subsistência dele impossível porque intolerável para a grande maioria dos homens.

4

Consideramos nos capítulos anteriores o processo histórico de que resultaram as relações capitalistas de produção que representam a etapa final da mercantilização das atividades econômicas e que deram na teorização do sistema capitalista e na constituição da economia política como disciplina científica. Verificamos aí que essa teoria econômica do capitalismo tem como elemento ou categoria fundamental a concepção de uma "lei natural" reguladora do "livre jogo dos fatores naturais", isto é, que exprime a resultante da livre-iniciativa e da ação dos indivíduos engajados nas atividades econômicas, conduzindo-se cada qual de acordo com seu interesse próprio. Essa concepção contrasta com aquela que encontramos em regimes pré-capitalistas nos quais as atividades econômicas se subordinam em maior ou menor grau, mas sempre de maneira decisiva, a normas político-jurídicas reguladoras da produção e distribuição dos bens econômicos. Ao contrário disso, a teoria econômica do capitalismo ou economia política se constitui com a premissa da liberdade econômica dos indivíduos, isto é, a liberdade de eles agirem e dirigirem suas atividades econômicas da maneira mais conveniente a seus interesses particulares ou que julgam tal. A economia política se volta assim frontalmente, no que tem de normativo, contra toda regulamentação autoritária das relações econômicas, isto é, emanada de forças além e acima do indivíduo e de seu arbítrio na escolha e na determinação do que mais lhe convém.

Essas novas concepções que a economia política traz em seu bojo, bem como o conjunto ideológico que necessariamente as acompanha e que constitui o chamado "liberalismo", irão cada vez mais, em especial a partir de fins do século XVIII (na Europa), orientar a ação dos homens, modelando, assim, a vida coletiva e pautando-a progressivamente pelo princípio da liberdade econômica. Em consequência, conformam-se com aquele princípio as instituições econômicas, sociais e, finalmente, até as políticas da nova ordem. A sociedade saída do regime anterior, regime esse caracterizado por uma extensa e minuciosa regulamentação político-jurídica, se reorganiza e se reestrutura na base da livre determinação individual no estabelecimento e ordenamento das relações econômicas. E daí resulta um novo mundo, que é o do século passado e ainda de nossos dias: o mundo do capitalismo.

O grande artífice dessa nova ordem é a burguesia, a saber, aquela classe que nas relações capitalistas de produção se encontra melhor situada, que delas tira o maior proveito e que por isso não somente inspirou a economia política e a ideologia em geral da nova ordem, mas ainda a traduziu em fatos. A teoria econômica dominante será a visualização e a interpretação das relações econômicas sob o ângulo da burguesia e daquilo que mais convém a seus interesses. A saber, a economia política ortodoxa, que, concebida na base da liberdade econômica, faz dessa liberdade não somente o conteúdo essencial de sua concepção teórica, mas ainda a norma reguladora geral e universal das atividades econômicas, sobretudo daquela atividade característica da burguesia que é o *empreendimento produtivo*, a empresa capitalista fundada na livre-iniciativa e estimulada e orientada pelo interesse individual do empreendedor que consiste no *lucro*. É assim que o *lucro capitalista* se fará viga mestra do sistema capitalista e condicionará essencialmente o funcionamento desse sistema.

Isso nem sempre foi expressamente reconhecido pela economia política ortodoxa – permaneceu nela mais ou menos velado e disfarçado por muito tempo. Foi só a mais recente geração de economistas ortodoxos – refiro-me aos rebentos da chamada "revolução keynesiana"[1] –

[1] Antes dela, poderia citar-se, quando muito, o economista alemão J. A. Schumpeter.

que se apercebeu deste motor fundamental do sistema econômico do capitalismo que é o lucro capitalista. Embora esses economistas não o declarem ainda de forma precisa e irrestrita, equivale ao reconhecimento do papel do lucro capitalista no funcionamento do sistema, o marcante destaque por eles concedido na interpretação daquele funcionamento à inversão capitalista, isto é, ao fato da aplicação de capital no empreendimento produtivo. É evidentemente a perspectiva de lucro que estimula as inversões e constitui a causa determinante delas. E assim o lucro começa a obter mais consideração teórica, embora ainda indiretamente, como na obra de Keynes em que ele se inclui na noção de *eficiência marginal do capital*, um dos principais fatores, na teoria keynesiana, do mecanismo capitalista. Assim mesmo, todavia, o lucro capitalista não se acha ainda situado no plano que lhe cabe da teoria econômica. Ele é, sem dúvida, considerado, mas a par de outros fatores paralelos e concorrentes e com direito a um igual registro e tratamento. No entanto, é no limiar de toda a análise do sistema capitalista e como elemento ímpar e condicionador de todos os demais que o lucro há de ser observado. Realmente é o lucro, mais que outro fator ou circunstância qualquer do capitalismo, que caracteriza o sistema. É assim pelo menos, ou deve ser, para a análise econômica.

O que mais contribui para obscurecer e confundir o papel e a natureza do lucro capitalista no tratamento que ordinariamente lhe dá a teoria econômica é o fato de se apresentar nela como simples fonte de receita, como rendimento de uma categoria de indivíduos engajados na atividade econômica e destinado a satisfazer as exigências de consumo desses indivíduos, a saber, os capitalistas. Ora, no sistema capitalista, o lucro não é unicamente, nem mesmo essencialmente, um meio para a obtenção de um fim diferente que seria o consumo final. Ele constitui, já por si, uma finalidade. Em seu sentido mais amplo e geral, que é o próprio, o lucro capitalista se distingue radicalmente de outras fontes de renda com que se costuma, em regra, emparelhá-lo. Distingue-se em particular e sobretudo dos proveitos resultantes do trabalho produtivo. O lucro capitalista se destina em parte, é certo, a atender às necessidades de consumo da classe dos capitalistas e de outras categorias ligadas diretamente às funções desempenhadas por aquela classe, como em especial as de administração dos negócios. Nessa parte o lucro é uma fonte de receita como as outras, isto é, tem por finalidade fazer frente às despesas com o consumo dos indivíduos. Não é essa, contudo, a finalidade precípua do lucro capitalista nem o que o caracteriza no conjunto do sistema. E, até pelo contrário, toda dedução do lucro capitalista e absorvida pelo consumo improdutivo, isto é, final, constitui um desfalque – e, no plano ético do regime, um desperdício.

Como se verá, essa circunstância tem importância fundamental para a interpretação do sistema econômico do capitalismo e compreensão de seu funcionamento. Trata-se de uma característica própria do capitalismo que não encontra paralelo em regimes anteriores ou onde o capitalismo não se afirmou ainda de maneira suficiente. Independentemente das proporções em que nos diferentes regimes não capitalistas se reparte o produto social; independentemente ainda do grau de exploração do trabalho humano e do traçado da linha divisória entre trabalhadores e produtores de um lado e classes improdutivas do outro; independentemente dessas circunstâncias históricas tão variáveis, o que um sistema econômico objetiva em todos os regimes não capitalistas é prover ao consumo dos indivíduos que dele participam, é repartir e distribuir entre eles o produto social, embora o realize com grande desigualdade, a fim de proporcionar àqueles indivíduos a satisfação de suas necessidades e suas exigências de bens econômicos. O escravocrata do mundo antigo ou o senhor feudal pode apropriar-se, e de fato se apropria, da maior parte daqueles bens; e sua opulência pode contrastar flagrantemente com os ínfimos padrões de seus escravos e servos. Mas os rendimentos que aufere e que lhe proporcionam aquela riqueza não têm natureza ou finalidade essencialmente distinta da dos parcos recursos que percebem seus trabalhadores, destinando-se, tanto quanto os destes últimos, a satisfazer necessidades de consumo, trate-se, embora, num caso de consumo suntuário e de alto nível e no outro da estrita subsistência.

No capitalismo, já não é esse o caso, ou não é ele só ou essencialmente. Uma das parcelas da distribuição do produto social, em particular aquela que tende a crescer proporcionalmente mais que as outras e assumir o papel de regulador de todo o funcionamento do sistema, a saber, o lucro capitalista, não constitui nas mãos de seus beneficiários um rendimento como os demais e destinado naturalmente, como uma consideração apriorística da natureza humana e dos bens econômicos poderia fazer crer, a assegurar a subsistência e a satisfação de outras necessidades dos indivíduos que o auferem. O elemento propriamente humano desaparece no caso, pois o lucro capitalista encontra sua finalidade em si próprio, isto é, acumular-se para formar capital que vai reproduzir aquele mesmo lucro em escala ampliada, e assim por diante, indefinidamente.

A observação extraeconômica do regime capitalista comprova esse fato e nos ajuda a compreendê-lo melhor. Assim, o código moral da sociedade burguesa, ao conceder o destaque que se sabe às virtudes da poupança, da parcimônia, da frugalidade, não faz mais, em boa parte, que transpor para o plano ético as normas de comportamento econômico que dizem respeito ao emprego a ser dado ao lucro capitalista. É certo que, em outras épocas e regimes, aquelas virtudes, e em particular a frugalidade, também são reconhecidas e valorizadas. Mas inspiram-se, então, em outros objetivos. A frugalidade burguesa não é, por exemplo, a dos filósofos gregos ou a do cristianismo primitivo e não visa, como nestes últimos, a impedir que os gozos materiais e as preocupações com eles interfiram na realização de outros fins humanos, tidos como mais nobres e adequados à natureza do homem. Nem é ditada pelo objetivo de acautelar a coletividade contra excessos e desperdícios além de suas forças produtivas e capazes, por isso, de comprometer o bem geral. A frugalidade burguesa visa, isso sim, a impedir que se desvie do lucro uma parcela improdutiva. Tanto assim que o mestre do cristianismo ao mesmo tempo pregava a frugalidade e aconselhava os homens a se mirarem no exemplo dos pássaros que não cuidam do dia de amanhã, que isso pertence a Deus prover; a moral burguesa, pelo contrário, põe o dia de amanhã acima do de hoje. A parcimônia e a frugalidade da moral burguesa não pretendem idealizar a simplicidade e a pobreza, como é no cristianismo primitivo, e sim promover a poupança, semente de uma riqueza cada vez maior.

Mas riqueza, note-se bem, que não vale pelo que pode proporcionar ao homem de bem-estar e felicidade, e sim pelo que representa como fonte de uma riqueza sempre mais avultada.

Essa incursão por domínios extraeconômicos traz para a análise e a interpretação dos fatos do capitalismo uma grande contribuição, pois ajuda a colocar sob sua verdadeira luz a natureza profunda do lucro capitalista e a grande diferença que vai dele para as demais parcelas em que é dividido o produto social ao se repartir pelos indivíduos que compõem uma coletividade. Sem tal distinção, de fundamental importância, a economia capitalista se torna incompreensível. Já o observara Marx ao escrever que "é falso ver na produção capitalista o que ela não é, a saber, uma produção que tem por fim imediato o gozo ou a produção de meios de gozo para o capitalista. Esquece-se totalmente com isso o caráter específico dessa produção"[2]. Efetivamente, a caracterização precisa do lucro capitalista como fundamentalmente distinto dos demais rendimentos e destinando-se precipuamente e pela própria natureza a se aplicar na produção e não ser absorvido pelo consumo permite relacionar de modo direto, o que é da máxima importância, o lucro com a inversão. E isso não apenas pelo simples fato de a perspectiva de lucro constituir o estímulo da inversão, mas, muito mais importante que isso, porque não só o lucro se destina sobretudo à aplicação produtiva, como é essencialmente do lucro que se forma o capital invertido na produção. A maior parte do capital, se não a totalidade dele com muito poucas deduções a fazer, provém direta ou indiretamente do lucro acumulado, como sem dificuldade se verifica na observação dos fatos que analisaremos adiante. Essa observação, todavia, ordinariamente subestimada pelos economistas ortodoxos, apenas se integra convenientemente na teoria e sistemática geral dos fatos econômicos quando nela se inclui a natureza específica de lucro. As coincidências que se observam entre o lucro e a inversão de capital, isto é, o fato de o capital se originar essencialmente

---

2 Karl Marx, *Le Capital* (trad. J. Molitor, Paris, 1928), cap. X, p. 177 [ed. bras.: *O capital. Crítica da economia política*, Livro I: *O processo de produção do capital*. Trad. Rubens Enderle, São Paulo, Boitempo, 2011].

no lucro e o lucro se destinar a converter-se em capital, não constituem ocorrências fortuitas ou de significação secundária. Traduzem um dos traços essenciais do sistema capitalista.

Não é assim que os economistas ortodoxos consideram o assunto. Levados precisamente pela insuficiente maneira de considerar e analisar o lucro, que para eles se equipara aos demais rendimentos ou receitas monetárias que os indivíduos auferem no curso de suas atividades econômicas, eles fazem o capital derivar simplesmente da *poupança*, entendida genericamente como excedente da receita, seja de que origem for, acima das despesas de consumo. Keynes chega a afirmar que essa definição de poupança, que ele endossa, constitui um dos raros pontos de acordo geral entre os economistas e de perfeito rigor da teoria econômica[3]. Posto, contudo, nestes termos, o assunto se desfigura, porque a poupança de que deriva o capital se apresenta como simples alternativa do consumo: os rendimentos ou receitas se destinarão à inversão ou ao consumo independentemente da origem ou fonte de que provêm. Essa alternativa é analisada pela economia ortodoxa, como se sabe, em termos dos fatores que determinariam as preferências dos indivíduos e a escolha por eles feita entre a satisfação imediata obtida pelo consumo e a satisfação diferida que proporciona a aplicação rendosa daquilo que deixaram de consumir. Essa maneira de considerar e abordar a poupança é muito importante na sistemática da economia ortodoxa porque lhe permite relacionar diretamente a poupança com o consumo – relacionamento esse que lhe fornece um dos elos mais importantes do sistema geral de equilíbrio econômico, cujas condições de estabilidade constituem o objeto principal de suas indagações. É ainda o mesmo ponto de vista, embora com variantes de segunda importância, que vamos encontrar no chamado neoclassicismo da geração keynesiana servindo de sustentáculo essencial das novas concepções, ou pretensas novas concepções, por ele apresentadas.

Não é, contudo, exato, e essa inexatidão tem graves consequências para a análise econômica, que a poupança, em que se origina o

[3] J. M. Keynes, *The General Theory of Employment, Interest and Money* (Nova York, Harcourt, Brace and Company [, 1936]), p. 61.

capital, constitua uma simples "alternativa" do consumo, no sentido que os economistas ortodoxos dão a esses conceitos e que, aliás, é o corrente e vulgar. Não é exato, em todo caso, no principal e essencial do regime capitalista plenamente desenvolvido, e particularmente no capitalismo de nossos dias. Se no caso pessoal daqueles indivíduos de origem modesta que forcejam por se tornar capitalistas a poupança pode apresentar-se como alternativa, e aliás dura alternativa e renúncia bem sentida de satisfações imediatas, não é assim, no conjunto do dinamismo do sistema capitalista, e além e acima das aspirações e tendências particulares de cada um, que se propõe a questão – sobretudo no capitalismo de hoje. Não se podem, evidentemente, sem deformação completa dos conceitos usuais e de fato usados pelos economistas, considerar simples "alternativa do consumo" os lucros não distribuídos pelas empresas e reinvestidos nos negócios, lucros esses que representam nesse padrão do capitalismo, que são os Estados Unidos, 64% das inversões totais[4]. Quanto à maior parte dos 36% restantes, pode-se inferir do mesmo estudo, bem como de outras observações e considerações que não será necessário desenvolver aqui, que igualmente não se propõe aí "alternativa" alguma. Trata-se de lucros acumulados por capitalistas que, desde a origem, isto é, desde que são auferidos, se destinam à constituição de novo capital a ser invertido na produção. O comportamento habitual e normal do capitalista é este: reinverter seus rendimentos que são lucros, com dedução única de uma parcela relativamente pequena destinada ao consumo e que tem um papel secundário e derivado nos hábitos do capitalista[5].

---

[4] Essa estimativa foi feita por A. A. Berle Jr. e Irvin S. Bussing e confirmada pelos economistas do National City Bank of New York numa análise realizada em novembro de 1953. Ver, a propósito, Adolph A. Berle, Jr., *The 20th Century Capitalist Revolution* (Nova York, [Harcourt Brace Jovanovich,] 1954), p. 37.

[5] É de notar que boa parte do trem de vida faustoso e aparentemente perdulário dos grandes capitalistas não é senão maneira indireta de servir seus negócios, em particular por efeito do prestígio financeiro que isso proporciona, o que é para eles da máxima importância. Lembremos, aliás, que todo aquele fausto não constitui em regra mais que parcela mínima e insignificante da renda dos capitalistas que o ostentam.

Proposta em seus termos gerais, a questão se apresenta esquematicamente da seguinte forma: o conjunto do valor da produção de uma coletividade se reparte essencialmente em duas grandes parcelas[6]. Uma se destina, como remuneração da força de trabalho, a satisfazer as necessidades de consumo dos trabalhadores. A outra constitui o valor excedente daquele consumo, isto é, a mais-valia produzida pela força de trabalho, segundo vimos no capítulo anterior, e que forma o lucro capitalista que se distribui pelos detentores do capital e outras categorias de indivíduos cuja atividade se liga direta ou indiretamente às funções desempenhadas por aqueles capitalistas, isto é, à gestão do capital e à segurança da propriedade dele (administração pública). Ora, a observação dos fatos nos mostra que a maior e principal parte desta segunda parcela – o lucro capitalista – se destina a ser reinvertida, isto é, a constituir novo capital aplicado na produção. Isso, ao contrário do que ocorre com a outra parcela de valor produzido, que se aplica ao consumo dos trabalhadores e que só excepcionalmente e em quantidades no conjunto desprezíveis é poupada e acumulada para servir do capital[7]. Daí se conclui que o destino natural do lucro capitalista, desde sua origem, e mesmo antes disso e ainda na fase de expectativa dele, é acumular-se sob forma de capital e se inverter na produção. Doutro lado, é do lucro acumulado feito em capital que, em sua quase totalidade, se alimentam as inversões. Essas circunstâncias têm considerável relevo na configuração da economia capitalista, pois lhe emprestam caráter e sentido completamente distintos dos de outros sistemas econômicos. Isso não deve ser perdido de vista, assimilando-se as instituições capitalistas, como é feito ordinariamente pela economia

---

6 Não consideraremos aqui a renda fundiária, que tem um papel secundário e representa no conjunto dos rendimentos, lá onde o capitalismo atingiu um nível apreciável, uma parte muito pequena.

7 A poupança realizada pela classe operária, considerada em conjunto e não nas exceções nela verificadas, tem por finalidade constituir uma reserva destinada a atender a eventualidades futuras e anormais da vida do operário. Consumo, portanto, não acumulação capitalista, embora as economias do operário sirvam para alimentar o capital à disposição daqueles capitalistas, banqueiros e outros, a cujas mãos são confiadas.

ortodoxa, com as de outras economias que só formalmente apresentam alguma semelhança toda superficial e exterior com aquelas primeiras. Efetivamente, a inclusão nas relações econômicas, em consequência do advento do capitalismo, do fator *lucro* (com sua característica essencial e peculiar de constituir um fim por si próprio da atividade econômica), vem modificar substancialmente os termos do problema econômico tal como ele se propõe nos sistemas não capitalistas. Nestes últimos, aquele problema gira em torno das necessidades humanas, inclusive as suntuárias para alguns privilegiados, e dos meios de as satisfazer; cifra-se, por isso, na questão do *que*, do *quanto* e do *para quem produzir*; entendida a produção econômica como atividade coletiva de uma comunidade humana destinada a prover os indivíduos daquilo que requerem para sua subsistência e gênero de vida determinado pelos padrões sociais vigentes. Com o lucro capitalista introduz-se um novo elemento desconhecido anteriormente ou de expressão insignificante e que se torna decisivo e determinante essencial da maneira em que se dispõem e desenrolam os fatos econômicos. Já não se poderá mais considerar a economia de uma coletividade apenas como a organização da produção e distribuição para o consumo dos bens econômicos nem uma simples associação de produtores e consumidores, entre os quais se dividem as atividades e as funções e se repartem os resultados de tais atividades – seja, aliás, qual for o critério e proporcionalidade daquela divisão e repartição que pode ser e de fato tem sido historicamente muito variável. A isso que constitui como a matéria-prima dos fatos econômicos, a saber, a produção e o consumo das comunidades humanas, sobrepõe-se outro elemento peculiar e exclusivo do sistema capitalista, que é o *capital*, simples expressão de valor acumulado a que se subordinarão inteiramente aqueles fatos econômicos. *Capital* esse que não tem outra razão de ser que proporcionar lucro e que não é ele próprio senão lucro acumulado e que se acumula permanentemente por meio da atividade produtiva para criar mais capital.

É isso o essencial e fundamental do dinamismo do sistema capitalista e que o distingue nitidamente de outros sistemas de organização econômica: capital que se forma de lucro e para o lucro e que produz lucro para com ele se ampliar e produzir um lucro ainda maior e sempre crescente.

Tal é o motor do sistema capitalista, que funciona assim num processo cíclico que se perpetua indefinidamente. Processo despersonalizado em que o indivíduo humano e suas necessidades e aspirações não constituem mais que instrumento com que se propulsiona o processo para diante numa ampliação permanente do capital e sem limites interiores ao sistema. Dentro da normalidade do sistema, não há limites para a acumulação e o crescimento do capital que não se destina, afinal, senão à própria ampliação.

Vimos já no capítulo anterior em que consiste essencialmente o mecanismo econômico da produção capitalista: um valor, que constitui o capital, e que vai aos poucos assumindo diferentes formas – *dinheiro*, que se transforma em *meios de produção*, e *força de trabalho*, que aplicando-se à produção dão as *mercadorias*, que uma vez vendidas reconstituem a forma primitiva e original do capital, que é o *dinheiro* com que se reinicia a metamorfose do capital acrescido em cada ciclo de suas transformações de um valor extra e novo que se forma da mais-valia criada pela força do trabalho e que constitui o lucro capitalista. Uma parcela desse lucro se desvia, como vimos, para o consumo improdutivo. Mas a parte maior e principal tem o destino próprio para o qual foi criado: agregar-se ao capital que o originou e reinverter-se com ele na produção. É o que efetivamente se observa no desenvolvimento histórico do capitalismo, no qual a acumulação permanente de capital realizada com o lucro que esse mesmo capital produz (ou, mais precisamente, cuja produção o capital condiciona pela exploração do trabalho humano que ele realiza) constitui não somente o traço mais saliente e característico daquele desenvolvimento histórico do capitalismo, mas ainda uma necessidade inelutável do sistema. O capitalismo, como veremos adiante, depende, para subsistir, de sua permanente expansão, e sua lei suprema, tal como em regra também ocorre individualmente em cada empreendimento capitalista em particular, é crescer ou perecer. Conhece-se o caso de economias estagnadas e perpetuando-se quase sem alteração pelos tempos afora. Esse caso é, aliás, muito mais frequente e talvez constitua mesmo o normal, sendo o contrário exceção. No capitalismo, a estagnação é impossível, e, para sobreviver, ele precisa crescer indefinidamente. Isso faz parte de sua natureza, em que a expansão provocada pela acumulação capitalista, isto é, o progressivo acrescentamento do lucro ao capital preexistente, constitui uma necessidade orgânica do sistema. Observa-se, aliás, na evolução do capitalismo, que é numa proporção fortemente decrescente que se vêm fazendo as deduções da mais-valia para fins improdutivos de consumo. A parte assim desviada aparece cada vez mais como um resíduo que, embora não possa evidentemente desaparecer por completo, tende sempre a isso.

É o processo cíclico em que o capital se inverte para produzir mais-valia ou lucro, e este último, por sua vez, se agrega ao capital primitivo que o originou a fim de formar com ele um novo capital acrescido que se reinverte e reproduz, assim, o ciclo – é isso que constitui essencialmente a dinâmica do sistema capitalista. E é aí que se há de concentrar a observação dos fatos econômicos do capitalismo e que há de partir a análise dele. Somente assim se logrará considerar a economia capitalista sob seu verdadeiro ângulo em que, ao contrário do que ocorre em outros sistemas de organização econômica, o fato do consumo, que deveria em princípio constituir a própria razão de ser de qualquer economia, se desloca para um segundo plano e deixa de constituir a finalidade e o objeto próprios do mecanismo econômico. Ou antes, em que o consumo e a satisfação das necessidades humanas se fazem apenas circunstância, que torna possível a realização do lucro e a formação de capital. Em outras palavras, o consumo é, no capitalismo, função da inversão. Em vez de a inversão se fazer para o fim de realizar a produção e atender com isso ao consumo, é como se o consumo existisse somente para justificar a produção e tornar possível a inversão, que é o que essencialmente se objetiva no capitalismo. Esse paradoxo está na base da compreensão do sistema capitalista, pois leva à consideração do consumo por meio da produção e da inversão que a promove. Em suma, os fatos econômicos do capitalismo são condicionados fundamentalmente pela inversão e é através dela que devem ser observados.

Os economistas ortodoxos mais recentes, em particular a moderna geração keynesiana, já se aproximaram desse ponto de vista. Mas o alcançaram por vias travessas, que são os fatos monetários. Escapa-lhes, assim, a essência do processo, seu mecanismo profundo, que é o ciclo do capital em que se integra o conjunto dos fatos econômicos do capitalismo. Essa é a razão por que aqueles economistas não alcançam a verdadeira e mais íntima conexão de tais fatos e, em particular, a da inversão e do consumo; e isso os leva a inconsequências e a uma visão inteiramente deformada do mecanismo capitalista. É o que ainda veremos no próximo capítulo.

A segurança e a fecundidade da análise econômica, quando situadas nos termos aqui expostos, isto é, a partir do ciclo do capital, se observam desde logo no seguinte. É da maior importância, tanto teórica como no que diz respeito a conclusões práticas, a consideração do consumo e do mercado de que esse consumo forma dentro do sistema geral que se trata de analisar e interpretar. Uma vez que o equilíbrio e o funcionamento normal de qualquer sistema econômico dependem de um processo conveniente de ajustamento recíproco da produção e do consumo, condição evidentemente *sine qua non* daquele funcionamento regular, está claro que a maneira pela qual o consumo e o mercado se enquadram no sistema, e a caracterização precisa do papel que nele desempenham, são de importância essencial. Ora, é uma tal consideração adequada do consumo no conjunto do sistema capitalista que a análise do ciclo produtivo do capital proporciona. Visto desse ângulo, o consumo se apresenta desde logo como contrapartida da inversão. Esta última implica consumo, numa parte, direto, a saber, o dos bens de produção requeridos e absorvidos no processo produtivo (matérias-primas, desgaste de equipamento etc.); noutra parte, indireto, isto é, o dos meios de subsistência adquiridos pelos trabalhadores com a parcela de capital invertida em mão de obra ou força de trabalho. Além disso, o encerramento do ciclo e o início do seguinte que necessariamente o segue (o processo produtivo do capitalismo não pode, por sua própria natureza, parar) determinam nova incidência do consumo não só de mais meios de subsistência para os trabalhadores, como de bens de produção; consumo este último resultante da reinversão do capital anterior acrescido do lucro por ele originado e com a dedução unicamente de uma pequena parcela que se desvia para o consumo pessoal do capitalista e de outros indivíduos ligados a funções de administração do capital. Tem-se aí um quadro esquemático, mas completo, do consumo em função da produção e da inversão capitalistas.

Essas categorias do consumo seriam mesmo as únicas num sistema capitalista puro, isto é, onde as relações de produção fossem em sua totalidade de natureza capitalista, com exclusão de outras quaisquer. Essa é, naturalmente, uma situação só concebível em teoria, pois as relações capitalistas de produção, conforme os lugares e as ocasiões, sempre se mesclam em maior ou menor proporção com relações de outro tipo, que constituem os remanescentes anacrônicos de fases históricas anteriores e ultrapassadas, ou deformações determinadas por circunstâncias especiais e desfavoráveis nas quais, em certas instâncias, se estabelecem as relações capitalistas. Pode-se, contudo, deixar isso de lado, porque o que nos ocupa é o sistema capitalista, que não somente predomina incontrastavelmente no mundo atual (com exclusão, é claro, do mundo socialista ou em marcha caracterizada para o socialismo, o que é outro assunto), como ainda se desenvolve no sentido de eliminar cada vez mais aquelas formas impuras. Coisa, aliás, que já se encontra quase inteiramente realizada nas principais áreas do capitalismo e em seus grandes centros em particular, como nos Estados Unidos e na Europa ocidental.

Na medida em que o capitalismo se purifica e, pois, o ciclo produtivo que essencialmente o caracteriza se desenrola normalmente nos diferentes setores da produção e da atividade econômica – isto é, em que todos os valores e bens econômicos tomam a forma de capital, ou melhor, transitam por ela –, nessa medida a natureza do consumo se reduz àquelas categorias já referidas e funcionalmente derivadas da inversão capitalista e do ciclo do capital em que ela se insere. Assim sendo, e considerando que o capital invertido se forma e se alimenta do lucro acumulado, podemos esquematizar da seguinte forma o fato ou elemento do consumo no sistema capitalista:

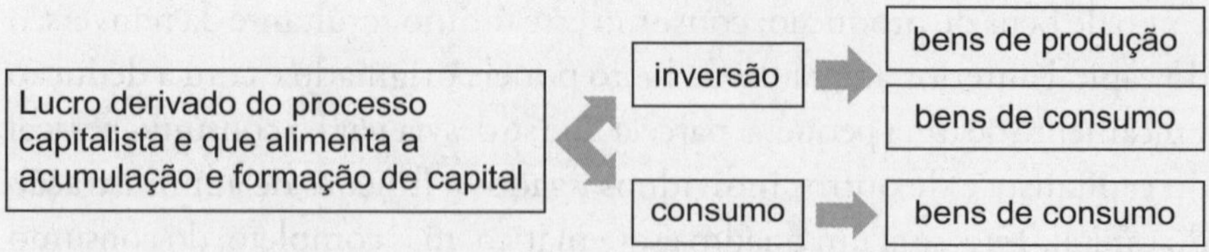

O que esse esquema nos apresenta é o que poderíamos denominar, empregando a linguagem consagrada dos economistas modernos, "formação de poder aquisitivo". Isto é, a maneira pela qual se constitui e se distribui o poder aquisitivo dos indivíduos integrados no sistema capitalista. Temos em nosso esquema a estrutura do mercado consumidor da produção realizada naquele sistema. Do lucro resultante do processo produtivo do capitalismo, lucro esse que constitui a finalidade de tal processo e dele resulta permanentemente através do ciclo em que o mesmo processo se desenvolve, uma parte, a principal, se transforma em capital que, invertendo-se na produção, determina o consumo direto de bens de produção (equipamentos, matérias-primas etc.) e indireto, segundo vimos, de bens de consumo adquiridos pelos trabalhadores. A outra parte é absorvida pelo consumo dos capitalistas e das categorias não produtivas em geral (funções administrativas privadas e públicas).

A fim de observarmos o ajustamento entre a produção e o mercado para ela, o que constitui a questão em foco, considere-se aquele processamento do consumo ou, antes, a distribuição do poder aquisitivo em sua perspectiva histórica, isto é, no desenvolvimento do sistema capitalista através do tempo e da sucessão de seus ciclos produtivos. Observamos aí que a distribuição do poder aquisitivo se faz em proporções que tendem a favorecer o setor dos bens de produção em detrimento do setor dos bens de consumo. Isto é, a geração de poder aquisitivo no sistema produtivo do capitalismo se orienta proporcionalmente mais para o mercado de bens de produção, em detrimento do de consumo. Se não, vejamos. Na primeira fase da distribuição do lucro ou capital invertido, a saber, na distribuição entre inversões e consumo, é sem dúvida a parte destinada à inversão que cresce e sempre tem crescido proporcionalmente mais. Isso que uma análise estatística revelaria e que acreditamos nenhum economista haveria de contestar[8] pode ser inferido da própria natureza

[8] A generalidade dos economistas ortodoxos mais recentes, e os sucessores e continuadores de Keynes em particular, já consagrou o princípio de que a "propensão para consumir" decresce relativamente com o aumento da receita. Esse princípio constitui

do lucro capitalista que consideramos antes, onde se viu que esse lucro se destina essencialmente para a capitalização e inversão produtiva, não para o consumo improdutivo.

Quanto à proporcionalidade da distribuição do capital invertido entre bens de produção e bens de consumo, não é preciso insistir no fato bem conhecido de que ela se faz cada vez mais em benefício dos bens de produção. Isto é, a parcela das inversões que se aplica em bens de produção (equipamentos, matérias-primas etc.) tende, com o progresso tecnológico que acompanha o desenvolvimento histórico do capitalismo e é mesmo da essência desse desenvolvimento, a se tornar proporcionalmente cada vez maior, em detrimento da parcela que se aplica na aquisição de força de trabalho e que vai alimentar o mercado de bens de consumo destinados aos trabalhadores. É uma das características mais salientes da evolução do capitalismo que, na combinação dos fatores de produção, a participação do trabalho se tem constantemente reduzido. Isso diz respeito tanto ao equipamento, que por unidade física ou de valor é manejado por um número sempre menor de operários (em consequência da automatização crescente de máquinas e aparelhos de produção), como às matérias-primas, que para um mesmo número de operários se multiplicam na indústria moderna em proporções consideráveis.

Verifica-se, assim, que a estrutura e o funcionamento da indústria moderna determinam uma distribuição desproporcionada de poder aquisitivo em que a capacidade de consumo propriamente, isto é, do consumo final e improdutivo, em contraste com o consumo produtivo, tende sempre a retardar. É, contudo, nesse consumo final que assenta em última instância a atividade produtiva, pois é dele que dependem a complementação e o encerramento do ciclo da produção. Para tornar isso mais claro, poderíamos considerar em conjunto os ciclos produtivos

---

mesmo um dos pilares da teoria geral de Keynes e se acha hoje fundamentado em extensa observação dos fatos. Ora, o lucro capitalista, que constitui uma receita e é mesmo fonte principal das receitas que ordinariamente se capitalizam, tem crescido de forma permanente. Ele apenas declina nas fases de depressão e crise para ganhar em seguida novo e considerável impulso. Daí se conclui que a parte do lucro que se capitaliza tende proporcionalmente a crescer.

respectivamente de bens de produção e de bens de consumo, como se formassem um único ciclo maior, que abrangesse os dois. Teríamos um ciclo de produção que se iniciaria com a inversão nas indústrias de bens de produção e que se encerraria unicamente com o consumo final, isto é, com a venda e o escoamento dos produtos de consumo final. Um ciclo desses não se propõe teoricamente no sistema capitalista, que não opera com vistas para o consumo dos indivíduos e a satisfação de necessidades pessoais. Mas se impõe na prática, porque é esse consumo final que faz possível a produção capitalista e o funcionamento do sistema, como, aliás, de outro qualquer. A produção existe e somente pode existir em função do consumo; embora no capitalismo essa função não se integre no dinamismo do sistema, que não visa a atender o consumo dos indivíduos, e sim proporcionar lucro para os detentores do capital.

Reside nisso a grande contradição do sistema capitalista, que não se apoia e fundamenta naquilo precisamente que lhe dá vida e o faz possível. Noutras palavras, o capitalismo não regula seu funcionamento por aquele fator que fundamentalmente lhe condiciona a existência, a saber, o consumo final dos bens econômicos. Seu princípio regulador essencial e imediato é o lucro; e o lucro se realiza pela inversão, isto é, pelo aparelhamento da produção. Esse aparelhamento da produção é, assim, permanentemente estimulado por um fator sem relação direta com o consumo e que, pelo contrário, tende a se desenvolver, como vimos, no sentido de uma redução relativa da participação do consumo na distribuição de valores geradores de capacidade aquisitiva[9].

Resulta daí a tendência permanente para o desequilíbrio entre a produção e o consumo. Isto é, um excesso de capacidade produtiva, estimulada pela perspectiva de lucro, com relação à capacidade de consumo, cujo desenvolvimento é retardado por uma distribuição desfavorável de poder aquisitivo. Essa tendência para o desequilíbrio se observa facilmente

---

[9] Essa mesma explicação do subconsumo crônico no sistema capitalista, que tem suas raízes em Marx, encontra-se desenvolvida de forma diferente em Paul M. Sweezy, *The Theory of Capitalist Development* (Nova York, Oxford University Press, 1942), cap. X.

neste fato conhecido e sempre recorrente no curso de toda a história do capitalismo e que é a superprodução. Durante muito tempo, e até época bem recente, os economistas ortodoxos se iludiram com a ideia de que a superprodução, que não podiam ignorar ou negar, provinha de um simples desajustamento da produção, seja por efeito da especulação, seja como resultante de uma inadequada distribuição de atividades produtivas. Essa distribuição inadequada podia provocar a superprodução num setor e, se esse setor tinha grande importância e vulto, o reajustamento da produção, isto é, o restabelecimento de uma distribuição adequada das atividades produtivas com a redução do setor superprodutivo e a ampliação de outros prejudicados por essa superprodução, podia, eventualmente, demandar um processo mais ou menos violento, que seria, então, a crise em si.

Já nos referimos a essa explicação da crise como remédio heroico de desequilíbrios graves. Ela seria um corretivo de desajustamentos verificados no funcionamento do sistema e, nesse sentido, um mecanismo necessário, cujos efeitos perturbadores podem e devem ser atenuados, mas não revelam nenhum mal orgânico e insanável do sistema. A superprodução, determinante da crise e circunstância precursora dela, não seria senão sintoma de um desajustamento da produção. Em suma, o que os economistas ortodoxos admitiam era a superprodução parcial; a superprodução geral não era admissível dentro das concepções fundamentais da economia ortodoxa.

Por que isso? Responde a Lei de Say, que em sua formulação monetária – a mais frequente entre os economistas de data próxima – apresenta a produção como criando um poder aquisitivo equivalente ao produto, por efeito dos pagamentos realizados aos fatores da produção. Cria-se, assim, o mercado para aquele produto. É o que sustenta a economia ortodoxa – ou sustentava até alguns decênios passados e antes dos retoques nela efetuados pelos economistas ortodoxos modernos, keynesianos e seus precursores. Retoques destinados precisamente a contornar a dificuldade da explicação das crises, o que à luz das concepções clássicas, e da Lei de Say em particular, mostrava-se impossível. Veremos isso com mais pormenores no próximo capítulo. Estamos por ora considerando unicamente os fatos, não a interpretação que para eles procuram os economistas ortodoxos em sua tarefa de dar às contradições do sistema capitalista soluções que assegurem a permanência e perpetuação desse sistema. Observemos, portanto, a maneira pela qual o subconsumo que assinalamos aqui como latente no funcionamento do sistema capitalista determina o desajustamento e o desequilíbrio periódico que nele se observa. E, para isso, partiremos das próprias premissas em que se apoiam os economistas clássicos com sua Lei de Say, a saber, o suposto "encontro de contas" permanente e fatal entre os pagamentos aos fatores de produção e o valor dessa produção.

Desses pagamentos, parte se realiza no próprio ato da produção – a saber, os salários. A outra, contudo, que vai constituir o lucro capitalista, essa somente se realiza de fato no encerramento do ciclo, isto é, uma vez vendido o produto. O valor do produto se constitui, como sabemos, de duas parcelas principais: o valor da força de trabalho nele aplicado e a mais-valia gerada por essa força de trabalho. O trabalho é pago com salário, e esse pagamento é efetuado no curso da produção e independentemente do destino do produto. A parcela do valor desse trabalho incluída no valor do produto encontra, assim, desde logo, sua contrapartida no poder aquisitivo gerado por aquele pagamento. O mesmo não ocorre, todavia, com a parcela do valor do produto correspondente à mais-valia: enquanto o produto não é vendido, o capitalista não terá realizado essa parte de seu valor, e o eventual mercado para o produto acha-se desfalcado de poder aquisitivo correspondente a tal parte do valor. Em suma, uma parte do valor da produção só encontra poder aquisitivo correspondente, e pois capacidade de compra no mercado, depois de efetuada a venda; ou, o que vem a dar no mesmo, depois de realizada aquela mesma compra. Esse paradoxo e essa aparente impossibilidade se resolvem praticamente pelo fato de não haver coincidência na produção e na venda de todos os bens, e assim o resultado da venda de um produto cria o poder aquisitivo necessário para o escoamento de outro produto. Já antes dessa venda, constituiu-se, por efeito de vendas anteriores, o poder aquisitivo necessário para que ela se realize. Além disso, é preciso lembrar o papel do crédito: já muito antes de o capitalista vender sua produção, ele pode receber, pelo recurso ao crédito, o valor da venda a se realizar. Assim sendo, parece verificar-se perfeitamente bem a Lei de Say: o mercado estará sempre aparelhado com um poder aquisitivo equivalente ao valor da produção, pois os compradores presentes nesse mercado terão recebido, na qualidade de participantes e fatores daquela produção, importância equivalente àquele valor: os trabalhadores, os *salários*, o capitalista, a *mais-valia* ou *lucro*.

Isso, todavia, se encontra na dependência de uma condição: a continuidade das vendas. O capitalista poderá realizar o lucro e tornar-se com ele comprador antes de realizada a venda e liquidado o produto que lhe proporciona aquele lucro em particular. Vimos como isso ocorre. Mas aquela venda tem de se consumar mais cedo ou mais tarde, porque de outro modo o lucro da produção não se liquida e realiza efetivamente, o ciclo produtivo não se terá encerrado, e o que o capitalista recebeu como adiantamento de um lucro a se realizar terá, por uma ou outra forma, de ser por ele devolvido. Se não o for, outro capitalista, o emprestador do adiantamento e credor, terá seu poder aquisitivo reduzido. O lucro não se realizou, não existe de fato. O que há é apenas uma expectativa de lucro que não se consumou. O mercado acha-se, por isso, desfalcado de um poder aquisitivo correspondente àquele lucro não realizado.

Verifica-se, assim, que a situação prevista na economia clássica, e na Lei de Say em particular, a saber, que a atividade produtiva gera pelo pagamento dos fatores de produção um poder aquisitivo equivalente à produção realizada, isso depende da condição da continuidade das vendas. Ora, essa continuidade se encontra permanentemente ameaçada pelo subconsumo latente no funcionamento do sistema capitalista, como se viu antes. A capacidade de produção tende sempre, na dinâmica do capitalismo, a exceder a capacidade de consumo dos produtos finais, consumo esse que, em última instância, sempre representa o termo necessário do processo produtivo e o encerramento final dos ciclos da produção capitalista. Sem consumo final adequado, haverá sempre um desajustamento e um desequilíbrio latente no processo da produção e, portanto, a possibilidade de se verificar descontinuidade nas vendas.

Tem-se objetado contra essa explicação da superprodução com o fato de que essa superprodução se verifica ordinariamente antes, como a observação mostra, no setor dos bens de produção e, em primeiro lugar, precisamente naqueles bens mais remotos do consumo final, que são as matérias-primas. É nestas últimas, e em seguida e sucessivamente nos bens de produção de estágios mais e mais próximos do produto final, que se verificam os sintomas característicos da superprodução: retração das vendas, acumulação de estoques, declínio de preços. Os bens de consumo final são, em regra, os últimos atingidos. Ora, se o fator determinante da produção é o subconsumo, como afirmamos, não deveria a ordem da propagação da superprodução ser a inversa? Isto é, não deveria manifestar-se antes nos bens de consumo para em seguida atingir os bens de produção daqueles bens de consumo e finalmente alcançar as matérias-primas que se encontram na origem de toda produção?

Isso tem sido afirmado com frequência, mas encontra fácil resposta. Dentro da explicação e da interpretação da superprodução que demos, observa-se que o poder aquisitivo atingido em primeiro lugar, e de maneira direta e grave, é o dos capitalistas, isto é, o poder aquisitivo gerado pelo pagamento do lucro. Poder aquisitivo esse que precisamente se destina à aquisição de bens de produção e, primeiro, de matérias-primas. O lucro, na maior e principal parte, se destina, como vimos, a se transformar em capital e se inverter na produção. Assim, o não pagamento do lucro ou, antes, a não liquidação dele por não se ter efetivado a venda final do produto determina mais cedo ou mais tarde – o recurso do crédito pode, até certo ponto, retardar o desenlace, mas não é capaz naturalmente de o evitar – a impossibilidade da inversão daquele lucro não realizado. Isso quer dizer que deixarão de ser adquiridos os bens de produção que constituiriam o objeto de tal inversão. É, portanto, no setor dos bens de produção que se farão sentir em primeiro lugar, de forma patente, os sintomas da superprodução. É o mercado desses bens que é afetado pelo desfalque de poder aquisitivo decorrente da não realização e liquidação do lucro. Nele se manifestará tal desfalque.

Situação semelhante ocorrerá no mercado da força de trabalho, para onde deveria dirigir-se parte do lucro realizado, capitalizado e invertido na produção. Não haverá aquisição de força de trabalho, isto é, engajamento de mão de obra, ou haverá em escala menor. Isso contribuirá naturalmente para o desemprego e a redução da massa de salários. Como os fatos mostram, isso de fato ocorre, embora com certo retardamento, e de início de maneira menos pronunciada que o declínio de preço dos bens de produção. O que se compreende, porque a redução de salários encontra resistências de natureza especial, que é a luta do proletariado em defesa de suas posições e condições de vida. Luta essa tanto mais organizada e eficiente quanto mais elevado o nível daquele proletariado, o que coincide com países e lugares onde o capitalismo se acha mais desenvolvido e onde, portanto, os fatos que estamos analisando são mais caracterizados. Quanto ao desemprego, ele aparece menos nos primeiros momentos porque se disfarça de início no desemprego parcial (redução do tempo de trabalho) e em outras situações que representam estágios da evolução para o desemprego plenamente caracterizado, como na redução do ritmo de engajamento de novos trabalhadores.

Poderá objetar-se ainda que, de qualquer modo, é sempre o excesso de produção de bens de consumo que em nossa interpretação constitui o ponto de partida da superprodução. Quaisquer que sejam os acontecimentos posteriores, partimos sempre do fato de vendas não realizadas de produtos finais. Por que, então, não se verificam no mercado destes últimos, em primeiro lugar, os sintomas da superprodução, em particular o declínio de preços? A razão é que os preços do varejo onde os bens de consumo encontram o termo de sua circulação e passam às mãos do último comprador, que é o consumidor final, são ordinariamente fixados na base dos preços de aquisição, pelo varejo, da mercadoria negociada e não sofrem diretamente os efeitos das flutuações da procura. Isto é, o comércio varejista, em regra, não altera seus preços em função do maior ou menor volume de suas vendas. O que esse volume afeta é o ritmo das aquisições que o comércio varejista faz de seus fornecedores. Ritmo esse que se propaga de escalão em escalão do giro comercial (isto é, nos diferentes e sucessivos intermediários), indo refletir-se, afinal, no produtor. Não é de admirar, assim, que seja na esfera deste último, isto é, no setor dos bens de produção, que a superprodução se denuncia e se caracteriza plenamente em primeiro lugar.

Justifica-se, portanto, sem nenhuma das dificuldades que têm sido invocadas contra ela, a interpretação da superprodução pelo subconsumo. É esse subconsumo, latente no processo de desenvolvimento da produção capitalista, que tende permanentemente a desequilibrar o sistema. O primeiro sinal desse desequilíbrio se verifica num retardamento das vendas. Esse fato, prolongando-se o bastante, repercute no poder aquisitivo dos capitalistas produtores que deixam de realizar seu lucro. Desfalca-se, assim, o mercado em geral do poder aquisitivo representado por esse lucro não realizado e que deveria, normalmente, encontrar-se em mãos do capitalista produtor como contrapartida de uma parcela do valor dos produtos lançados no mercado. Caracteriza-se, então, plenamente o desequilíbrio; e daí por diante o processo tende a se tornar cumulativo, porque um tal desfalque de poder aquisitivo afeta aquela parte dele que diz respeito às inversões. Ora, a flutuação das inversões não só retarda o escoamento dos bens de produção (afetando por conseguinte o ciclo produtivo desses bens, com consequências idênticas às que observamos no caso da não venda dos bens de consumo), mas ainda atinge diretamente o poder aquisitivo da classe trabalhadora. Tende, assim, a agravar-se o desequilíbrio já verificado entre a produção e o consumo.

Note-se que esse desequilíbrio é ainda mais grave que o assinalado, porque não é apenas o lucro que o capitalista deixa de receber no caso de não vender sua produção. Ele também não recupera o valor adiantado para o pagamento dos salários e outras despesas de produção. Acha-se, assim, desfalcado de uma parcela do próprio capital original com que encetou o ciclo produtivo. Dá-se, portanto, uma diminuição do capital em giro, o que determinará forçosamente, mais cedo ou mais tarde (o desenlace pode ser adiado – e assim é efetivamente – com recurso ao crédito e a outros expedientes), o declínio em termos absolutos das inversões com as consequências já assinaladas que daí decorrem. Assim, a inversão e a atividade produtiva que ela objetiva e provoca, embora não se destine, nas condições do sistema capitalista, a servir o consumo, e sim proporcionar lucro, são afinal indiretamente afetadas por esse consumo, ou antes, subconsumo que o funcionamento do sistema acarreta.

É nesse fundo de quadro do sistema capitalista, a saber, a permanente tendência dele ao desequilíbrio entre a capacidade de produção e de consumo, que se desenrolam as conhecidas flutuações da conjuntura, bem como esses fatos mais salientes delas e de maior repercussão, que são as *crises*. "A razão última de todas as verdadeiras crises", já escrevia Marx, "são sempre a pobreza e o consumo limitado das massas, contrastando com a tendência da produção capitalista de desenvolver as forças produtivas como se estas últimas não tivessem outro limite senão a capacidade absoluta de consumo da sociedade"[10]. E por que esse desenvolvimento desproporcionado? Porque, em última instância, segundo vimos, a produção e a inversão que a determinam e que impulsionam o sistema não se relacionam senão indireta e remotamente com o consumo. O fator que estimula e condiciona o funcionamento do capitalismo é o *lucro capitalista* que nada tem essencialmente que ver com aquele consumo, nem mesmo com o consumo do capitalista. E, pelo contrário, tende a deprimir o mesmo consumo, pois desvia dele uma parcela proporcionalmente crescente de poder aquisitivo. Em suma, o fato de a capacidade de consumo não acompanhar o desenvolvimento da capacidade de produção, constitui a característica orgânica do sistema capitalista e irremediavelmente o compromete. Mas, sendo assim, como explicar a continuidade e a permanência do regime capitalista (seja embora através de crises sucessivas, mas apenas momentâneas) durante esse largo período de pelo menos um século e meio de existência bem caracterizada de que se pode vangloriar? Não se restabeleceu o sistema depois de cada uma e de todas suas crises passadas, e sua recuperação não foi sempre tal que o sistema saía delas engrandecido, tendo invariavelmente crescido e prosperado, como prova o nível de forças produtivas alcançado pelo capitalismo em nossos dias, quando se contrasta com seus humildes começos? A interpretação que demos ao desenvolvimento do sistema capitalista nos levaria aparentemente e à primeira vista à conclusão de que se trata de um sistema desde logo inviável ou que pelo menos ele deveria necessariamente evoluir por meio de convulsões permanentes, não apenas crises periódicas separadas por fases relativamente longas de normalidade e de

[10] Karl Marx, *Le Capital*, cit., cap. XII, p. 38.

funcionamento regular – e, o que é mais, de funcionamento progressista. Uma verdadeira recuperação, depois das crises, não seria possível – muito menos uma recuperação capaz de elevar o sistema, de cada vez, a um nível mais alto de desenvolvimento. Não seria suficiente, como refutação da argumentação apresentada, lembrar a destruição de capital que ocorre como consequência da crise e apontar essa destruição como fator capaz de restabelecer o equilíbrio rompido. Não se explicaria com isso a marcha progressiva das forças produtivas do capitalismo e, sobretudo, o acelerado ritmo dessa progressão. É certo que o progresso deflacionário provocado pela crise constitui o fator imediato que permite o restabelecimento do equilíbrio e a recomposição do sistema. Só que esse é um fenômeno intercorrente, que tem em cada caso particular, isto é, em cada ciclo individual, um grande papel equilibrador. Mas não explica a progressão subsequente.

É muito generalizada na economia ortodoxa mais recente, como aliás já foi referido, a tendência em reduzir o dinamismo do sistema capitalista a processos cíclicos e explicar o desenvolvimento econômico por ciclos maiores ou menores que se sucedem uns aos outros, ou se imbricam entre si, mas que são sempre autodeterminantes, no sentido que todas as oscilações e as fases do processo cíclico se determinam umas às outras automaticamente e por ação interna do próprio processo. A grande voga dos modelos econométricos não tem outra explicação que essa maneira mecanicista de considerar os fatos econômicos, com a qual mal se encobre o objetivo de disfarçar com cores menos sombrias os malogros do sistema capitalista. Isso permite projetá-lo idealmente para um futuro indefinido, pois conserva-se, assim, a identidade fundamental e, portanto, a permanência do capitalismo através de todas as suas vicissitudes, inclusive e sobretudo as menos favoráveis, que seriam apenas momentos passageiros e prenúncio de outros melhores. Seja como for, fato é que os ciclos, apesar de sua realidade e do papel considerável que representam na evolução dos fatos econômicos – particularmente as flutuações da conjuntura que constituem no assunto o capítulo principal e mais analisado – não esgotam a matéria do desenvolvimento econômico. Não é possível explicar esse desenvolvimento com o recurso unicamente de algumas variáveis de natureza específica e que compõem o essencial da dinâmica interna do ciclo ou aquilo que ordinariamente é tido como tal pela análise econômica ortodoxa. As oscilações do sistema do capitalismo constituem como epifenômenos que estão longe de exprimir o essencial de seu dinamismo. Em suma, os ciclos não se explicam por eles próprios, como pretendem alguns mecanicistas extremados da economia ortodoxa. É de notar, aliás, que não se explicaram ainda satisfatoriamente, e certamente não se explicarão nunca por essa forma, nem ao menos as flutuações da conjuntura que são os ciclos mais simples e em que entra, aparentemente e de modo imediato, um menor número de fatores. Se as forças internas do ciclo dão conta, até certo ponto, do efeito cumulativo que acentua o movimento do sistema num ou noutro sentido, elas não se têm mostrado suficientes para explicar os pontos de inversão da conjuntura: nem a crise, nem a recuperação. Quanto à primeira, é insuficiente atribuir o desequilíbrio que a precipita a circunstâncias ocasionais e incidentes, como sejam desajustamentos momentâneos. Esses desajustamentos que caracterizam a crise e a depressão que a ela se segue não se explicam por eles próprios, isto é, como consequência de desajustamentos anteriores, mas em outra direção, verificados na fase precedente de prosperidade. Ou não se explicam somente por eles. Há fatores mais profundos em jogo e que atuam sem intervalo. Tanto assim que, como remate a todas as interpretações da crise dadas pelos economistas ortodoxos, estes se sentem forçados a apelar para o fator psicológico, que por si nada explica, uma vez que será sempre preciso explicar também a ocorrência desse fator. Mesmo os mais atualizados setores da economia ortodoxa se veem constrangidos por esse círculo vicioso e, embora procurem disfarçar seu apelo ao fator psicológico, vão sempre indiretamente dar nele. É assim com os próprios keynesianos e assimilados, cuja "eficácia marginal do capital", por mais que se apresente ou pretenda apresentar-se em termos objetivos e sob forma até de curvas matemáticas aparentemente representativas de fatos objetivos, não passa na realidade de uma ocorrência subjetiva e de natureza puramente psicológica. Veremos isso melhor no próximo capítulo.

A crise e a depressão somente se compreendem quando consideradas no quadro geral do desenvolvimento capitalista e das contradições que brotam permanentemente de seu funcionamento. Já analisamos essas contradições representadas pelo desequilíbrio imanente no dinamismo do sistema capitalista, a saber, a tendência irremovível do sistema e inerente a sua natureza, à superprodução e ao subconsumo. A crise não é, assim, senão manifestação momentânea e aguda e correção provisória de um desequilíbrio permanente muito mais profundo que o indicado por circunstâncias e ocorrências específicas e apenas superficiais de cada crise. Quanto à recuperação, também encontramos em sua base algo mais que os simples fatores específicos do ciclo e as forças internas de seu dinamismo. Nesse ponto, aliás, os economistas ortodoxos se mostram, em regra, muito mais tolerantes e menos mecanicistas, e poucos serão aqueles que não reconhecem hoje, com Spiethoff, que "uma recuperação vigorosa não nasce espontaneamente do seio da depressão anterior"[11]. Para compreender a recuperação, torna-se, assim, necessário considerar as circunstâncias gerais que no conjunto do desenvolvimento histórico do capitalismo a condicionaram e fizeram possível – e, com ela, a marcha ascensional do sistema. Compreender-se-á, então, por que o capitalismo, apesar do vício congênito que o faz tender permanentemente para o desequilíbrio e desajustamento de seu mecanismo, conseguiu viver e prosperar até nossos dias – mais precisamente, até alguns decênios atrás, pois o que hoje se observa já não se pode mais considerar propriamente progresso econômico nem existência assegurada por fatores naturais espontâneos, e sim simples conservação de impulso adquirido e estimulado artificialmente por guerras e preparativos de guerras.

A fim de não complicarmos o assunto com polêmicas e análises técnicas muito minuciosas que sobrecarregariam o texto, consideremos a questão a partir das premissas assentadas pelos próprios economistas ortodoxos mais modernos. Elas servem como ponto de partida da análise do assunto e, devidamente reinterpretadas, levam a conclusões justas. A generalidade daqueles economistas concorda hoje que o desenvolvimento do capitalismo tem sido e ainda é condicionado pelas oportunidades para as inversões que explicam o essencial e fundamental não só da recuperação

---

[11] Cit. p. A. H. Hansen, "Economic Progress and Declining Population Growth", em *Readings in Business Cycle Theory* (Londres, American Economic Association Series, 1954), p. 380.

das crises, como da marcha progressiva do capitalismo. Hansen, já em 1938 – e depois dessa data a afirmação se tornou cada vez mais verdadeira –, declarava em ampla reunião de economistas, e sem ser contestado, que "dava como aceito por todas as escolas do pensamento econômico corrente que o pleno emprego e o nível máximo atingível de renda não podem ser alcançados na moderna economia do livre empreendimento sem um adequado volume de despesas de inversão"[12]. Em outras palavras, isso significa que é no volume e no ritmo das inversões que Hansen, e com ele a generalidade dos economistas atuais, encontra o fator essencial do funcionamento regular e normal do capitalismo. Ora, o que determina a inversão – ou, antes, a oportunidade para que ela se realize – é naturalmente, escusado dizê-lo, a perspectiva de venda da produção resultante dessa inversão, bem como o lucro que a venda proporciona. Em suma, a questão da inversão, e com ela a do funcionamento normal do capitalismo, se reduz essencialmente ao problema do mercado. É aí que se há de procurar a explicação tanto das vicissitudes como dos sucessos do capitalismo. Vimos, aliás, como as crises e o desequilíbrio que as provoca residem em última instância no desajustamento entre a capacidade de produção e a capacidade de consumo final ou, em outras palavras, na insuficiência relativa do mercado para os produtos finais. Essa insuficiência determina as crises e, no longo prazo, compromete irremediavelmente a viabilidade e a perpetuação do sistema capitalista. Contudo, ela é contrabalançada, ou assim foi nas primeiras fases de evolução do sistema, por circunstâncias específicas daquelas fases iniciais que não só tornaram possível, depois de cada crise, a recuperação e o restabelecimento da normalidade do sistema, como ainda lhe asseguraram uma marcha ascensional que se prolongou até o primeiro quartel do século atual. Tais circunstâncias, características e específicas da fase de construção, podemos dizer, e de expansão orgânica do capitalismo, são o mercado de natureza especial que essa construção e expansão proporcionaram. O capitalismo,

---

[12] Ibidem, p. 371. Esse trabalho de Hansen é o discurso por ele pronunciado na 55ª Assembleia Anual da American Economic Association, realizada em 28 de dezembro de 1938.

antes de se constituir em sistema pleno e acabado, tal como a economia política em geral o considera, consistiu num processo em que se verifica a germinação e o progressivo desenvolvimento de determinadas relações de produção, que são aquelas que caracterizam e compõem aquele sistema capitalista. É um tal processo que constitui o que denominamos "construção e expansão orgânica do capitalismo". Já nas primeiras partes deste trabalho, observamos as circunstâncias históricas que tornaram possível o estabelecimento daquelas relações capitalistas de produção e estimularam sua expansão e sua penetração pelos diferentes setores da vida social; circunstâncias aquelas que consistiram essencialmente na separação realizada entre trabalhadores e produtores, de um lado, e, de outro, a propriedade dos meios de produção. Foi dessa separação que resultou o isolamento da força de trabalho e sua mercantilização, isto é, a transformação da força de trabalho em mercadoria a ser vendida pelo trabalhador e pelo produtor e adquirida pelo proprietário dos meios de produção feito assim em capitalista. É isso que essencialmente caracteriza e constitui as relações capitalistas de trabalho e produção, em contraste com outros sistemas econômicos que historicamente precederam o capitalismo e nos quais o trabalhador não dispõe livremente de sua força de trabalho, e por isso também não dispõe do produto dela (como se dá no regime servil ou escravista), ou, sendo um trabalhador livre e também proprietário dos meios de produção, é só o produto, e não a força de trabalho, que se torna e pode tornar-se em mercadoria.

O estabelecimento e a progressiva extensão e purificação daquele tipo de relações de produção vão dar no sistema capitalista e constituem o processo inicial de seu desenvolvimento, processo esse de que, simultaneamente e por via indireta, resulta o mercado necessário ao funcionamento do sistema. Ao mesmo tempo que o progresso das relações capitalistas de produção destrói a produção doméstica, artesanal e camponesa, expropriando o pequeno produtor e transformando-o em simples vendedor de sua força de trabalho – em assalariado, em suma –, a indústria capitalista que resulta daquela destruição e daquela expropriação se faz sucessora do mercado antes servido pela produção artesanal. "A expropriação e expulsão de uma parte da população rural", escreve Marx,

> tornam disponíveis, ao mesmo tempo que os operários, os meios de subsistência e do trabalho para o capital industrial: elas criam o mercado interior. Com efeito, os acontecimentos que transformam os pequenos cultivadores em assalariados e seus meios de trabalho em elementos materiais do capital criam ao mesmo tempo para este último seu mercado interior. Outrora, a família do camponês produzia e trabalhava os meios de subsistência e as matérias-primas, que em seguida ela consumia na maior parte. Essas matérias-primas e esses meios de subsistência tomaram-se, no presente, mercadorias: é o grande cultivador que as vende, são as manufaturas que constituem o mercado. Os tecidos, o pano, os grosseiros estofos de lã, isto é, os gêneros cujas matérias-primas se encontravam ao alcance de todas as famílias camponesas que as fiavam e teciam para seu próprio uso, se convertem em artigos manufaturados para os quais a zona rural serve precisamente de mercado. A clientela numerosa e esparsa que dependia de toda uma multidão de pequenos produtores trabalhando por conta própria se concentra num grande mercado abastecido pelo capital industrial.[13]

São essas circunstâncias que asseguram desde logo o capitalismo nascente e o cercam de um ambiente favorável a seu desenvolvimento. A destruição das relações de produção anteriores e sua substituição por outras de natureza capitalista proporcionam automaticamente este elemento do sistema ou, antes, esta condição para sua existência, que é o mercado. De outra parte, aquele processo de transformação das relações de produção implica outros acontecimentos que abrem novas e largas perspectivas à produção industrial capitalista. É o progresso da técnica de produção – concentração dos trabalhadores e consequente divisão do trabalho, introdução de processos mecânicos de produção etc. – que condiciona o estabelecimento e o desenvolvimento das relações capitalistas, pois constitui a circunstância capaz de deslocar o produtor individual, de destacá-lo da propriedade dos meios de produção – isto é, expropriá-lo –, transformando-o por conseguinte em simples fornecedor de força de trabalho, o que constitui preliminar indispensável daquelas relações.

[13] Karl Marx, *Le Capital*, cit., cap. IV, p. 252.

O estabelecimento e a extensão das relações capitalistas de produção importam, assim, num crescente aparelhamento técnico e material que diz respeito não somente ao equipamento mecânico empregado na produção capitalista, mas ainda à criação de condições gerais necessárias a tal produção, como sejam a concentração de trabalhadores nas proximidades dos estabelecimentos industriais, o que implica o alojamento deles e de suas famílias e seu abastecimento de meios de subsistência, além da segurança do fornecimento de matérias-primas utilizadas em grande massa pela produção industrial capitalista e que, devido à alta concentração dessa produção, tem de ser transportada até ela de grandes distâncias, ocorrendo em sentido inverso uma necessidade igual de transporte exigido pela distribuição dos produtos.

Nessa enumeração sumária já se contém uma soma considerável de fatores estimulantes da produção capitalista que deverá atender àquelas necessidades que ela mesma gera e que derivam da transformação das relações de produção. A produção capitalista apresenta-se, assim, em sua primeira fase de desenvolvimento, autoestimulante em alto grau. O estabelecimento das relações capitalistas de produção importou em profunda transformação não apenas social, mas geográfica, demográfica e material, e essa transformação exigiu uma considerável atividade produtiva desenvolvendo-se em ritmo acelerado, o que somente seria possível alcançar com a mobilização de recursos imensos obtidos em todos os quadrantes da terra e com a crescente mecanização, em ritmo acelerado, da ação humana. Essa mecanização, tendo-se iniciado com a finalidade de completar a tarefa da manufatura e deslocar definitivamente o pequeno produtor individual, teve de se ampliar cada vez mais e estender-se progressivamente a todos os setores da vida humana. Há que acrescentar a isso que o aperfeiçoamento tecnológico é permanentemente estimulado pela concorrência entre produtores, o que constituiu um dos característicos essenciais do capitalismo em sua primeira fase de crescimento e expansão.

Considere-se o que tudo isso significa em matéria de novas e sempre renovadas necessidades a ser atendidas pela produção. A nascente economia capitalista: encontrará aí um mercado inesgotável. O problema já não será, aliás, de mercado; e é anacronicamente e com a perspectiva de nossos dias que assim o colocamos. O que a economia capitalista enfrentava em suas primeiras fases não era questão de mercado, e sim de se suprir do vasto aparelhamento produtivo exigido e estar permanentemente capacitada para atender a tal demanda crescente. Ora, isso se encontrava na dependência da acumulação capitalista, que é de onde provinham os recursos necessários para isso. É com capital que se pagam, no sistema capitalista, os meios de produção. O problema não era, pois, de "oportunidades" de inversão, mas antes de "capacidade" para um volume adequado de inversões e no nível imposto pela tarefa de estruturação da economia capitalista. A acumulação capitalista, ainda em seus primeiros passos, não desenvolvera suficientemente aquela capacidade. Capacidade que dependia do capital disponível, que, por seu turno, demandava restrições drásticas do consumo final. Daí o desprestígio desse consumo, que passa a um segundo e apagado, se não malvisto, plano. A riqueza de uma nação ou uma coletividade não se medirá mais pelo consumo, pela importância de gêneros, artigos e bens econômicos em geral com que se sustentam, vestem, adornam e abrigam os homens; com que eles cultuam, realçam e homenageiam seus princípios e valores espirituais – com que, em suma, os indivíduos satisfazem suas necessidades materiais e morais. Isso pertence ao passado; a riqueza do mundo capitalista e burguês se medirá pelos meios de produção que ele comanda e tem à disposição: matérias-primas, energia mecânica, máquinas, instalações e dispositivos em geral destinados, direta ou indiretamente, à produção.

Observe-se como essa nova hierarquização de valores se harmoniza com o espírito do sistema capitalista ou, antes, se integra nesse sistema como um de seus elementos constituintes essenciais: produção não para o consumo, mas para a produção. O que quer dizer (embora não se diga expressamente) produção para o lucro com que se constituem as novas contribuições de capital necessárias ao prosseguimento do processo capitalista. A finalidade de lucro, esse paradoxo que já consideramos antes, integra-se, assim, no funcionamento do sistema capitalista como um elemento essencial e uma necessidade inelutável.

Em suma, não se propõe na primeira fase do capitalismo, a fase que denominamos de construção e expansão do sistema, a questão das oportunidades para a inversão, e, pelo contrário, o que está em jogo é antes a capacidade para fazer face às inversões necessárias e exigidas pelo funcionamento do sistema. É na medida em que ocorre um fluxo adequado de inversões que aquele funcionamento se processará regularmente. E assim, se de um lado o sistema tende permanentemente para o desequilíbrio em consequência do subconsumo que nele se verifica como acompanhamento necessário de seu funcionamento, aquele desequilíbrio se corrige pela ação de fatores gerais e exteriores que, assegurando um fluxo crescente de inversões, restabelecem o equilíbrio entre a capacidade de produção e a de consumo. Aquilo que da capacidade de produção não é absorvido pelo consumo final deficiente, é absorvido pelo consumo de bens de produção determinado pelas inversões. Explica-se, assim, tanto a recuperação que se segue às crises, como a marcha ascensional das forças produtivas do capitalismo. As próprias crises não constituirão senão desajustamentos momentâneos provocados pela forma anárquica da produção capitalista e a falta de entrosamento das diferentes atividades cuja eventual desproporção entre si somente se verifica de fato depois que a produção é lançada no mercado e não encontra procura suficiente. A deficiência do consumo pode, assim, ser relativa, mas nunca absoluta. Os economistas clássicos acertavam com a sua Lei de Say. Mas isso graças unicamente a circunstâncias ocasionais ligadas a uma etapa histórica do capitalismo particular, não a virtudes inerentes ao sistema.

Realmente, como se viu, não são fatores internos e próprios do sistema, como faz crer a economia clássica, que asseguram seu equilíbrio, e sim aquelas circunstâncias específicas da fase de expansão inicial do sistema. Pode-se dizer que o capitalismo se desenvolveu à custa do não capitalismo. O que assegurou a estabilidade, no longo prazo, e o desenvolvimento do sistema foi, originariamente, a instituição das relações capitalistas de produção em substituição a outro tipo de relações que as precedeu – e, em seguida, a extensão e o aprofundamento das mesmas. As forças propulsoras essenciais do capitalismo não se encontram no interior do sistema, mas fora dele, em seu exterior e no terreno circundante em meio do qual, e a custa de que, o sistema se desenvolveu. A compreensão desse fato vem fazendo caminho no campo da economia desde Schumpeter, que atribuía os impulsos observados no desenvolvimento econômico do capitalismo (impulsos cuja descontinuidade explica, segundo aquele autor, as flutuações cíclicas) a fatores extraeconômicos, ou pelo menos exteriores ao sistema, a saber, o progresso tecnológico, o desenvolvimento de novas indústrias, a abertura de novos territórios. Acontecimentos esses todos que tendem, com o passar do tempo, a se espaçar cada vez mais, até cessar por completo. O capitalismo achar-se-ia então, como se inteiramente realizado, tanto em extensão como em intensidade. Não encontraria, por isso, mais terreno por onde se expandir – teria atingido seu ponto de saturação.

O que Schumpeter não viu, mas seus sucessores perceberam – e, entre eles, Hansen, em particular –, foi a significação profunda desse estado de saturação, que implicava estagnação e declínio relativo das oportunidades de inversão e, com isso, desequilíbrio e desajustamento progressivamente mais acentuados do sistema. Isso se observará diretamente nas crises, que em fases mais recentes já não se comportarão mais como no passado. As crises não serão simples momentos transitórios de flutuações cíclicas, mas se apresentarão, para usar das expressões do mesmo Hansen, com "recuperações que morrem na infância e depressões que se alimentam de si próprias e deixam atrás de si um resistente e aparentemente irremovível núcleo de desemprego"[14]. É essa última circunstância, sobretudo – a saber, o desemprego crônico –, que forçará os economistas ortodoxos, e portanto conservadores, a procurarem novas perspectivas e deixarem para trás os velhos princípios e postulados da economia clássica. É que a segurança do capitalismo estava em jogo. É o próprio Hansen, com a dupla autoridade de seu grande prestígio de economista e de um dos principais fautores da transformação da economia ortodoxa, quem o declara: "Enquanto o problema do emprego total não foi premente, não era preciso se preocupar demasiado com o desemprego temporário e provocado pelas oscilações

[14] Ibidem, p. 370.

do ciclo"[15]. Efetivamente, para quem via apenas no desemprego um fato econômico, não um fato humano com suas graves e dolorosas consequências sofridas pelos desempregados, em outras palavras, para os economistas colocados na perspectiva burguesa, o desemprego só podia interessar quando ameaçasse essa própria perspectiva. Que podia ameaçá-la, já se sabia desde muito tempo, e há mais de um século, em 1848, um observador perspicaz já notava que se pode

> reconhecer como um axioma da política inglesa que todo movimento político revela nas massas uma falta de trabalho. Se a população inglesa tem trabalho suficiente, ela não se preocupa com política até quando disponha de lazeres. Os operários não pensam em política, a não ser quando são mal pagos ou lhes falta trabalho.[16]

Com o agravamento da instabilidade econômica e aquela situação de desemprego crônico descrita por Hansen e aqui já referida, os operários terão longos e ininterruptos "lazeres" para se ocupar de política, e então a sociedade burguesa se verá diante do dilema apresentado por outro prestigioso economista ortodoxo contemporâneo: "Ou os países de estrutura liberal democrática [leia-se 'capitalista'] põem cobro à instabilidade econômica do sistema capitalista, ou o futuro da estrutura liberal democrática [idem] estará seriamente ameaçada"[17]. Não é, assim, sem grande soma de razões que a política econômica norte-americana se orienta centralmente, por imposição legal taxativa, pela questão do emprego e, em paralelo à mensagem presidencial ao Congresso, existe

---

[15] Idem.

[16] *Times*, Londres, 24 abr. 1848, em Jean Lescure, *Des Crises générales et périodiques de surproduction* (2. ed., Paris, [L. Larose & L. Tenin,] 1910), p. 77.

[17] Paul A. Samuelson, *Introdução à análise econômica* ([trad. Luiz Carlos do Nascimento Silva,] Rio de Janeiro, [Agir,] 1952), cap. II, p. 163. Páginas antes, o mesmo autor apresenta o dilema com os seguintes termos: "Ou aprendemos a controlar melhor as depressões e as inflações do que as controlamos antes da Segunda Guerra Mundial, ou a estrutura política da sociedade democrática estará seriamente ameaçada". E aponta o perigo que representa para essa "sociedade democrática" a concorrência das nações coletivistas (União Soviética e democracias populares) que "não precisam temer flutuações cíclicas de caráter capitalista".

hoje, em pé de igualdade, se não em plano superior, o relatório econômico cuja finalidade, nos termos da lei, é fazer "a revisão do programa econômico do governo federal e das condições econômicas que dizem respeito ao emprego"[18]. O ciclo econômico já não é mais como era, ou parecia ser, na adolescência do capitalismo, simples perturbação passageira que se trata de suportar pacientemente na expectativa de uma próxima e vigorosa recuperação que levaria o progresso econômico a uma etapa ainda mais elevada. Essa interpretação da economia clássica, justa talvez no que diz respeito aos interesses de classe da burguesia que ela exprime, e para um passado já hoje remoto, encontra-se frontalmente contraditada pelos fatos mais recentes, sobretudo por aquele "núcleo resistente e irremovível de falta de trabalho" a que se refere Hansen e que ameaça a estabilidade do regime. Os economistas conservadores terão, por isso, de procurar novos princípios e estruturar uma nova teoria econômica que dê conta adequada do novo tipo de crises do capitalismo contemporâneo, proporcionando-lhe, com isso, uma terapêutica suscetível de assegurar a conservação do sistema e do regime social que esse sistema proporciona. A economia política clássica, que é a teoria burguesa do capitalismo nascente e em ascensão, dará lugar a uma nova economia política, que será a teoria do capitalismo maduro. Será uma teoria igualmente burguesa, porque enxergará os fatos do ângulo da classe dominante no sistema e regime capitalista, que é a burguesia, e procurará, por isso, naqueles fatos os elementos e os fatores de resistência contra a decomposição em marcha daquele sistema e regime. Abrirá caminho para a nova economia política, depois de alguns precursores e pioneiros desbravadores, a *Teoria geral do emprego, da moeda e do interesse* do economista inglês John Maynard Keynes. É o que veremos no próximo capítulo.

[18] *Employment Act*, 1946.

5

A economia política clássica implica a Lei de Say, isto é, a lei geral reguladora do mercado que postula a equivalência da oferta e da procura, da produção e do consumo. Por meio do automatismo do sistema de motores e freios do sistema capitalista, a produção tende permanentemente a se equilibrar com o consumo. Esse princípio se encontra implícito na própria concepção geral do sistema capitalista interpretado pela teoria clássica. Segundo vimos, e de acordo com essa teoria, a produção econômica se realiza com a colaboração de fatores produtivos (recursos naturais, capital, trabalho) cujo pagamento (respectivamente *renda*, *juros*, *salários*) determina, ao mesmo tempo e por força do mesmo pagamento, tanto o valor ou preço dos produtos lançados no mercado como o montante dos recursos em mãos dos compradores presentes nesse mercado. O pagamento dos fatores produtivos gera, assim, um poder aquisitivo exatamente igual ao valor da produção. Valor da produção e poder aquisitivo no mercado consumidor se equivalem. Poderíamos reduzir esse princípio à seguinte equação que espelha, segundo a economia clássica, o funcionamento da economia capitalista: *valor da produção = custos de produção = pagamentos aos fatores produtivos = poder aquisitivo do mercado = valor do consumo*.

Essa situação ideal de equilíbrio não se realiza, evidentemente, sempre ou de maneira continuada, uma vez que no sistema capitalista domina o princípio da ampla liberdade de produtores e consumidores (pelo menos são essas as premissas teóricas em que se funda a economia clássica), conservando-se uns na ignorância do comportamento dos outros, e somente se revelando a resultante da ação conjugada de todos nas flutuações da oferta e da demanda de mercadorias, capitais, recursos naturais, trabalho etc., o que se exprime no movimento dos preços. Podem ocorrer assim, e efetivamente ocorrem, desajustamentos que se traduzem no equilíbrio do mercado. Mas é precisamente a oscilação dos preços que daí decorre que informará os produtores e constrangerá os consumidores, determinando a expansão ou a contração da produção e do consumo e o consequente restabelecimento do equilíbrio rompido, ou pelo menos tendência para isso.

Constituiu o objeto específico da economia política clássica determinar as leis reguladoras e condicionadoras desse equilíbrio realizado pelo jogo da oferta e da procura dos fatores produtivos e das mercadorias em geral e do qual resulta ou tende sempre a resultar o ajustamento daquela oferta e procura e, portanto, em última instância e generalizadamente, o ajustamento quantitativo e qualitativo da produção e do consumo. Cabem, assim, perfeitamente, nos princípios e nas concepções da economia política clássica, e mesmo eles os pressupõem, desajustamentos momentâneos em cuja incidência operam as leis econômicas tendentes ao restabelecimento do equilíbrio rompido. Assim, enquanto as crises econômicas, reveladoras de desajustamentos mais graves e generalizados, consistiam em tais desajustamentos momentâneos, ou podiam a rigor ser assim interpretados, a economia política clássica via seus princípios plenamente realizados. A superprodução, o desemprego e demais fatos característicos das crises se explicavam perfeitamente, e a terapêutica indicada para elas se achava de antemão traçada: tratava-se de deixar os fatos abandonados ao livre jogo dos fatores naturais, isto é, à livre-iniciativa e à ação dos indivíduos participantes da atividade econômica, conduzindo-se cada qual por interesses e livre determinação próprios. O reajustamento e o restabelecimento do equilíbrio se fariam espontânea e automaticamente, e não havia, pois, que cuidar senão da eliminação de quaisquer fatores intervenientes e capazes de embaraçar aquele livre jogo da livre-iniciativa e da determinação dos indivíduos.

Embora nunca se tivessem realizado na prática essas condições ideais de não intervenção no funcionamento do sistema econômico do capitalismo e que a administração pública sempre tivesse sentido instintivamente a necessidade de intervir nas crises com medidas e providências que constrangiam, em maior ou menor grau, a liberdade econômica, essas medidas nunca tinham sido, até época próxima de nós, de molde a desmentir cabal e irrefutavelmente a eficiência dos mecanismos reguladores automáticos previstos pela economia clássica. O restabelecimento do equilíbrio perturbado no decurso das crises sempre se processara essencialmente por si, o que vinha reforçar as posições de princípio da economia clássica, cujos defensores podiam mesmo alegar, como sempre fizeram, que as eventuais dificuldades e os atrasos verificados na recuperação das crises provinham precisamente das medidas em má hora adotadas por aqueles que, não confiando nas leis econômicas, procuravam suprir-lhes a ação intervindo no domínio do livre jogo dos fatores naturais. E suas alegações tanto mais se justificavam que aquelas medidas não passavam de improvisações de natureza imediatista e empírica e se adotavam dispersivamente e sob o impacto de necessidades mais prementes, não se enquadrando nunca em uma teoria ou concepção de conjunto.

A pendência se resolverá contra a economia clássica quando os fatos começarem a demonstrar, além de qualquer dúvida, que as crises não eram simplesmente de superprodução relativa, como faziam supor os princípios clássicos, mas absoluta. O excesso de produção num setor não significava necessariamente deficiência em outro, e o excesso podia ser geral. Além disso, sintomas e efeitos da crise se mostravam cumulativos, isto é, mutuamente se estimulavam, acentuando-se cada vez mais seus efeitos por força deles próprios. Assim, longe de se observar o equilíbrio estável previsto pela economia clássica, o que o sistema capitalista evidenciava em certas crises mais profundas e graves era um equilíbrio instável, isto é, que uma vez rompido não se restabelecia mais. Ora, isso contrariava frontalmente os postulados da economia clássica e punha em xeque a própria concepção fundamental em que se apoiava a Lei de Say ou a equivalência da produção e do consumo. Observava-se nas crises mais próximas de nossa época uma perda ou um desaparecimento de poder aquisitivo absolutamente inexplicável com os cânones clássicos. Muitos economistas se empenharam em resolver o mistério, de importância fundamental porque era nele que se encontrava – pelo menos assim julgavam os economistas ortodoxos – a chave explicativa das crises e, sobretudo, a do desemprego que começava a ameaçar seriamente, como notamos no capítulo anterior, a estabilidade e a segurança política do regime capitalista.

Note-se desde logo a falsa posição em que os economistas ortodoxos colocam o assunto. Não se trata para eles de uma revisão fundamental dos princípios clássicos e da concepção geral que tinham do sistema capitalista. Isto é, a de uma organização produtiva e distribuidora de bens econômicos fundada no concurso em pé de igualdade de categorias distintas de indivíduos, uns detentores do capital e dirigentes da produção e do sistema em geral, outros fornecedores da força de trabalho, cabendo a cada qual dessas categorias a remuneração devida por seu concurso respectivamente com capital e com força de trabalho; e remuneração essa determinada pelo livre jogo dos fatores naturais, nos termos fixados pela atuação espontânea e automática das leis econômicas num sistema de relações fundado na livre-iniciativa e na determinação dos indivíduos. No pensamento dos economistas ortodoxos, nada disso estava em jogo. Tratava-se unicamente de descobrir onde falhava o mecanismo automático regulador daquelas leis econômicas e por que em certas instâncias elas não asseguravam o equilíbrio ou o retorno ao equilíbrio do sistema. E o terreno onde, segundo eles, se havia de buscar essa falha era no próprio fato em si do desajustamento entre a produção e o consumo, entre a capacidade de produção expressa no valor da produção realizada e o poder aquisitivo do mercado, sem maior atenção a circunstâncias profundas e estruturais do sistema. A questão que procuram solucionar é tão somente a do fato, incompreensível para eles, de se encontrar no mercado uma produção sem a contrapartida de um poder aquisitivo equivalente. Em suma, é no plano exclusivo dos fatos monetários em que se exprimem e manifestam exteriormente tanto o valor da produção como o poder aquisitivo, ou, como se dirá, "demanda efetiva", que os novos ortodoxos da economia investigarão o assunto, esperando encontrar aí, e mesmo com a certeza disso (certeza apriorística essa que contará muito em seu fracasso), a chave do problema das crises e da superprodução absoluta e geral que nelas se observa.

Ora, esse ponto de vista restrito aos fatos monetários, que circunscreve o assunto aos fluxos de moeda e à determinação de seus movimentos, não dá uma visão completa e verdadeira do sistema econômico do capitalismo. Os fatos monetários ou fluxos de moeda que os constituem representam apenas a repercussão superficial e o efeito externo do que se passa na intimidade dos fatos econômicos. Eles não formam ou compõem esses fatos nem os representam em sua integridade e natureza profunda. São a expressão, ou antes uma das expressões, das relações econômicas, mas não constituem seu conteúdo. Para ilustrar e exemplificar o assunto, considere-se o pagamento de salários ou mesmo o jogo de oferta e procura de trabalho em que se determina e fixa o valor daquele pagamento. Esses acontecimentos de natureza monetária, por importantes que sejam, e sem dúvida o são, não podem, todavia, fornecer, por si sós, informações mais precisas sobre as relações entre o capitalista empregador e o operário empregado, afora o simples registro da transação realizada e de seu valor. E nada dizem nem podem dizer sobre a natureza profunda de tal transação, sobre os motivos ou os fatores de ordem econômica que fazem o operário vender e o capitalista comprar a força de trabalho. Ora, tais fatores são de importância fundamental para a caracterização das relações de trabalho, relações essas de que o pagamento do salário não passa de simples expressão e manifestação exterior. Não podem os fatos monetários servir, por isso, de campo exclusivo, nem mesmo essencial, da análise econômica. Entretanto, é nele que se colocam e a ele se restringem os economistas ortodoxos ao interpretarem e explicarem o desequilíbrio da produção e do consumo. Tratar-se-á para eles de descobrir por que as despesas feitas por compradores e consumidores – ou, em outras palavras, a demanda efetiva – não se iguala em certas oportunidades ao valor da produção, uma vez que esse valor é necessariamente igual aos pagamentos efetuados no processo da produção e proporciona, por conseguinte, aos contemplados com esses pagamentos os recursos necessários para fazer face a toda a produção realizada. Isso que constitui o fundamento da Lei de Say parece óbvio, e é forçoso concluir que parte daqueles recursos não é despendida pelos consumidores.

Efetivamente, observa-se que uma parcela das receitas obtidas pelos indivíduos a título de pagamento no processo da produção não é por eles gasta, e sim poupada. Esse é particularmente o caso dos capitalistas cuja participação nos pagamentos efetuados no curso do processo produtivo, e que constitui o lucro capitalista, não se destina senão em parte, e parte subsidiária, ao consumo. Como já vimos, o lucro capitalista é no essencial acumulado para constituir novo capital. É nesse fato, aliás, que se fundamentavam as teorias chamadas "subconsumistas", do século passado, que explicavam as crises por aquele desfalque produzido pela poupança no mercado consumidor (Rodbertus etc.). Uma boa parte do valor da produção, embora encontrasse contrapartida equivalente nas mãos de possíveis consumidores, não concorria de fato para a demanda efetiva porque era poupada. Os capitalistas, principais fautores da poupança, eram assim os responsáveis pelo desfalque verificado no mercado e pelas crises que esse desfalque provocava.

Os subconsumistas, no fundamental, estavam certos. É a deficiência do consumo, como vimos no capítulo anterior, que determina em última instância o desequilíbrio econômico causador das crises. Os subconsumistas, todavia, não levaram a análise até suas últimas consequências e se tornaram, por isso, presa fácil dos argumentos da economia clássica. É que a poupança, no sistema capitalista, se destina ou se canaliza ordinariamente para a inversão, e a inversão importa em consumo de bens de produção. Assim, o poder aquisitivo criado pela produção e pagamentos que nela se fazem, e que não é aplicado em bens de consumo final, aplica-se em bens de produção. A demanda efetiva, em ambas as modalidades (de bens de consumo e de bens de produção) cobrirá, assim, o valor da produção; e o equilíbrio estará assegurado desde que a poupança seja de fato inteiramente absorvida pelas inversões. Ora, que essa condição se realiza necessariamente, isso a economia clássica o demonstra derivando-o do "livre jogo dos fatores naturais": na ocorrência de uma taxa de juros e de salários flexíveis (o que constitui um corolário do "livre jogo dos fatores naturais") as inversões se equilibram necessariamente com a poupança. Em outras palavras, sempre haverá inversões suficientes para absorver toda a poupança, desde que aquelas inversões se façam suficientemente atraentes por efeito da baixa da taxa de juros e da redução dos salários. A análise e as controvérsias dos economistas ortodoxos ocupados com o assunto de que tratamos, a saber, o desequilíbrio do mercado e as crises, se centralizarão durante muito tempo em torno dessa questão do equilíbrio entre a poupança e as inversões. Não os acompanharemos aqui, e vamos diretamente a Keynes e sua *Teoria geral*, na qual o economista inglês apresentará uma síntese final da questão, e conclusões a respeito que, no terreno da economia ortodoxa, são até o momento presente, em linhas gerais, definitivas. Cada vez mais a *Teoria geral* de Keynes domina a economia ortodoxa e lhe serve de fundamento essencial.

Vejamos a voo de pássaro, e apenas a título de registro e para firmar ideias, a análise e a interpretação keynesianas. A solução que Keynes apresenta ao problema proposto constitui mais que tudo, e logo veremos por que, uma hábil, embora artificiosa, apresentação dos fatos em que teoricamente, e com todo viso de coerência, se explicam a ocorrência e o desenvolvimento das crises econômicas, inclusive seus principais sintomas e as características que elas modernamente apresentam e que a economia clássica se mostrava incapaz de compreender, em particular a falta de recuperação espontânea e automática – o que contraria frontalmente os princípios da teoria clássica –, bem como o desemprego crônico que a mesma teoria reputa irreconciliável com o livre jogo dos fatores naturais e com a ausência de limitações na flutuação da escala de salários. Em suma, para Keynes, a crise não se apresenta, ou não se apresenta somente nem principalmente, como consequência de simples desajustamentos e de desequilíbrios de produção e consumo, como pretende a teoria clássica; desequilíbrio e desajustamentos esses que precisamente, e como tais, de forma automática põem em jogo forças contrárias e tendentes ao restabelecimento do equilíbrio rompido. Na teoria keynesiana a crise não é apenas o rompimento de um equilíbrio estável, mas representa, antes, o mecanismo pelo qual se restabelece um novo equilíbrio em nível mais baixo, isto é, em que a produção e as atividades econômicas em geral se ajustam a uma capacidade e um ritmo inferiores e com incidência, portanto, de desemprego.

Sob esse aspecto, a *Teoria geral* de Keynes constitui uma formulação em termos originais, e mais acordes com os fatos contemporâneos, do equilíbrio econômico. E representa, assim, a justo título, e como foi designada, uma "revolução" no domínio da economia ortodoxa. Aceitando embora, e aliás partindo do fato da igualdade da poupança e da inversão, Keynes não só explica o desfalque do poder aquisitivo característico da crise, como aponta esse desfalque momentâneo enquanto determinante de um reajustamento da produção e do consumo (mais precisamente, da *renda nacional* ou capacidade aquisitiva da coletividade considerada) num plano inferior e com incidência do desemprego. Ao contrário da economia clássica, o desajustamento e desequilíbrio não tendem espontaneamente, segundo Keynes, ao reajustamento e ao reequilíbrio nas condições anteriores, e sim em novas condições de crise endêmica e depressão prolongada – exatamente a situação observada nos fatos mais recentes da evolução do capitalismo. O que não significa a procedência das conclusões keynesianas que se apoiam numa interpretação "logicamente" satisfatória (e daí a principal razão do grande sucesso que obtiveram nos círculos da economia ortodoxa) e que não passam de explicação artificiosa e obra de circunstância sem base nos fatos profundos do sistema capitalista, com que se procuram ajustar nas concepções fundamentais e essenciais da economia ortodoxa certos fatos que na feição clássica dessa economia se mostravam inassimiláveis.

Para Keynes, a *igualdade* da poupança e da inversão não exclui seu *desequilíbrio*. Efetivamente, a igualdade representa, como em todo equilíbrio, uma situação "normal", mas nem por isso necessariamente realizada em permanência[1]. Ora, quando eventualmente a poupança supera a inversão, rompendo-se com isso o equilíbrio do mercado, em

[1] Essa questão, que teve grande papel nas primeiras discussões suscitadas pela publicação da *Teoria geral*, foi mais recentemente e de forma exaustiva tratada pelo principal discípulo de Keynes, o norte-americano Alvin H. Hansen, *A Guide to Keynes* (Nova York, [McGraw-Hill,] 1953).

vez de se processar um aumento da inversão, como faz prever a teoria clássica, restabelecendo-se o equilíbrio nas bases anteriores, entram em jogo outros fatores que aquela teoria não considera. Uma poupança superior à inversão importa numa subtração de rendimentos ou receitas que, no nível dado da produção, deveriam caber aos indivíduos de maneira a lhes assegurar uma capacidade de consumo equivalente àquela produção. Em outras palavras, haverá uma redução da renda ou da receita da coletividade ou, para empregar a expressão que se consagrou, da *renda nacional*, e, como a poupança é função da renda nacional, ela também se reduzirá, restabelecendo-se então o equilíbrio, mas em nível mais baixo que o anterior, com uma renda nacional e uma poupança menores e, por conseguinte, inversão, produção e emprego mais reduzidos.

Isso naturalmente constitui uma simplificação da *Teoria geral*, mas contém o essencial que nos interessa aqui, a saber, que, enquanto na teoria clássica todo poder aquisitivo ou receita criada pelos pagamentos efetuados no curso da produção e que não é aplicada em consumo, isto é, que é poupada, se absorve na inversão, que tenderá sempre e espontaneamente a se equilibrar com a poupança, enquanto a teoria clássica desemboca assim na Lei de Say, a teoria keynesiana, pelo contrário, aponta a insuficiência da inversão com relação à poupança como determinando a adaptação da atividade econômica (produção e emprego) ao ritmo reduzido da inversão. Em vez de as inversões se estimularem com o fato de a poupança as superar, mantendo-se assim o nível anterior da atividade econômica, como prevê a teoria clássica, é o nível da atividade econômica que se conforma e se adapta ao volume menor de inversões.

É nisso que, em suma e no essencial, consistem as novas concepções introduzidas pela teoria keynesiana na análise e na interpretação econômicas. Elas são aparentemente "revolucionárias" no que diz respeito às concepções clássicas, não somente porque se apartam destas últimas em pontos teóricos essenciais, mas sobretudo porque situam o problema das flutuações cíclicas e de sua terapêutica em bases novas, pois substituem a atitude passiva da teoria clássica e confiança por ela depositada no "livre jogo dos fatores naturais" e no automatismo da recuperação das crises por meio da iniciativa privada e da espontânea determinação dos indivíduos, por uma política ativa de intervenção pública direta no domínio econômico. Uma vez que o responsável direto e imediato das crises é a insuficiência das inversões, e essa insuficiência não se corrige automaticamente e pelo "livre jogo dos fatores naturais", como pretende a teoria clássica, tratar-se-á, muito simplesmente, de estimular as inversões e combater as flutuações cíclicas assegurando um ritmo adequado e permanente de inversões. Quando, por qualquer motivo, esse ritmo declina, será preciso restabelecê-lo por medidas e providências públicas de fomento e mesmo de intervenção direta da administração no domínio das atividades econômicas com a realização de inversões públicas destinadas a suprir a insuficiência da iniciativa privada. É essa a maneira de manter a economia em funcionamento normal e equilibrado, limitando o desemprego a índices compatíveis com a estabilidade política do regime capitalista. É este último o objetivo essencial dos modernos economistas ortodoxos e de suas teorias, como já notamos, e como se comprova com facilidade com toda a literatura econômica atual, inclusive com a *Teoria geral* de Keynes, que é, antes de tudo, como o próprio título da obra indica, uma teoria geral do emprego.

Nesse sentido, que é fundamental – e para nós aqui da máxima importância, pois ilustra flagrantemente nossa tese da unidade da teoria e da prática, da ciência e da ação –, a teoria keynesiana representa a teorização e a sistematização da prática de todos os governos deste último quarto de século pelo menos, os quais, agindo, embora empiricamente e sob o impacto de situações econômicas e políticas graves, sentiram-se obrigados a pôr de lado os princípios clássicos que teoricamente aceitavam, procurando a solução dos problemas pendentes, em particular o do desemprego em massa, com a realização de obras públicas de vulto. Sem o perceber ainda muito bem, esses governos estavam combatendo a depressão com a inversão, fazendo-se, com isso, precursores práticos de Keynes e sua teoria. O caso de Roosevelt e do New Deal é o exemplo mais ilustrativo e de maior expressão disso. Mas está longe de ser o único, e, pelo contrário, com maior ou menor extensão, a ação dos poderes públicos na esfera da atividade econômica, o Estado como inversor se generalizou por toda parte onde a iniciativa privada não se mostrou capaz de empregar e ocupar senão uma parcela insuficiente da mão de obra disponível.

Keynes e seus sucessores transportaram essa prática para a teoria, interpretaram-na e a justificaram teoricamente e lhe concederam, com isso, maior precisão e segurança. Criaram, com isso, uma nova economia política que regenerou, ou pelo menos deu novo alento à velha e desprestigiada economia ortodoxa que se vinha mostrando cada vez mais impotente em face dos problemas e das dificuldades do capitalismo de nossos dias. Esse foi seu grande mérito e lhe valeu a consagração que teve. Mas esse apenas, porque, além da transposição teórica de uma prática já adotada e generalizadamente aceita que a teoria keynesiana se limitou a transformar de norma empírica ditada pelo instinto político de conservação em norma racional enquadrada num sistema científico, além disso, nem Keynes, nem seus continuadores acrescentaram algo de novo àquela prática ou lhe abriram novas perspectivas. Nem poderiam fazê-lo, porque tais perspectivas vão além e adiante do sistema capitalista e nele não cabem. Escapam, por isso, a qualquer concepção ortodoxa e conservadora que do ângulo em que se coloca não as pode enxergar. Nas circunstâncias atuais de senilidades e degeneração do sistema capitalista, o que se revela nas flutuações cíclicas e nas crises para as quais a teoria procura um corretivo não são simples desajustamentos que um organismo vigoroso e em pleno desenvolvimento estaria em condições de superar. O que nelas se observam são vícios profundos que o desenvolvimento passado fez, afinal, vir à tona. A análise e a interpretação das crises já não cabem mais em nenhuma teoria ortodoxa e conservadora do sistema capitalista – como, aliás, se observa muito bem em alguns keynesianos mais coerentes e profundos, cujo esforço desesperado e já meio céptico para se conservarem nos quadros ortodoxos é sensível. E para fazer aquela interpretação entrar e permanecer em tais quadros, como pretendeu Keynes e pretendem os economistas ortodoxos continuadores de sua obra, é preciso, como ele fez, permanecer na superfície e na exterioridade dos fatos e submetê-los a uma completa distorção. É isso que se evidencia na teoria keynesiana. Passemos a sua crítica.

Como já temos referido e acabamos mais uma vez de afirmar, é sob o aspecto exterior dos fatos econômicos e na expressão superficial deles, a saber, pelos fluxos monetários determinados por aqueles fatos que Keynes considera as flutuações econômicas e as crises. Toda a sua teoria é uma comprovação expressa disso, e não será por certo necessário demonstrá-lo com os textos tão claros da *Teoria geral*, bem como de qualquer dos continuadores do economista inglês. Consideremos de início o que pode resultar e vai efetivamente resultar de uma visão superficial como essa dos fatos econômicos, na caracterização deste fato essencial, que é a inversão e que ocupa o centro de toda a análise keynesiana. Como fluxo monetário, a inversão constitui simples pagamento de bens de produção. Aliás, Keynes é expresso nesse ponto, pois define a inversão como "aquisição de bens de capital de qualquer espécie"[2]. Ora, a inversão considerada no conjunto dos fatos econômicos (que representa o ponto de vista acertado) é mais que uma simples "aquisição de bens"; a saber, constitui um momento ou fase do ciclo produtivo que vem a ser a da transformação do capital-dinheiro em *capital-bens de produção e força de trabalho*, com vistas à transformação inversa desses bens de produção e força de trabalho (que se converteram no processo produtivo em mercadoria) em novo *capital-dinheiro*. Isso ficou claro no capítulo anterior e é bem diferente da concepção simplesmente monetária dos fatos econômicos, onde a inversão é simples fluxo monetário, ato numa só direção, e apenas compra ou aquisição de bens produtivos considerada em si e por si, e desconectada dos demais fatos dela decorrentes que constituem em conjunto o ciclo da produção.

Logo veremos as consequências dessa visão parcial e insuficiente do fato econômico da inversão, que em Keynes, como aliás na generalidade dos economistas ortodoxos, ainda é agravada com a identificação por eles

2 J. M. Keynes, *The General Theory of Employment, Interest and Money* (Nova York, Harcourt Brace and Company [, 1936]), p. 75. Keynes distingue nessa passagem a inversão nova da reinversão. Mas esta última não o interessa, nem ele se ocupa dela.

realizada, do capital invertido com os instrumentos e fatores materiais da produção – os equipamentos em particular[3] –, com exclusão da força de trabalho que na sistemática da economia ortodoxa é considerada, como se sabe, como um fator produtivo colocado em pé de igualdade com aquele capital-equipamento e com os recursos naturais, a terra em particular. Entretanto, salta aos olhos que, do ponto de vista da inversão, a força de trabalho e o equipamento se equivalem perfeitamente e são ambos formas distintas de capital. Nem o equipamento é propriamente capital – pois constitui apenas uma *forma* assumida pelo capital –, nem a força de trabalho pode ser distinguida desse capital como fator produtivo de outra natureza, porque também ela é uma forma do capital. Quando se inverte capital na produção, os recursos financeiros que representam esse capital se distribuem principalmente entre equipamentos, matérias-primas e mão de obra, e o critério e as proporções dessa distribuição não obedecem senão a considerações de ordem técnica e financeira. A natureza econômica daquelas aplicações é, entretanto, rigorosamente a mesma, e qualquer homem de negócios sabe disso muito bem. Ao se iniciar uma atividade produtiva – e "inversão" é a denominação econômica dada a esse início, ou constitui pelo menos o ato essencial desse início –, os recursos com que se pagam equipamentos, matérias-primas e mão de obra provêm todos do mesmo capital que se inverte e representam a forma, ou as formas, que esse capital assume no curso da atividade produtiva.

Aliás, essa deformação do fato econômico da inversão que a economia ortodoxa pratica, e Keynes inclusive, leva a curiosas consequências. A inversão reduzida às proporções de uma simples aquisição de máquinas, instrumentos de produção e equipamentos em geral, constitui realmente, pensando bem, um fato milagroso, porque dele resulta uma situação que, com aquele conceito de "compra de equipamentos", é totalmente imprevisível: a ocupação ou o emprego de mão de obra. Não é a simples "compra de equipamentos" que determina o

---

[3] As matérias-primas e semiacabadas, a energia e outros bens de produção não são, em regra, referidos pelos economistas ortodoxos, Keynes inclusive; e é geralmente difícil, e em muitos casos impossível, discernir seu pensamento no assunto.

emprego, e sim, evidentemente, a aplicação desses equipamentos na atividade produtiva de que a compra referida seria apenas preliminar, e o engajamento de mão de obra, complemento indispensável. Ora esse complemento do fato da inversão é por completo desconsiderado na teoria econômica ortodoxa. Que essa teoria, e a de Keynes em particular, deveria ter grande interesse na situação de emprego determinada pela inversão, não pode haver dúvida, uma vez que essa questão de emprego é o que centralmente a preocupa – e pelas sérias razões que já vimos. Apesar disso, é certo que o engajamento de mão de obra não se inclui na inversão tal como ela é concebida naquela teoria. Aparentemente, a inversão se consuma por inteiro no simples ato da aquisição de equipamentos. No entanto, nenhum economista, nem mesmo o mais ortodoxo, duvidará que a inversão proporciona emprego e se destina essencialmente a proporcionar emprego. Não objetivasse ela se valer da força de trabalho a fim de realizar lucro!

Fica assim confusa, no domínio da teoria ortodoxa, a questão do que se deva entender por efeitos da inversão sobre o emprego: se para Keynes o que interessa na inversão como determinante de emprego é a ocupação por ela proporcionada como ato essencial que é da atividade produtiva ou se a ocupação derivada da inversão que ele considera é unicamente aquela que está implícita na produção do equipamento adquirido por força da inversão. Em outras palavras, a inversão como determinante de emprego pode ser aquela que proporciona trabalho por efeito da atividade produtiva que promove e na qual se incluem naturalmente trabalho, ocupação, emprego. Mas pode também a inversão ser considerada simplesmente compra ou aquisição de equipamentos e, como tal, estimuladora da atividade produtiva desses equipamentos, atividade essa que também exige ou exigiu trabalho e emprego. Keynes não distingue claramente esses dois aspectos ou consequências da inversão e deixa o assunto mais ou menos vago. Mas sua atenção é, sobretudo, para a segunda alternativa. O emprego determinado pela inversão que o interessa é antes aquele que resulta das atividades aplicadas na produção de equipamentos. São os efeitos diretos da compra ou da aquisição desses bens de produção que Keynes enxerga na inversão, os efeitos da compra no que diz respeito à produção dos bens comprados, não ao papel que eles vão desempenhar depois de comprados.

Tanto é assim que na teoria keynesiana se equipara a inversão produtiva – que na acepção técnica é a única inversão possível – à aquisição de bens de consumo duráveis, como casas, automóveis etc.[4] Ora, essa compra não determina, evidentemente, ocupação e emprego, a não ser no sentido do estímulo às indústrias produtoras daqueles bens e das oportunidades de emprego que elas proporcionam. Em suma, é numa concepção inteiramente falseada de inversão que assenta a análise keynesiana. É apenas como compra ou aquisição de bens econômicos que a inversão é considerada. É por isso também que Keynes chega à sua esdrúxula concepção de "inversão negativa" ou "desinversão", que seriam o uso dos bens de produção, o escoamento de estoques acumulados e todos os fatos, enfim, que importassem direta ou indiretamente em suprir ou substituir compras de bens de produção pelo emprego dos existentes e já comprados; o que naturalmente implica uma redução potencial de compras.

É fácil apontar o que se encontra no espírito de Keynes e o leva por esse tortuoso caminho. Colocado em frente à questão das flutuações e das crises econômicas geradoras do tão temido desemprego endêmico e em massa, e procurando para essa situação uma solução imediatista que não interferisse fundamentalmente no funcionamento do sistema capitalista, Keynes não vai, nem pode ir, além do fato imediato da superprodução e da insuficiência de compradores para a produção realizada. Fica, por isso, restrito à consideração da natureza dos bens oferecidos à venda e das

---

[4] Os keynesianos não incluem expressamente nos bens de consumo duráveis cuja aquisição assimilam à inversão, outros desses bens, como sejam vestuário e aparelhos domésticos. Mas na ordem de ideias em que se colocam, não há razão plausível para essa exclusão, pois economicamente casas e roupa não são em essência distintas. Assim sendo, a compra de um par de sapatos constituiria inversão! Tem-se aí uma amostra dos absurdos a que levam as concepções de Keynes e seus continuadores. E veja-se em Alvin H. Hansen, *Business Cycles and National Income* (Nova York, [Norton,] 1951), p. 78. Algumas das complicações que resultam da concepção de inversão como simples aquisição de bens duráveis.

disposições psicológicas dos eventuais compradores delas e que são para Keynes a *propensão para consumir*, no caso dos bens de consumo final, e a *indução para inverter*, no dos bens de produção. E é nesse plano limitado que Keynes desenvolverá sua análise. Mesmo aí, ainda a restringe demais, pois subestima o mercado para os bens de consumo, que ele considera sobretudo em função do outro, o dos bens de produção, que se constitui pelas inversões e compra de bens de produção que as inversões implicam. Não é, assim, para o lado do consumo final (que quer dizer satisfação das necessidades humanas) e da eventual elevação desse consumo ao nível da capacidade produtiva que Keynes olha ao enfrentar o problema da crise e da superprodução. O que ele considera é a inversão e a eventual elevação dela para o nível da acumulação capitalista, isto é, da poupança. O instinto do pensador e economista que expressa o ponto de vista burguês e capitalista se faz aqui mais uma vez sentir.

Essa é a linha de pensamento de Keynes que assim, e embora dourando a pílula, se deixa nitidamente envolver nas premissas e nos postulados do sistema capitalista, no qual são a inversão e os problemas que ela implica que sobretudo contam. No capitalismo, o que importa é, antes de tudo, a possibilidade, a oportunidade e a necessidade da inversão que constitui a função própria e a razão de ser do capital proporcionador de lucro. Como economista ortodoxo e ideólogo do capitalismo – e defensor, portanto, das posições do capital –, não se pode dizer que Keynes esteja errado. Se há de haver solução para as flutuações econômicas e as crises, ela deverá ser na base das premissas que o capitalismo propõe e com o devido respeito e resguardo da situação existente em que o capital, sua acumulação e o lucro que deve produzir passam em primeiro lugar; e onde o consumo constitui apenas o fato humano e biológico-social que faz possível um sistema suscetível de proporcionar atividades lucrativas em benefício da capitalização. Mas a visão unilateral e deformada que resulta para Keynes de um tal ponto de vista o impede de alcançar os fatores profundos do desequilíbrio e do desajustamento crônicos do sistema produtivo do capitalismo, bem como da própria insuficiência da inversão que ele está analisando e procurando explicar e corrigir. Tais fatores têm suas raízes, como vimos, no subconsumo latente que o funcionamento do sistema capitalista implica. Isso Keynes não vê e não pode ver, pois o critério analítico que o guia são os fatos tais quais se apresentam estaticamente dentro do sistema e regime capitalista elevado à categoria de uma situação absoluta e irremovível: e excluída preliminarmente qualquer perspectiva de reforma substancial. É com esse ponto de partida que Keynes procura explicar o desequilíbrio entre a produção e o consumo, bem como o fato, aparentemente misterioso, de um desfalque de poder aquisitivo que, gerado no processo da produção pelo pagamento dos fatores produtivos, não aparece no mercado. Excluída a hipótese de simples desajustamentos momentâneos que os fatos mais recentes do capitalismo já não autorizam, tratava-se para Keynes de descobrir qual o ponto do sistema por onde ocorria ou podia ocorrer uma perda de poder aquisitivo. Mas, ao proceder a essa indagação e levado pela sua posição estática e conservadora, Keynes enxergará apenas a demanda *efetiva*, isto é, a demanda tal como se apresenta em cada momento dado e sem consideração pelas circunstâncias profundas que a determinam e onde se situam os fatores dinâmicos que ocasionam esse desfalque permanente do consumo final em proveito da acumulação capitalista. Keynes se conserva na superfície dos acontecimentos e na consideração exclusiva dos fluxos monetários tal como correm de fato na situação analisada. Equiparará por isso (como, aliás, fazia a teoria clássica) as duas categorias de poder aquisitivo formados pelos pagamentos aos fatores produtivos: aquele que se aplica no consumo final e o outro, que se destina à aquisição de bens de produção. Tratar-se-á sempre e unicamente de "compras", e ambos terão a mesma natureza, pois sua origem é igual, a saber, o pagamento de fatores produtivos que concorrem num pé de igualdade. Em termos puramente monetários, o poder aquisitivo gerado pelo pagamento dos fatores produtivos tem o mesmo caráter.

Assim sendo, e para o que interessa no caso, que é o confronto entre o valor da produção e o da demanda do mercado, o setor do consumo final não oferece problema, porque os pagamentos nele efetuados são absorvidos na íntegra pelas despesas de consumo. Isto é, o poder aquisitivo gerado por aqueles pagamentos é todo ele utilizado na compra de bens e nada dele se perde. Concorre integralmente no mercado e, portanto, para o equilíbrio da oferta e procura dos bens econômicos. Por isso, Keynes não se detém na análise do consumo final ou da "propensão para consumir", se não em seu aspecto negativo, isto é, na medida em que o poder aquisitivo do mercado não aplicado no consumo, precisa, para assegurar o equilíbrio da produção e da demanda, ser aplicado na inversão. Verifica-se, pois, que pela própria maneira com que é proposta a questão a inversão assume o caráter simplesmente de uma "compra" de bens econômicos que, somada à compra realizada para fins de consumo, perfaz a demanda total do mercado e deve cobrir inteiramente o valor da produção para assegurar o equilíbrio.

Ora, dessa visão dos fatos, e logo que se tratará de determinar os fatores daquela inversão-compra de bens econômicos a fim de explicar sua eventual insuficiência para absorver as sobras do valor da produção não absorvidas pelo consumo final, resultarão grande confusão e consequências teóricas e práticas falseadas e muito graves. Não se observarão daquele ponto de vista os fatores essenciais determinantes e impulsionadores da inversão, fatores esses que se encontram no próprio dinamismo do processo da produção capitalista e na natureza do capital, que é "capital" na medida precisamente em que se engaja no ciclo produtivo, isto é, em que se inverte ou se encontra invertido. Considerado o processo produtivo do capitalismo em seu conjunto, a inversão se apresenta como uma das fases desse processo, aquela em que o capital passa da forma dinheiro (D) para a de bens de produção e força de trabalho (P) a fim de se transformar em seguida, e através da atividade produtiva, em bens econômicos que são mercadorias (M), isto é, bens destinados à venda e que, uma vez vendidos, reconstituem a primitiva forma monetária do capital (D); renovando-se em seguida o processo que normalmente não se interrompe neste último momento que precede a inversão e é condição dela, porque isso seria inutilizar o capital, tirar-lhe essa qualidade para fazer dele um tesouro estéril e massa de moeda acumulada não se sabe para que fim. Ora, isso não somente aberra por completo das normas do capitalismo, como de fato não se verifica nos fatos do sistema em proporções apreciáveis. O que ordinariamente pode determinar, e na verdade determina, a interrupção do processo ou do ciclo produtivo do capitalismo, retardando, se não mesmo, nos casos mais graves, sustando por completo a inversão, é a falta de complementação do ciclo da produção pela imobilização do capital em sua forma mercadoria, quando essa mercadoria não se vende. Deixa, nesse caso, de se realizar a fase M→D do ciclo, isto é, não se faz a transformação do capital-mercadoria em capital-dinheiro, e não se constituem, assim, os recursos líquidos necessários para a nova inversão ou reinversão e reinício do ciclo produtivo, interrompendo-se a continuidade do processo da produção.

Por que não se realiza aquela fase M→D do ciclo? Em outras palavras, por que as mercadorias se tornam invendáveis e seu escoamento no mercado não se realiza? As causas disso podem, circunstancialmente, ser de natureza variada e relacionadas com situações específicas de determinadas empresas e condições particulares do mercado de certos produtos. Esses casos especiais não nos interessa aqui. Nem sua importância é, em regra, suficiente para determinar perturbações profundas, gerais e, sobretudo, prolongadas. Há, contudo, circunstâncias de ordem geral que afetam o conjunto do mercado, tornando-o insuficiente para a produção corrente e determinando com isso acúmulo anormal de mercadorias invendáveis e, por conseguinte, a interrupção ou pelo menos a acentuada redução do ritmo do processo produtivo em numerosos e importantes setores. Já sabemos que tais circunstâncias se prendem ao subconsumo latente no funcionamento do sistema capitalista que analisamos e explicamos no capítulo anterior e que o limitado alcance da análise keynesiana não logra perceber.

A contração relativa do mercado por efeito do subconsumo não se manifesta bruscamente. É um processo que só aos poucos e devagar se faz sentir e notar sob forma de um prolongamento anormal do ciclo produtivo (rotação mais lenta do capital) em um número crescente de setores. O sintoma de imediato perceptível disso é o crescimento dos estoques, fato esse que, estritamente dentro das concepções e das definições keynesianas, deve de forma paradoxal ser assimilado à poupança e à inversão[5]. O que muito contribui para disfarçar o desequilíbrio latente

---

[5] Realmente, se, conforme à definição de Keynes, poupança "significa o excesso de renda sobre o consumo" – J. M. Keynes, *The General Theory of Employment, Interest*

entre a produção e o consumo é o crédito, pelo qual se torna possível manter o ciclo produtivo aparentemente em movimento, apressar a rotação e retorno do capital e obter a liquidação das mercadorias produzidas (isto é, realizar a transformação M→D) antes de efetivada a venda ou recebido o pagamento dela. Assim mesmo, com o acúmulo dos estoques e a dificuldade crescente das vendas, e apesar do recurso ao crédito que se fará cada vez mais difícil e mais limitado na medida em que se recorre a ele com mais frequência, a liquidez das empresas se restringe, o que as obriga a reduzir suas inversões ou, antes, suas reinversões. Para empregar nossa formulação do ciclo, a não realização da fase ou transformação M→D (capital-mercadoria→capital-dinheiro) torna impossível, como é óbvio, a realização da fase D→P (capital-dinheiro→capital-força de trabalho e bens de produção).

É somente nessa altura e já como consequência, segundo se viu, de fatos muito mais profundos que se propõe a explicação keynesiana da insuficiência de inversões como causa das crises. Mas essa insuficiência não se mede, como pretende Keynes, em confronto com o excesso de poupança, isto é, de recursos líquidos não aplicados. Ela se deve, pelo contrário, à falta desses recursos. Isso é largamente confirmado pelos fatos, onde nunca se apontou um indício qualquer, por ocasião do desencadeamento das crises, de excesso de recursos financeiros inutilizados e imobilizados. O que se observa naqueles momentos é a contração cada vez maior da massa de tais recursos e uma crescente iliquidez das empresas que precipitadamente se generaliza.

A redução do ritmo de inversões traz como consequência natural não somente a diminuição das compras de bens produtivos (equipamentos, matérias-primas..., que, diga-se de passagem, são os únicos elementos considerados pela análise keynesiana que exclui a força de trabalho), mas sobretudo uma redução do nível de emprego e consequente retração do

---

and Money, cit., p. 61 – e renda, na terminologia keynesiana, equivale ao produto no período considerado, os estoques constituem poupança, pois representam excesso do produto sobre o consumo. Por sua vez, Keynes considera "o processo de absorção de estoques como inversão negativa" (ibidem, p. 318). Assim sendo, e por razão inversa, a formação de estoques deverá ser considerada inversão.

consumo. Os efeitos do desequilíbrio da produção e do consumo são, portanto, cumulativos. O subconsumo normal do sistema produtivo do capitalismo determina indiretamente e através de seus efeitos sobre as inversões um subconsumo ainda mais acentuado. E é esse processo cumulativo e gerador de um desequilíbrio cada vez mais pronunciado que constitui a característica própria das crises que apenas se resolvem, em última instância, pela destruição ou pela inutilização de bens econômicos e capital, quando então, reduzida a coletividade em crise a um mínimo de atividade produtiva, mesmo de simples subsistência pelos efeitos de rolo compressor daquela destruição e inutilização de riquezas, e eliminado assim pela raiz o desequilíbrio provocado pelo subconsumo, é possível recomeçar o processo produtivo e mesmo, eventualmente, incentivá-lo com o concurso de estimulantes exteriores que são as novas oportunidades de atividade produtiva e inversão que consideramos no capítulo anterior.

É naquela altura dos fatos em que se observa redução das inversões que intervém a terapêutica keynesiana das flutuações econômicas e das crises, no que é perfeitamente coerente com suas precárias e insuficientes premissas analíticas. Mas em tal altura, o mal mais profundo e causador da insuficiência das inversões, que é o subconsumo de que Keynes não se ocupa, já operou. A terapêutica keynesiana será, por isso, de alcance muito limitado – e não constituirá senão paliativo semelhante às mezinhas empíricas com que a administração pública tentou, nos países da Europa e nos Estados Unidos, atalhar os devastadores efeitos da crise de 1929-1930. Note-se a esse propósito que a política de estímulo às inversões preconizada por Keynes pretende, na realidade, reproduzir artificialmente aqueles fatores exteriores ao processo normal da produção capitalista a que nos referimos no último capítulo e que pertencem a uma época em que o subconsumo imanente no funcionamento do capitalismo era compensado e disfarçado pelo progresso do sistema em seu período de formação e expansão extensiva e intensiva. Não voltaremos a essa questão, mas veremos que, na falta daqueles estímulos naturais do passado e que já não subsistem mais na fase presente de maturidade do capitalismo, é impossível supri-los com medidas artificiais.

Acompanhemos, todavia, a análise keynesiana, por enquanto, a partir do ponto em que a deixamos, isto é, na consideração da inversão, de sua natureza e dos fatores que a determinam. O assunto é particularmente importante porque nele se encontram as premissas essenciais e fundamentais da análise keynesiana, tanto em seu aspecto teórico como nas consequências práticas que essa teoria comporta. A inversão, tal como é concebida por Keynes, isto é, como simples compra de bens de produção, e ainda mais como compra efetuada com a poupança resultante do excesso da renda sobre as despesas de consumo, tal concepção da inversão restringe consideravelmente a noção. Não se toma aí na devida consideração, entre outros, e em toda sua generalidade, a reinversão efetuada no curso do processo produtivo, a transformação D→P em seguida a M→D. Em outras palavras, não é levado na devida conta o capital em giro. E não somente o capital com que se inicia cada ciclo produtivo, mas ainda o lucro por ele gerado e que se agrega a ele no ciclo seguinte. Keynes é, nessa questão, muito pouco, se não nada, explícito, uma vez que a inversão não o preocupa como elemento funcional e fase do ciclo produtivo que ela é, mas unicamente como ato singular e isolado de compra de bens de produção. Desse modo, não distingue as categorias de inversão segundo a origem dos recursos que para ela contribuem e considera a inversão somente no fim que realiza, a saber, a compra de bens de produção. Aliás, um dos fins apenas, porque certas formas que a inversão assume, e mesmo a principal que consiste na aquisição da força de trabalho, isso não entra no esquema keynesiano.

Dessa insuficiência da análise keynesiana vai resultar grande confusão. Tratemos de a deslindar naqueles pontos, pelo menos, que mais diretamente nos interessam aqui. Segundo Keynes, as inversões se fazem com a parte dos rendimentos individuais, que em conjunto formam a *renda nacional*, não despendidos no consumo final, isto é, com a *poupança*. O que Keynes pretende (e isso constitui sua tese fundamental) é mostrar que a inversão nem sempre é suficiente para contrabalançar a poupança, resultando daí o desequilíbrio do sistema. Para chegar a isso, Keynes se dedica a uma cuidadosa análise da poupança, ou antes do consumo como alternativa e negação da poupança. Em outras palavras, como o poupado é o não consumido, a análise das proporções do consumo com relação à renda dá, para Keynes, a caracterização e a medida da poupança. É daí que deriva sua famosa noção de "propensão para consumir".

Já por aí se verifica a limitação do ponto de vista em que Keynes se coloca, pois restringe suas considerações à poupança individual. É certo que o texto de sua *Teoria geral*[6] faz referência à acumulação de rendas realizada "pelo governo, pelas instituições e empresas privadas" e que tem um caráter semelhante, diz Keynes, à poupança individual. Essa referência, contudo, é quase incidente, pois Keynes não a desenvolve apreciavelmente nem ela se integra no conjunto de sua teoria. A acumulação de rendas públicas e de empresas privadas, em particular a destas últimas, não se enquadra nada bem na análise geral que Keynes faz do consumo e da poupança. É de considerar, aliás, que tal acumulação, que constitui o que ordinariamente se entende por "lucros não distribuídos", não tem maior interesse para o fim que ocupa Keynes e que é o desequilíbrio entre a poupança (no caso, lucros retidos) e a inversão, pois esses lucros retidos e levados a que conta for (reservas, provisões ou outra qualquer) necessariamente se reinvertem, uma vez que, salvo parcelas relativamente insignificantes de recursos líquidos conservados para atender a pagamentos imediatos ou próximos, as empresas não deixam seus recursos financeiros sem aplicação. Sempre se verifica assim, no setor das empresas privadas, equilíbrio entre renda não despendida (lucros retidos que Keynes assimila à poupança) e inversões.

Acha-se, assim, a análise keynesiana restrita praticamente às inversões que se alimentam da poupança individual; isso apesar da dubiedade da terminologia que Keynes emprega e que dá, por vezes, a impressão de que ele também se ocupa de outros tipos de inversão. Do contexto geral da análise que faz, verifica-se que o que essencialmente o interessa e serve para fundamentar as conclusões gerais da *Teoria geral* são as poupanças acumuladas pelos indivíduos e que ou se conservam em forma líquida (dinheiro em caixa), ou se aplicam em título de renda, ou se depositam em institutos de crédito. Isso decorre de maneira particularmente clara

---

6 Ibidem, p. 108.

da análise que Keynes faz de seu conceito de "preferência pela liquidez", outro dos pilares mestres de sua teoria. Ora, a poupança individual representa, nas condições atuais do capitalismo, parte relativamente pequena das inversões totais. Já vimos isso no capítulo anterior, e é o próprio Keynes quem reconhece que nas modernas sociedades industriais a acumulação realizada pelo governo, pelas instituições e pelas empresas privadas compreende de um a dois terços da acumulação total. Isso, aliás, é uma subestimação, pois, unicamente no que diz respeito a inversões de capital novo (da mesma categoria daquele resultante da poupança individual), mais de 60% pelo menos provêm, nos Estados Unidos, de lucros não distribuídos das empresas e nelas próprias invertidos[7]. Que dizer então das reinversões para as quais contribui a totalidade do capital em giro, capital esse de que muitas parcelas, especialmente as aplicadas na força de trabalho e nas matérias-primas, completam em geral em cada ano muitos ciclos que representam outras tantas inversões?

Keynes, de fato, exclui por completo as reinversões, que, entretanto, para o fim que tem em vista, representam o mesmo papel que as inversões novas. Realmente, uma simples diminuição apreciável da velocidade de giro de parcelas significativas do capital aplicado na produção significa efetivamente uma redução de inversões com todos os efeitos daí decorrentes e que são, sem dúvida, muito maiores que qualquer diminuição do afluxo de capitais novos, os únicos que de modo geral Keynes toma em consideração. O processo de formação e inversão de capitais novos constituídos pela poupança individual, processo esse cuja análise ocupa toda a atenção de Keynes e constitui o conteúdo essencial e praticamente único de sua obra, tem nas flutuações econômicas e nas crises uma expressão insignificante em confronto com o processo geral e muito mais amplo e importante do giro do capital aplicado. São as vicissitudes desse giro, e em particular a maior ou menor facilidade e presteza no

---

7 Adolph A. Berle Jr., *The 20th Century Capitalist Revolution* (Nova York, [Harcourt Brace Jovanovich,] 1954), p. 37. Não estão incluídas nesses sessenta e tantos porcento as inversões aplicadas por umas empresas em outras e que são de grande vulto, particularmente as inversões em empresas filiais e subsidiárias.

encerramento dos ciclos produtivos e na liquidação do capital invertido pela venda das mercadorias produzidas, que regulam a conjuntura econômica e determinam suas flutuações. Provoca inclusive, nos casos extremos de paralisação prolongada das vendas, o desencadeamento das crises propriamente.

Nessas condições, e dada a desproporção dos fatores em jogo, de nada adiantará estimular a inversão de capitais novos formados com a poupança, segundo a receita keynesiana. Mesmo que fosse real o fato de um desequilíbrio entre a poupança e a inversão, com excesso da primeira sobre esta última (é a esse desequilíbrio, aliás ainda por provar concretamente, o que não foi feito, que Keynes se apega em sua explicação das crises e depressões), isso contaria por muito pouco no conjunto da situação, dado o papel quantitativamente pequeno dos novos capitais com relação ao total das inversões correntes ou reinversões. Se o giro de capitais já em circulação se desenvolve normalmente e as reinversões se processam no ritmo usual e sem solução de continuidade, um eventual desequilíbrio entre a poupança e o afluxo para produção de novos capitais não pode ter efeitos apreciáveis e certamente se corrigiria por si. O fator mais ponderável, que é a reinversão corrente, arrastaria o outro.

Nesse ponto, a teoria clássica está aparentemente mais próxima da realidade que a interpretação keynesiana ao admitir, sem restrições, que uma redução adequada da taxa de interesse é suficiente para restabelecer o equilíbrio entre a poupança e a inversão. O que, todavia, a teoria clássica não leva em consideração é que a oscilação da oferta e demanda de capitais disponíveis e formados pela poupança não tem e não pode ter influência decisiva na conjuntura geral, tampouco pode uma redução ou elevação da taxa de interesse ter efeito apreciável no conjunto do processo de inversão. Isso porque tais circunstâncias não intervêm diretamente no giro e, portanto, nas sucessivas reinversões do capital já aplicado na produção. É de notar que Keynes, embora criticando a teoria clássica, empresta grande importância (é certo que com vacilações) à taxa de interesse que entra na composição de sua noção de "eficiência marginal do capital", de grande papel na análise e na teoria keynesianas. Pode-se mesmo concluir de certas passagens de Keynes que, embora com limitações, ele considera o manejo adequado da taxa de interesse como um corretivo das flutuações econômicas[8]. Mesmo, contudo, com as restrições de Keynes, aquele manejo não tem influência apreciável no caso de perturbações mais graves, uma vez que aquela taxa não afeta nem pode afetar o ritmo do ciclo da produção e das reinversões que constituem o fator dominante da conjuntura.

Nesse particular, portanto, a terapêutica das crises expressa ou implicitamente contida na teoria keynesiana não pode ser eficaz. Se é a insuficiência de inversões que constitui o fator direto e imediato das crises e de suas consequências (como o desemprego maciço e endêmico), segundo pretende Keynes, essa deficiência não se explica única nem mesmo significativamente pelo fato de a poupança não se inverter de modo integral. Assim, para combater as crises, resta a Keynes e seus sucessores e continuadores mais ou menos keynesianos[9] o recurso a uma suplementação das insuficientes inversões privadas por inversões e despesas públicas. Note-se que nessa altura nos afastamos de todo da teoria keynesiana, que não tem papel algum na constatação empírica, elementar e evidente que a ação do Estado, por meio de obras públicas e em geral de empreendimentos de sua iniciativa, pode contribuir e efetivamente contribui para atenuar, pelo menos momentânea e limitadamente, o impacto das crises – em especial no que diz respeito ao desemprego. Trata-se, aliás, como já foi observado, de uma prática da administração pública de muitos países que não precisou da inspiração de Keynes nem mesmo de nenhuma teoria econômica propriamente. E a análise de Keynes nada lhe acrescentou de conclusivo ou de verdadeiramente fecundo.

Devemos notar essa circunstância, porque ela evidencia a debilidade da economia política ortodoxa (que constitui o ponto de vista burguês e conservador dos fatos econômicos). Em sua mais alta expressão atual, que é sem dúvida a teoria keynesiana, única tentativa séria de remodelação da

---

[8] As vacilações de Keynes nessa questão do efeito da taxa de interesse sobre as inversões foram consideradas e analisadas por Lawrence R. Klein, *The Keynesian Revolution* (Nova York, [Macmillan,] 1950), p. 66.

[9] A maior e principal parte dos economistas ortodoxos da atualidade se inspira direta ou indiretamente em Keynes, mesmo quando o critica de forma expressa.

decrépita teoria clássica, a economia política ortodoxa não se mostra capaz nem ao menos de fundamentar teoricamente uma prática econômica hoje corrente e de lhe abrir novas perspectivas. É mesmo de observar que essa prática se encontra de certo modo em contradição com as conclusões da análise keynesiana, ou pelo menos que não a toma em consideração. A ação do Estado aconselhada e efetivamente empregada pela prática na cura ou na prevenção das crises não diz respeito a *inversões*, e sim a *despesas* do Estado, em particular as despesas com obras públicas que constituem consumo e não inversão. É certo que na vacilante e dúbia terminologia keynesiana, é "inversão" não apenas aquilo que de ordinário se entende como tal, a saber, a aplicação ou o emprego de capital em atividades produtivas, mas igualmente as aquisições de bens de consumo duráveis que se assimilam aos equipamentos produtivos. Esquecem-se, todavia, os keynesianos de que a maior e principal parte de sua análise da inversão não se ajusta a uma tal aquisição de bens duráveis, não compreende e não tem mesmo relação alguma com ela. Qual é o sentido, por exemplo, das noções de "poupança", "eficiência marginal do capital" e tantas outras que são fundamentais na análise keynesiana da inversão, quando referidas àquela compra de bens duráveis?

Não há, contudo, interesse maior para nós aqui em insistir nesse assunto das incoerências e da falta de consistência da economia keynesiana. Observemos apenas que é, entre outras, por manobras linguísticas da categoria daquela que iguala a inversão à aquisição de moradias, automóveis e geladeiras que a teoria de Keynes, ou aquilo que se pretende uma teoria interpretativa da economia capitalista e destinada a regenerar essa economia, desliza para o reconhecimento implícito, e em alguns keynesianos já quase explícito, do verdadeiro mal que aflige o capitalismo: o *subconsumo*, isto é, um consumo que, por força do próprio funcionamento normal do sistema, não acompanha o desenvolvimento da produção, resultando daí um desequilíbrio latente que se resolve periodicamente, e cada vez com mais gravidade, em crises de superprodução e prolongados períodos de depressão.

Esse reconhecimento se revela na ênfase que a nova economia, direta ou indiretamente produto de Keynes, põe na questão do consumo e na necessidade de o ativar a fim de debelar ou pelo menos atenuar as flutuações econômicas. A transformação do Estado no *grande consumidor* capaz de compensar com seus gastos o subconsumo das coletividades que vivem em regime capitalista, transformação essa preconizada pela generalidade dos economistas ortodoxos da nova escola, é prova daquele reconhecimento, de que o sistema, por si, não é capaz de proporcionar um consumo compatível com a potencialidade da produção moderna. Restaria saber se tal transformação é possível *dentro dos quadros do sistema capitalista*. Não é com certeza sem alguma razão que o bom senso, prático dos homens de negócio e capitalistas, vê com tanta desconfiança as soluções e os planos que apresentam os novos apóstolos do regime, que são os economistas modernos.

De fato, um Estado "grande consumidor", de um lado, tenderia a satisfazer cada vez em maiores proporções as necessidades dos indivíduos, porque o "consumo" do Estado não pode ser, em última instância, e excluído o caso das despesas bélicas, senão em benefícios dos mesmos indivíduos – e nessas condições interferiria necessariamente na iniciativa privada capitalista que tem por objeto a satisfação daquelas necessidades e faz disso seu negócio. De outro lado, o Estado "grande consumidor" constituiria uma ameaça crescente ao lucro capitalista, pois é nesse lucro que em última análise teria de buscar os recursos necessários para seu consumo.

Mas não é apenas com o Estado que conta a nova ortodoxia econômica para promover o desenvolvimento salvador do consumo. Já Keynes indicava a necessidade de aumentar a "propensão ao consumo". E, entre outros discípulos seus, Lawrence K. Klein (que citamos como dos mais ardorosos seguidores da nova ortodoxia, um mestre consagrado no assunto) prevê o recurso à publicidade e educação dos consumidores com o fim de os fazer consumir mais[10]. Como se, para fazer com que os homens se alimentem, vistam, abriguem decentemente e, em geral, participem das satisfações que a técnica e a produção modernas lhes podem proporcionar, fosse preciso mais que atender àquilo que pedem

---

[10] Ibidem, p. 175.

e que não lhes é facultado! Evidentemente, Klein e seus colegas não estão pensando com seriedade na grande massa de consumidores potenciais e insatisfeitos que constituem a maioria dos homens, inclusive nos países capitalistas mais ricos, compreendidos aí os próprios Estados Unidos. Maioria essa que, se não consome adequadamente, não é por falta de "publicidade", e sim porque o regime e sistema econômico em que vivem não lhes permite fazê-lo. Não é nesses consumidores potenciais, é óbvio, que os economistas ortodoxos estão pensando, e sim nos capitalistas, candidatos a capitalistas e, em geral, na minoria melhor situada com relação ao capital e proveitos que ele proporciona. Minoria essa que tem sobras para poupar e que acumula capital em vez de gastar em consumo. Aliás, a economia prática dos dirigentes da produção nos países de capitalismo mais desenvolvido, como nos Estados Unidos em particular, já descobriram a fórmula de Klein – e muito antes dele. E aperfeiçoaram-na, porque não somente se utilizam da mais fantástica e multiforme publicidade para convencer o público consumidor da necessidade "imprescindível" de um número crescente de produtos e despesas suntuárias de utilidade real cada vez mais duvidosa, como ainda se arranjam para tornar esses produtos de duração mínima e da mais dispendiosa manutenção. Klein está evidentemente ensinando o padre-nosso ao vigário.

Se, todavia, programas como esse podem caber nas cogitações práticas de produtores capitalistas precisados de vender suas mercadorias num mercado relativamente cada vez mais acanhado, é estranho ou pelo menos incoerente que parta de economistas que devem ter sob suas vistas o conjunto do sistema capitalista e suas necessidades. O objetivo desse sistema, o fim para o qual ele se organiza e que o mantém em funcionamento, é o *lucro*; esse lucro que estimula a produção e as atividades em geral do capitalismo. Ora, o lucro se obtém com capital, que é o instrumento pelo qual se realizam o domínio e o usufruto das atividades econômicas de uma coletividade e da força de trabalho em particular, circunstâncias essas que acompanham necessariamente o capitalismo e somente podem desaparecer com ele próprio. E o capital só se forma à custa do consumo. Estimular o consumo daqueles que capitalizam e podem capitalizar é, portanto, pretender a eliminação do capital, da perspectiva de lucro, de tudo aquilo enfim que constitui a essência do capitalismo e a razão de ser dele. E isso, note-se bem, sem pensar na abolição e na transformação do sistema, que isso não está, nem poderia por definição estar, no pensamento de economistas ortodoxos, conservadores por natureza.

Nessa incoerência dos economistas ortodoxos de vanguarda salva-se pelo menos a conclusão que deles se pode tirar e que é o reconhecimento implícito do verdadeiro mal que aflige o sistema capitalista; a saber, o subconsumo. Aqueles economistas podem disfarçar essa conclusão, explicando o subconsumo que percebem e não podem negar frontalmente, pelo fato de que é a poupança que está prejudicando o consumo. Em última análise, é esse o verdadeiro sentido da teoria keynesiana levada às últimas consequências pelos economistas ortodoxos mais recentes. Uma análise mais rigorosa do assunto, e menos imbuída de preconceitos capitalistas, mostra que isso é inexato. O subconsumo que impede o funcionamento regular do sistema capitalista e o arrasta para crises periódicas já hoje ameaçando se fazerem em crises crônicas interrompidas apenas por circunstâncias excepcionalíssimas, que são, no momento, os preparativos bélicos e os gastos militares que criam um consumo artificial que contrabalança momentaneamente o subconsumo e consegue equilibrar, embora de modo precário, o sistema capitalista, aquele subconsumo que está na raiz do desajustamento econômico do mundo moderno é o das massas trabalhadoras cujo consumo é necessariamente limitado pela própria natureza do sistema capitalista.

Se não, vejamos. O funcionamento do sistema capitalista se funda essencialmente na divisão do produto social em duas partes principais: uma delas é a destinada à manutenção do trabalhador e de sua família, que assegura a perpetuação da força de trabalho necessária à continuidade da produção. A outra representa a mais-valia e o lucro capitalista, que constitui não somente a remuneração do capital, como representa, sobretudo, a fonte de onde flui a acumulação capitalista e a renovação e a ampliação do capital, fato essencial ao funcionamento do sistema capitalista. Assim sendo, o consumo da massa trabalhadora, do operariado, só pode crescer relativamente ao conjunto da produção, na medida em que, também relativamente, o lucro se reduz. Em termos absolutos, as duas parcelas em que se divide o produto social evidentemente podem crescer ao mesmo tempo, conservando-se as proporções entre ambas. É por isso que se tem verificado, nos países de grande progresso econômico, em particular nos Estados Unidos, a elevação do padrão de vida do proletariado[11]. Mas isso ocorre graças ao aumento considerável da capacidade produtiva daqueles países (aliado naturalmente a lutas e reinvidicações dos respectivos proletariados). A parcela do lucro capitalista, ou mais-valia, também tem aumentado, mantendo-se assim mais ou menos estável a proporção. Relativamente uma à outra, nenhuma das parcelas (a mais-valia de um lado e do outro a remuneração da força de trabalho e, portanto, o consumo da grande massa) pode evidentemente crescer sem reduzir a outra.

Consideremos, nessas condições, a hipótese de um aumento do consumo relativamente à mais-valia, ou lucro, capaz de contrabalançar e corrigir o subconsumo latente no funcionamento do sistema capitalista. É isso, aliás, que representa o conteúdo essencial de todos os programas reformistas[12] e que vem a ser a redução do lucro capitalista em benefício da remuneração do trabalhador. Note-se que não discutiremos aqui a exequibilidade prática de uma tal solução hipotética do desequilíbrio crônico do capitalismo, solução que não seja simples paliativo e formada de medidas parciais, esporádicas e isoladas como aquelas que se tem por vezes observado em alguns países, mas que represente solução efetiva da questão na base de um programa geral de aplicação sistemática capaz de resolver de uma vez por todas, dentro do sistema capitalista, a questão do subconsumo. Não discutiremos esse assunto porque um tal programa geral nunca foi apresentado – nem poderia, porque implicaria a eliminação progressiva do sistema capitalista. E não é isso, muito pelo contrário, o que os reformistas pretendem, a não ser, às vezes, com um jogo de palavras no qual se suprime o rótulo "capitalismo", mas se conserva o conteúdo

11 Essa elevação do padrão em alguns países ou antes setores do mundo capitalista contemporâneo se deve também, em grande parte, à conservação de padrões anormalmente baixos em outros setores, particularmente em colônias, semicolônias e países dependentes. Nos chamados "países subdesenvolvidos", em suma.

12 Refiro-me aqui à corrente política do movimento operário conhecida por "reformismo".

que o rótulo exprime: a propriedade e controle privados dos meios de produção. Quanto a medidas parciais de melhor distribuição do produto social, o que tem sido por vezes proposto e eventualmente tentado em alguns lugares (como a redistribuição por via fiscal), não nos deteremos em tais medidas porque elas demandariam uma análise específica e, por isso, excessivamente longa. Aliás, já se acham debatidas demais, e a própria experiência se tem incumbido de mostrar sua inocuidade.

O que nos interessa aqui, porque cabe melhor em nosso assunto de teoria econômica, é menos a exequibilidade de uma redução significativa do lucro capitalista em benefício da remuneração do trabalhador que os efeitos de uma tal redução no terreno dos puros fatos econômicos. É do lucro capitalista que deriva a acumulação de capital, e derivam, por conseguinte, as inversões e a ampliação da atividade produtiva, bem como o fato essencial dessa atividade, que é o emprego. Os limites da ocupação são fixados pelo montante das inversões. Isso é evidente, mas foi a análise keynesiana que trouxe para o assunto, no domínio da economia ortodoxa, uma contribuição decisiva, pois, antes dela e salvo alguns raros precursores, os economistas ortodoxos não tinham percebido, ou pelo menos não davam maior importância às relações entre a inversão e a ocupação; relações essas, como bem viu Keynes e é hoje matéria pacífica, da maior importância para a teoria econômica, já sem contar a prática. É aí que reside, aliás, o maior interesse da análise keynesiana e sua melhor contribuição para a teoria econômica.

A proporção quantitativa em que a inversão determina a ocupação depende do nível da técnica produtiva empregada; isto é, quanto mais elevado esse nível, tanto menos se aplicará de força de trabalho para cada unidade de bens de produção ("unidade de capital", como costumam dizer os economistas ortodoxos que confundem capital com instrumentos ou equipamentos produtivos). A ocupação depende, em outras palavras e para usar a expressão consagrada e tão precisa de Marx, da *composição orgânica do capital*. Ora, essa composição tende a se elevar cada vez mais com o progresso científico – e, portanto, da técnica produtiva –, aliado ao estímulo para a aplicação daquele progresso, determinado pela concorrência entre produtores e da contingência em que esses produtores se encontram de reduzir seu custo de produção. O que significa que, para dado montante de equipamentos e matérias-primas, haverá, como já vem ocorrendo desde os primeiros tempos do capitalismo, e de maneira cada vez mais intensa, um número decrescente de trabalhadores. A tendência do desenvolvimento econômico do capitalismo, e desconsiderados os fatores de compensação que logo veremos, é no sentido de uma redução relativa da demanda de mão de obra. Isso tudo, aliás, não são senão outras palavras para exprimir a velha e tão debatida questão do *desemprego tecnológico*, cujo papel já hoje nenhum economista subestima.

Assim, ao mesmo tempo que a demanda de força de trabalho tende a declinar relativamente, a oferta, pelo contrário, aumenta, de um lado por efeito do natural crescimento demográfico, de outro pelo próprio desenvolvimento intensivo e extensivo das relações capitalistas de produção e sua difusão progressiva por todos os setores da economia, cujos primitivos ocupantes, os trabalhadores autonômos, ou a grande maioria deles, vão sendo desbancados e incluídos no rol dos trabalhadores assalariados. Trata-se, em suma, do processo de proletarização, cujos resultados se observam na crescente proporção de assalariados na população dos países capitalistas. Observa-se, em consequência, uma tendência ao desequilíbrio entre a oferta e a procura de força de trabalho – e em favor da primeira. Essa tendência somente pode ser contrabalançada por um ritmo crescente de inversões tal que seja capaz de absorver os excedentes de mão de obra que vão se formando por efeito das circunstâncias assinaladas. Ora, o ritmo de inversões é função da acumulação capitalista, acumulação esta que resulta, como temos visto, do lucro. Assim sendo, a redução do lucro capitalista constitui um fator que vai influir negativamente no nível de emprego.

Deixemos de lado as consequências sociais e políticas do desemprego e, focando exclusivamente o terreno dos fatos econômicos e do equilíbrio da produção e do consumo, que é o que no momento nos interessa, imediatamente verificamos que a redução do lucro refletirá, de maneira indireta e através do ritmo relativamente atenuado da acumulação capitalista e por conseguinte das inversões, num reforçamento da tendência ao desemprego e, pois, da contração relativa do consumo. Em suma e tirando as conclusões que derivam da hipótese aqui proposta que consistiu em procurar o desenvolvimento do consumo às expensas do lucro, observaremos que isso levaria por vias indiretas à redução do mesmo consumo. O que se ganhasse por um lado, se perderia por outro. Na medida em que, em prejuízo do lucro, aumentasse a remuneração dos trabalhadores e, portanto, o consumo deles, progrediria o desemprego e, como consequência, se reduziria o mesmo consumo. Confirma-se, assim, a tese de que o consumo da massa trabalhadora em conjunto – consumo esse que constitui no regime capitalista desenvolvido a principal parte do consumo total – é necessariamente limitado pela própria natureza do sistema. O subconsumo, que é inerente a seu funcionamento, apresenta-se, assim, irremovível.

Retornamos, com isso, à tese keynesiana original de estímulo à inversão. É essa a perspectiva que de imediato se apresenta ao sistema capitalista; a saber, compensar o subconsumo pelo desenvolvimento do consumo produtivo, isto é, do consumo de bens de produção proporcionado pelas inversões. É essa a única solução que na conjuntura atual do capitalismo pode assegurar o equilíbrio do sistema e a continuidade de seu funcionamento – equilíbrio do mercado e da ocupação em proporções razoáveis. É certo que entre as divagações de Keynes – outra designação não merece a maior parte das considerações que ele reúne no último capítulo da *Teoria geral*[13] – está a hipótese de um capitalismo sem lucro[14]. Ora, esse capitalismo *sui generis* ou é outro nome para o socialismo – o que não é o caso, pois Keynes repele aberta e repetidamente, como não podia deixar de ser tratando-se de quem se trata, qualquer solução extra – e muito mais anticapitalista, ou então o lucro que ele pensa eliminar se esconde na remuneração do "risco incorrido pelo capital invertido mais os custos de aptidão e supervisão" admitidos por Keynes naquele seu "capitalismo sem lucro".

Não há maior interesse em aprofundar aqui esse ponto sobre o qual Keynes passa, aliás, de raspão[15] e que, na verdade, nem sentido tem no

---

[13] Sob o título "Notas conclusivas sobre a filosofia social em direção de que a *Teoria geral* pode conduzir".

[14] J. M. Keynes, *The General Theory of Employment, Interest and Money*, cit., p. 375.

[15] Esse "capitalismo sem lucro", bem como outras concepções gerais de Keynes, tem grande valor sintomático, pois revela um início de consciência de certos fatos atuais

sistema geral de sua teoria. Ficamos, assim, na preconizada solução de um desenvolvimento indefinido e em ritmo fortemente crescente das inversões. A necessidade de um tal ritmo se impõe em frente à natureza do subconsumo que aflige o sistema capitalista. Segundo vimos no capítulo anterior, o subconsumo é gerado precisamente pelo crescimento desproporcionado da inversão em relação ao consumo final. Assim sendo, compensar o consumo pela inversão importa num agravamento daquela desproporção, o que, por seu turno, exigirá nova e muito ampliada compensação. O processo é, assim, cumulativo, os efeitos se fazem logo causa, e o desequilíbrio latente entre a produção e o consumo tende permanentemente a se agravar.

Propõe-se, portanto, a questão já hoje angustiosa, e cada vez mais, focalizada em termos tão claros pelo keynesiano Alvin H. Hansen, das perspectivas para aquele ritmo em proporção geométrica das inversões, o que nas condições atuais de "maturidade do capitalismo" (a expressão já se generalizou na literatura econômica contemporânea) apresenta-se muito precário. Força é reconhecer, com a parte mais esclarecida e menos ingenuamente otimista dos economistas ortodoxos da atualidade, que as perspectivas de inversão, isto é, as oportunidades de novos negócios lucrativos, se restringem cada vez mais nos países de alto desenvolvimento econômico e capitalista, como nos Estados Unidos em particular. Resta a solução, hoje largamente preconizada, da extensão do capitalismo e suas inversões para territórios e populações ainda em estágios rudimentares de progresso econômico – a Ásia, a África, a América Latina. Planos, projetos e instituições internacionais surgidos no imediato pós-guerra a fim de promover o desenvolvimento dos países chamados subdesenvolvidos, bem como o famoso Ponto IV do presidente Truman, não constituem, em última instância, senão tímidos ensaios de aplicação de tal solução. Note-se que, com ela, o que se pretende na realidade é repetir uma fase já remota do capitalismo europeu e norte-americano em lugares que se

do capitalismo que o estão transformando profundamente, sem, contudo, lhe tirar o caráter essencial, mas evidenciando a degenerescência do sistema. Voltaremos sobre isso no próximo capítulo.

encontram à primeira vista em estágio semelhante àquele em que, há cem anos ou algo mais, se encontravam os continentes de capitalismo hoje amadurecido. Pensa-se assim assegurar ao capitalismo uma nova juventude que perdeu no Velho Mundo e nos Estados Unidos e alcançar, pelo largo volume de inversões exigidas pela transformação capitalista de países ainda em fase econômica rudimentar, o equilíbrio econômico no setor maduro do capitalismo. Isso, todavia, já constitui outra história, muito além da teoria keynesiana de que nos ocupamos no presente capítulo. Envolve situações econômicas que nem a economia clássica, nem o neoclassicismo de nossos dias consideraram ainda suficientemente. Essas situações e circunstâncias específicas de nossa época dizem respeito tanto aos próprios países de capitalismo maduro como, sobretudo, às condições particulares em que se encontram os ditos países subdesenvolvidos, que a conjuntura atual do mundo capitalista chamou para um destacado plano da economia política.

Ocupar-nos-emos, no próximo capítulo, da nova situação econômica que se desenvolveu mais ou menos à margem da economia política ortodoxa no velho mundo capitalista. E isso nos preparará para, em seguida, nos ocuparmos da análise e da teorização da economia dos países subdesenvolvidos, nos quais se inclui o Brasil, onde pretendemos situar as conclusões que mais nos interessam e às quais, como brasileiros, devemos objetivar: aquelas que dizem respeito a nosso país e seu povo.

6

Nem a teoria clássica, nem seus sucessores mais recentes do chamado neoclassicismo, que procuraram retocar aquela teoria em alguns pontos – aliás, de detalhe –, nenhuma das correntes, em suma, da teoria econômica ortodoxa tomou na devida conta, como ainda não toma devidamente, a transformação profunda sofrida sob suas vistas pelo sistema capitalista desde fins do século passado e já hoje plenamente amadurecida. E continuam a pautar a maior parte de sua análise teórica pelos moldes clássicos da primeira fase do capitalismo. Ora, o capitalismo do século XX, que é o nosso, embora conservando as mesmas bases e os caracteres essenciais de seu predecessor do século XIX, apresenta-se, todavia, com diferenças, inclusive estruturais, consideráveis. E essas diferenças precisam ser levadas em consideração se não se quer destacar completamente a análise econômica da realidade dos fatos, pois se ultrapassa, com isso, de muito o permitido pela abstração, e se encerra a economia política numa esfera largamente distanciada do mundo real e a ele imprecisamente conectada. A mais leve inspeção dos fatos nos mostra como a estrutura capitalista de hoje se distingue da do passado e desde logo evidencia a circunstância flagrante das consideráveis concentração e centralização do capital e da atividade produtiva que fizeram da primitiva poeira de empresas característica de um século atrás, esse concentrado de gigantes econômicos e financeiros que enchem a cena do capitalismo de nossos dias.

Durante muito tempo, e mesmo de certa forma até hoje, a transformação que se ia processando foi mantida no domínio de uma economia institucional de natureza puramente descritiva; e, se não passou despercebida da teoria econômica propriamente, foi pelo menos relegada por ela a um segundo plano de excepcionalidade, como algo de anormal e perturbador da pureza originária e natural do sistema capitalista e que deveria, por isso, ser combatido. Um estado patológico a ser considerado como tal. Essa posição da economia ortodoxa, que correspondia, aliás, ao sentimento geral da época e cujas raízes ideológicas e políticas não poderíamos agora esmiuçar, explica a hostilidade e a luta legal mais ou menos consequente, pelo menos em alguns países e durante algum tempo, contra monopólios e trustes. No domínio da teoria econômica, todavia, ela não se justificava, pois a transformação que se operava no sistema capitalista não constituía obra do acaso, nem provinha de circunstâncias anormais ou estranhas ao sistema que lhe teriam imprimido distorções e deformações. Pelo contrário, a concentração e a centralização do capital, mesmo no alto grau que se verificava, brotavam do próprio sistema e de sua natural dinâmica e desenvolvimento normal. Tanto assim que em seus traços gerais e fundamentais fora até prevista com grande anterioridade e quando somente remotos sinais precursores da transformação se faziam sentir. Essa previsão, como se sabe, foi obra de Marx, que se fundou para fazê-la na natureza íntima dos fatos econômicos essenciais do capitalismo e na dinâmica que neles se observava.

Realmente, o fator básico do processo de concentração se encontra no próprio elemento que constitui a razão de ser do sistema capitalista, a saber, o lucro capitalista como expressão da exploração do trabalho humano e da apropriação da mais-valia. Capitalismo e concentração da atividade produtiva têm, assim, o mesmo fundamento e origem, não constituindo a concentração se não o próprio capitalismo em seu natural desdobramento no tempo. Efetivamente, o montante da mais-valia, de que provém o lucro, é função do tempo de trabalho (mais-valia absoluta) e da produtividade do trabalho (mais-valia relativa)[1]. Ora, enquanto o

[1] A mais-valia é a margem de valor do produto acima do valor dos meios de subsistência do trabalhador e produtor. Vimos isso no capítulo 3. Assim sendo, como

tempo de trabalho é mais ou menos uniforme nas diferentes empresas, o que provém de sua própria limitação natural, bem como da fixação por normas costumeiras ou legais, as diferenças de produtividade podem, pelo contrário, ser – e realmente são –, de uma empresa para outra, muito grandes. Foi aí, portanto, que se acentuou o esforço dos empresários capitalistas (que são os organizadores e os diretores da produção) no sentido de obterem lucros suplementares, o chamado *sobrelucro* além e acima do lucro normal e médio dado pela perequação da mais-valia total da sociedade pelo montante do capital em giro. Qualquer diferença para mais da produtividade de uma empresa acima da produtividade média assegura a essa empresa, na proporção daquela diferença, um lucro suplementar ou sobrelucro. Ora, a produtividade é ordinariamente função do nível da técnica empregada, técnica produtiva essa que proporciona, e através da qual se realiza, a intensificação do trabalho de que resulta o aumento da produtividade. A razão essencial disso é que, pela mecanização da atividade produtiva, o trabalhador deixa de ser dirigente e controlador daquela atividade para se tornar dirigido e controlado pelo ritmo da máquina. E como esse ritmo depende da vontade do dirigente da empresa, que é o capitalista, está neste último a decisão, com as elásticas limitações da resistência física e moral do trabalhador, de intensificar o trabalho e com isso desenvolver ao máximo sua produtividade.

Encontra-se aí a mola mestra do progresso tecnológico verificado no regime capitalista. É a caça ao sobrelucro que a determina. É certo que as diferentes etapas e os passos sucessivos do progresso tecnológico, na medida em que se difundem e são introduzidos nas diferentes empresas produtoras, reduzem progressivamente o sobrelucro que proporcionaram e o eliminam por completo desde o momento em que a produtividade por eles acrescida se torna produtividade média do conjunto das empresas.

---

os meios de subsistência são determinados, e os mesmos qualquer que seja a parte de seu tempo que o trabalhador dedica ao comprador de sua força de trabalho e empregador, quanto maior for aquele tempo de trabalho, maior será o excesso do valor produzido com relação ao valor dos meios de subsistência. Esse excesso também crescerá com a produtividade do trabalho, que quer dizer produção maior num mesmo tempo.

Trazem mesmo para esse conjunto um declínio absoluto da taxa de lucro normal, o que decorre, necessariamente, outras condições iguais, da elevação do nível tecnológico e da composição orgânica do capital. Mas é precisamente essa contradição inerente ao desenvolvimento tecnológico que faz dele um processo autoestimulante. Cada inovação tecnológica introduzida numa empresa ou num grupo de empresas aumenta a produtividade delas com relação às demais e lhes proporciona, com isso, um sobrelucro que incita as outras a acompanhá-las – incitamento tanto mais poderoso que está em jogo não apenas um lucro suplementar, mas eventualmente até mesmo o próprio lucro normal e o equilíbrio financeiro das empresas retardatárias que adotam a inovação ou, mais cedo ou mais tarde, serão eliminadas. A adoção generalizada da inovação técnica vai progressivamente suprimindo o sobrelucro; e, determinando ao mesmo tempo, como de fato determina, outras condições iguais, a tendência à baixa geral da taxa de lucros constituirá forte estímulo para os capitalistas mais empreendedores procurarem introduzir novos progressos tecnológicos e obterem, com isso, vantagens relativas de produtividade que lhes proporcionem novos sobrelucros.

Note-se que esse processo é contínuo e permanente. A qualquer momento, as diferentes empresas engajadas em cada ramo de atividade se distribuem, no que se refere aos lucros auferidos (taxa individual de remuneração do capital empregado), numa escala contínua que vai do extremo de empresas excepcionalmente bem situadas e que percebem grande margem de sobrelucros, passando pelas mais modestas que se conservam no nível do lucro médio e normal, até aquelas que se encontram abaixo desse nível e operam mesmo sem lucro algum e até com prejuízo. Estas últimas vão sendo naturalmente eliminadas se não conseguem ascender na escala e restabelecer seu equilíbrio financeiro, enquanto as melhor situadas, na medida em que se esforçam por acompanhar o progresso realizado pelos pioneiros e pela vanguarda de seu ramo industrial, determinam um ascenso geral do nível de produtividade daquele ramo, com a consequente eliminação progressiva dos sobrelucros das empresas que encabeçam o movimento. Ao mesmo tempo, estas últimas procuram conservar, e na medida do possível até melhorar, sua posição, dando um passo além no caminho ascendente da produtividade, o que para elas é tanto mais realizável que a situação financeira folgada em que se encontram graças aos sobrelucros auferidos lhes permite introduzir novos progressos em sua técnica produtiva.

Assim, de alto a baixo, a estrutura capitalista se encontra em movimento perpétuo. O nível geral e médio de produtividade, que vem a ser aquele abaixo do qual as empresas incapazes de o atingir tendem a ser eliminadas, ascende permanentemente por efeito do esforço geral de todas as empresas para conservarem ao menos suas posições – e não correrem o risco de desaparecer – e acompanharem a vanguarda de seu ramo de atividade que ela também não quer abrir mão de seus sobrelucros que, pela ação de concorrentes que vão melhorando de posição, tendem permanentemente a ser eliminados. A ascensão do nível geral e médio de produtividade, provocado por esse esforço conjugado de todas e de cada uma das empresas, determina assim, ao mesmo tempo que uma eliminação permanente pela base das empresas mais fracas e retardatárias, um reforço do movimento ascendente produzido pelas empresas vanguardeiras na defesa de sua posição privilegiada. Nessas condições, o processo se perpetua, autoestimulando-se permanentemente por efeito da contradição que lhe é inerente e pela qual todo progresso tecnológico tende a eliminar seus primeiros efeitos benéficos sobre a produtividade e os lucros das empresas que adotam aquele progresso, impondo, com isso, a necessidade de um novo progresso com o qual se repetirá o mesmo ciclo, mas já agora em plano mais elevado. É preciso considerar também, o que para simplificação não fizemos antes, o papel das novas empresas, as recém-vindas que procuram para si um lugar ao sol e impedem uma eventual estagnação das empresas já estabelecidas há mais tempo e que sem esse novo estímulo suplementar tenderiam possivelmente a se acomodar a uma situação criada e com ela se conformar.

Embora tudo isso seja elementar e fartamente conhecido, os economistas ortodoxos não costumam colocar o assunto em plena luz. E se limitam a explicar o progresso tecnológico do capitalismo pelo progresso científico que se apresenta, assim, como fato exterior ao processo econômico e constituindo uma circunstância ocasional e alheia aos fatos fundamentais da evolução capitalista. O progresso tecnológico seria um dos fatores que influem nessa evolução, uma causa do desenvolvimento capitalista. Mas, em suas origens, independeria dele e formaria um dado que a economia política deve tomar em consideração, mas que não lhe compete tratar em si e diretamente como fator estranho que seria ao campo próprio da ciência econômica. Em outras palavras, o progresso tecnológico é considerado pelos economistas ortodoxos causa e fator da evolução capitalista, mas não se considera, com efeito, que é dessa mesma evolução.

Essa posição em frente ao progresso tecnológico é nitidamente idealista e, por isso, falsa e levando a consequências errôneas. Realmente, ela importa na conclusão implícita (implícita para os economistas, explícita para aqueles que saem do terreno estrito da economia) de que o progresso técnico-científico não tem raízes nos fatos concretos da vida humana e das relações de produção e trabalho, derivando unicamente de uma vaga e indeterminada "evolução da cultura, do pensamento ou das ideias" cuja natureza não é possível precisar. Essa questão tem para nós aqui um interesse maior que à primeira vista poderá parecer, pois, se desligando o progresso científico observado no curso do desenvolvimento capitalista das condições materiais e objetivas desse desenvolvimento, chega-se naturalmente à falsa e perigosa conclusão de que o desenvolvimento do capitalismo é produto de uma causa exterior cuja presença e ação não depende desse desenvolvimento e existe ou não independentemente da evolução capitalista do dinamismo do sistema. E que, sendo assim, pode-se sempre esperar novos surtos progressistas do capitalismo, dependendo isso unicamente de um progresso científico cuja eventualidade não pertence à economia política determinar, que não tem relação com os fatos de que a economia se ocupa e que, portanto, é de se presumir sempre possível porque não é condicionado senão pelo eterno desenvolvimento do "espírito humano" cujas perspectivas não se encontram na dependência dos fatos materiais e concretos.

É esse um dos ângulos otimistas com que os economistas ortodoxos e conservadores costumam considerar a rota futura do capitalismo. As premissas em que eles se apoiam são, todavia, falhas, ou pelo menos bem incompletas, porque se os progressos tecnológico e o da produção capitalista podem e devem ser atribuídos diretamente ao progresso científico que tem sido, como é necessariamente, condição essencial do aperfeiçoamento da produção, a inversa é exata, a saber, que o progresso científico apenas foi e ainda é possível graças ao próprio desenvolvimento da técnica industrial que tem constituído, de maneira direta ou indireta, o objetivo principal da pesquisa científica. Sem esse objetivo prático e proporcionado pelos fatos econômicos antes analisados (a concorrência, a luta pela sobrevivência e a caça ao lucro), a pesquisa científica não teria nem ao menos em que se inspirar. Basta acompanhar a história do desenvolvimento capitalista para observar que é a eventualidade do progresso tecnológico, com as perspectivas que apresenta de aumento da produtividade industrial e consequente ampliação do lucro capitalista, que cria direta ou indiretamente as condições necessárias para o progresso da ciência suscetível de proporcionar aquele avanço da técnica produtiva. Não é por acaso nem por uma necessidade metafísica que a mecânica, que diz respeito diretamente à estabilidade das construções e ao funcionamento de máquinas industriais, serviu de fundamento e padrão para toda a ciência moderna – mesmo para a filosofia. Isso não quer dizer, contudo, que todo o esforço de elaboração científica sempre se apresenta, na perspectiva individual do homem de ciência, com objetivos utilitaristas imediatos. A complexidade e a amplidão da ciência moderna colocam seus diferentes escalões, desde a ciência pura até as ciências aplicadas e a técnica propriamente, em grandes distâncias um do outro. Compreende-se, assim, que o cientista, colocado no plano e na perspectiva da ciência pura, perca de vista os elos mais distanciados que o ligam à prática social. Mas não é que não existam, e uma perspectiva mais ampla e de conjunto se incumbe de restabelecer a unidade da elaboração científica e daquela prática de que a atividade produtiva constitui, sem dúvida, o setor principal.

Mas não é numa perspectiva tão ampla e geral que precisamos e devemos aqui nos colocar para o relacionamento do progresso científico e da técnica industrial. Mais interessante para nós é observar como se entrosam diretamente, na própria atividade econômica, a elaboração científica e as necessidades da produção industrial. De um lado, é a ciência que fornece à indústria os elementos necessários para o desenvolvimento desta última e para a ampliação de sua capacidade produtiva, que é o que realmente se encontra em jogo, isto é, incrementar pela técnica a produtividade do trabalho. Doutro lado, é o progresso técnico assim alcançado que abre perspectivas para a pesquisa e a elaboração científicas e lhes proporciona, com isso, novos avanços. Para não citar senão um exemplo flagrante e talvez máximo desse fato, lembremos o papel representado no progresso da física e da química, pela técnica metalúrgica graças às solicitações que o exercício e aplicação dessa técnica fizeram e ainda fazem à pesquisa científica. Em pequena escala, ocorrência semelhante se observa na rotina de qualquer atividade industrial em que a introdução de uma nova máquina, de um aparelho, de um simples dispositivo mecânico ou processo qualquer abre logo perspectivas para mais aperfeiçoamentos que eventualmente exigirão a colaboração da ciência, sugerindo-lhe, com isso, problemas e dando-lhe novas diretrizes.

Verificam-se aí, bem claramente, a permanente interferência recíproca e o mútuo estímulo da teoria e da prática, o que é mais uma instância das relações entre o pensamento e a ação que em conjunto compõem a vida e o desenvolvimento humanos. Trata-se de um processo global em que não é possível determinar precedências e no qual aparece tanto o progresso científico como promotor da técnica quanto esta última como estimulante do desenvolvimento científico. Fatos econômicos (que constituem ação humana) e fatos da cultura científica (que são o pensamento do homem) se entrosam e se conjugam naquele processo; uns dependem dos outros e são condicionados em conjunto e, em última instância, pela natureza do sistema capitalista em que se integram e cujo dinamismo se impulsiona pelo lucro. É na medida em que as empresas produtoras procuram auferir a remuneração suplementar do sobrelucro que lhes foge constantemente das mãos e lutam para conservar, se não melhorar, as posições financeiras adquiridas, é nessa medida e para tal fim que elas se inspiram na ciência e adotam inovações técnicas, apelando para a pesquisa e a elaboração científicas com o objetivo de se aproveitarem das perspectivas que lhes abre a introdução daquelas inovações.

Não se pretende com isso afirmar que é apenas o lucro capitalista que condiciona e estimula o desenvolvimento da ciência. Mesmo no regime capitalista, há outros fatores em jogo[2]. Mas essencial é nele o lucro que move o sistema e arrasta consigo conjunto da vida coletiva enquadrada naquele sistema. O progresso científico acompanha, por isso, suas vicissitudes e suas contingências e não constitui elemento autônomo capaz de operar independentemente da conjuntura econômica. Se a produtividade derivada do progresso técnico deixa de ser fator estimulante essencial do lucro, como de fato tende a se dar nas novas condições do capitalismo contemporâneo que veremos adiante, o processo aqui descrito esmorecerá, e o desenvolvimento da ciência sofrerá forte embaraço. E com ele, também e necessariamente, o da técnica.

Nas primeiras fases do capitalismo, todavia, e pelos motivos que vimos aqui, o progresso tecnológico constitui o mais poderoso fator de ampliação do lucro. Ampliação essa que, por seu turno e inversamente, proporciona as condições necessárias para a realização daquele progresso. Isso graças à intensificação da acumulação capitalista proveniente do lucro e por meio da qual o capital se vai ampliando e se concentrando nas proporções exigidas pelas grandes inversões em equipamentos que o progresso tecnológico requer. Encontra-se aí o primeiro impulso de envergadura no sentido da concentração do capital e da atividade produtiva. Observa-se que vemos aqui outro processo autoestimulante, porque aquela mesma acumulação que faz possível a concentração da produção e o progresso tecnológico será ativada pelo aumento dos lucros auferidos por efeito desse progresso. É isso que explica o desenvolvimento paralelo e precipitado, desde o fim do século XVIII (na Inglaterra, e, pouco depois, em outros países) da acumulação capitalista e do progresso tecnológico, com a consequente concentração da produção e a eliminação gradativa da pequena produção artesanal que já em princípios do século

---

[2] Nos dias que vivemos, o outro fator que se veio emparelhar ao lucro capitalista como estimulante do progresso científico são sem dúvida as necessidades bélicas a que se deve, em particular, a maior e principal parte da recente física nuclear. Não é difícil, contudo, relacionar por vias indiretas essas necessidades bélicas com o mesmo lucro capitalista. Mas isso já é política, e não economia política apenas.

XIX desaparecera quase por completo na principal indústria da época: a tecelagem, em particular a do linho e do algodão[3].

Nessa verdadeira corrida entre a técnica e a acumulação capitalista, a primeira ganhara avanço em meados do século. Isto é, a concentração de capitais resultante da acumulação individual dos capitalistas não se mostrará suficiente em face do vulto das inversões requeridas no nível tecnológico atingido. A dificuldade se resolverá pela centralização dos capitais, isto é, pela reunião de muitos capitais individuais em unidades maiores. O instrumento jurídico para isso serão, como se sabe, as companhias ou sociedades anônimas que abrirão caminho para uma expansão indefinida do processo de centralização de capitais e de concentração das atividades produtivas. E introduzia-se com isso no sistema capitalista uma nova feição que logo assumiria papel de primeiro plano: a *finança*, que, distinta do capitalismo industrial ligado diretamente à produção, seria o instrumento econômico pelo qual se realizam a centralização e a agregação de capitais e que terá por objeto próprio a simples manipulação desses capitais. O capitalismo iniciava-se na grande transformação, referida no princípio deste capítulo e que lhe alteraria consideravelmente a estrutura e o funcionamento.

Constituirá circunstância preliminar e decisiva para essa transformação o fato de que, além de certo ponto, o progresso tecnológico e o aumento da produtividade daí resultante já não influem mais tão decisivamente, como fora de início, no incremento do lucro. Em níveis mais elevados da produção industrial, isto é, no caso de empresas de grande vulto operando em ramos industriais de técnica altamente desenvolvida (como em especial no das indústrias metalúrgica e química), já

---

3 A fim de completarmos esse correlacionamento de fatores e elementos que concorrem no processo geral do desenvolvimento capitalista, lembremos que é a concentração da produção e correlata eliminação do pequeno produtor que libera a mão de obra necessária à indústria capitalista e que a progressiva concentração da produção exige em proporções cada vez maiores. O antigo pequeno produtor, eliminado pela concorrência de uma técnica superior cuja produtividade ele não pode acompanhar, faz-se um vendedor obrigado de sua força de trabalho, isto é, um assalariado que formará a mão de obra que a indústria capitalista está a exigir.

não será mais possível obter, entre as empresas concorrentes, diferenças de produtividade tais que proporcionassem margens apreciáveis de sobrelucros. Isso se deve, sobretudo, àquilo que se poderia denominar de "saturação técnica", que começa a se observar desde fins do século passado. O ritmo do progresso tecnológico, depois de ascender depressa até o terceiro quartel do século, começa a declinar. As consequências desse fato se observam particularmente bem na circunstância que, enquanto o volume de equipamentos industriais do conjunto da indústria cresce em relação ao volume da produção até a data assinalada, depois dela aqueles volumes respectivamente dos equipamentos e da produção crescem em paralelo. O que levou Hansen, que observou esse fato e escrevendo em 1948, à conclusão de que "nosso sistema de produção é pouco mais capitalista que há 50 ou 75 anos"; entendendo-se por "capitalista" a relação entre o volume do capital invertido na indústria (que segundo a terminologia empregada pelos economistas ortodoxos, Hansen inclusive, compreende unicamente o capital aplicado em equipamentos) e o montante da produção[4].

Com esse declínio do ritmo do progresso tecnológico, tendia a desaparecer o principal fator que assegurava às empresas pioneiras e vanguardeiras desse progresso a margem de sobrelucros que essa posição lhes assegurava. Além disso, a própria concentração da produção que fora impulsionada, como vimos, e que se fizera necessária para a realização do progresso tecnológico, se mostrava, além de certo nível, menos favorável ao incremento da produtividade relativa. O simples fato do tamanho da empresa já não significava maior produtividade, e não se verificará, como tinham previsto os primeiros economistas que analisaram o fato, uma relação direta e constante entre o tamanho da empresa e sua produtividade. Ultrapassado certo limite de concentração e de dimensão da empresa, a produtividade tende a declinar. A explicação do fato tem sido discutida pelos economistas que o incluem geralmente na chamada *lei dos rendimentos decrescentes*, lei essa transferida da esfera

---

4 Alvin H. Hansen, "Economic Progress and Declining Population Growth", em *Readings in Business Cycle Theory* (Londres, American Economic Association Series, 1954) p. 372.

da agricultura, para a qual fora concebida por Ricardo[5], para a indústria. Seria descabido pormenorizarmos aqui o assunto, e interessa-nos unicamente o fato em si e suficientemente comprovado de que existe para as empresas (nas condições vigentes do regime capitalista) uma dimensão ótima além da qual a produtividade decresce. Analisando os rendimentos das 1.130 empresas norte-americanas distribuídas por todos os ramos industriais no período de vinte anos, que vai de 1910 a 1929, e cobrindo, portanto, fases econômicas bem distintas de prosperidade, depressão e guerra, Summers obteve as seguintes médias de rendimento para as diferentes categorias de empresas classificadas segundo o vulto das respectivas inversões[6]:

INVERSÕES [Em milhões de dólares]	até 2	de 2 a 5	de 5 a 10	de 10 a 25	de 25 a 50	de 50 a 100	mais de 100
RENDIMENTO	11,6%	9,2%	9,3%	8,8%	9,4%	9,8%	9,5%

Não é possível, evidentemente, aceitar esses dados em todos os aspectos, mesmo porque neles se confundem empresas de tipos muito diferentes, nas quais a generalização não oferece grande segurança. Mas a conclusão geral que tais dados apresentam, confirmada por estudos e análises posteriores, é que, além de certos limites naturalmente variáveis segundo a indústria, não há correlação entre dimensão e produtividade. Em suma, verifica-se de um lado que, com o desenvolvimento econômico, o progresso tecnológico deixa de constituir nos mais elevados níveis da indústria (precisamente naqueles em que se situam as empresas com maiores exigências e pretensões aos sobrelucros) um fator decisivo, no sentido de estabelecer acentuadas diferenças de produtividade e, portanto, de sobrelucro para as empresas melhor situadas. O alto nível

5 Já muito antes de Ricardo, Turgot escrevera a propósito da aplicação de melhorias na cultura do solo, que "não se pode jamais supor que as aplicações duplas dessem um produto duplo". Cit. p. Charles Gide e Charles Rist, *Histoire des doctrines économiques* (Paris, [L. Larose & L. Tenin,] 1922 [1909]), p. 178.

6 H. B. Summers, "A Comparison of the Rates of Earnings of Large Scale and Small--Scale Industries", *Quartely Journal of Economics*, maio 1932, v. XLVI, p. 476.

tecnológico continua, escusado acrescentá-lo, condição necessária para a percepção de grandes lucros, mesmo de lucros apenas e até de simples equilíbrio financeiro da produção. Mas já não é mais, como no passado, condição suficiente de sobrelucros. Ou melhor, o aparelhamento e o desenvolvimento tecnológico não asseguram mais, por si só, às empresas que os adotam, o sobrelucro pelo qual aspiram e que visam ao realizarem aquele aperfeiçoamento. Doutro lado, a concentração e a centralização de capitais e da atividade produtiva que se realizaram a fim de tornar possível o progresso tecnológico, e com o aumento da produtividade daí decorrente proporcionar o sobrelucro, deixa além de certo limite de apresentar remuneração crescente – e mesmo em certos casos se torna embaraço para a obtenção daquele sobrelucro.

Numa situação dessas, poder-se-ia figurar teoricamente um esmorecimento e mesmo uma estagnação do processo de concentração e de crescimento das unidades produtoras. O processo teria alcançado um ponto de saturação e um limite extremo em que todas as empresas sobreviventes em cada ramo industrial e selecionadas entre as melhor aparelhadas e produtivas se nivelassem entre si na altura da dimensão ideal e proporcionadora de um máximo de produtividade para o padrão dado de progresso tecnológico. Ter-se-ia chegado, em outras palavras, a uma situação estável e inalterável (a não ser na hipótese que estamos excluindo de um novo salto do progresso tecnológico que atingisse uma ou algumas concorrentes, sem correspondência nas demais). Novas empresas não se formariam no ramo industrial assim estabilizado, e as existentes não procurariam se ampliar, uma vez que o lucro se teria fixado numa taxa mínima e sem perspectiva de aumento.

Uma situação dessas, todavia, somente seria possível num sistema planificado e que funcionasse em conjunto, com todas as empresas sincronizadas entre si, e de acordo com a planificação preestabelecida. Ora, isso é o oposto do que ocorre no regime capitalista em que é a livre-iniciativa (no caso, a das diferentes empresas), estimulada pela perspectiva e pelo propósito da obtenção do lucro máximo, que regula o funcionamento do sistema. Nas condições do regime capitalista, aquela situação de equilíbrio que descrevemos anteriormente nem chegaria a se vislumbrar, porque, muito antes disso e no próprio processo de eliminação das empresas mais fracas e menos aparelhadas, as colocadas em plano superior procurariam assenhorear-se do mercado que as empresas eliminadas vão deixando livre. Continuariam, por isso, a crescer.

Exacerba-se, em consequência, a concorrência, porque ela não é mais entre grandes e fortes empresas de um lado e do outro as menores e mais fracas, que procuram sobreviver. É agora, direta e principalmente, entre empresas mais ou menos do mesmo nível e que procuram captar, cada qual para si, as sobras de mercado deixado livre pela eliminação das mais fracas e ganhar terreno à custa de suas grandes concorrentes. Essa concorrência é tanto mais viva que os processos utilizados não podem mais consistir unicamente nos métodos clássicos da chamada "concorrência lícita e leal". A saber, a redução do custo de produção com o consequente aumento de produtividade, pelo aperfeiçoamento tecnológico da produção. Tais processos oferecem agora perspectivas reduzidas. Já vimos por que: não são mais possíveis diferenças acentuadas de produtividade entre grandes empresas situadas em plano quase idêntico. As reduções de preço necessárias para fazer frente à concorrência, ampliar e conquistar mercados se dão, por isso, não à custa do sobrelucro que desaparece com a eliminação das empresas secundárias, mas do próprio lucro – e, afinal, até mesmo à custa de prejuízo. É a concorrência tão pitoresca e apropriadamente chamada pelos economistas norte-americanos de "degoladora" (*cutthroat competition*).

Essa situação é tanto mais grave que ocorre precisamente quando as empresas, em luta pela ampliação de seu mercado, intensificam a produção – para essa ampliação concorre também o imperativo da redução dos custos e o alto nível tecnológico faz a intensificação não somente possível, mas necessária, para dar um aproveitamento máximo ao equipamento produtivo instalado. Desenvolve-se, assim, aceleradamente a produção; em consequência, também o subconsumo, sempre latente no funcionamento do sistema capitalista, como vimos no capítulo 4, se faz mais sentir. Daí o agravamento das flutuações da conjuntura, depressões mais acentuadas e prolongadas. Essa instabilidade que caracteriza a economia capitalista nos últimos decênios do século passado, em particular nos Estados Unidos, onde as iniciativas são mais vigorosas e agressivas e onde, portanto, a concorrência é mais ativa, aquela instabilidade é altamente inconveniente para as grandes empresas com suas imensas inversões em equipamentos e seu complexo aparelhamento administrativo (donde despesas gerais e fixas de vulto), o que lhes tira flexibilidade e lhes dificulta a necessária adaptação às situações rapidamente variáveis do mercado. Por isso o regime de concorrência se mostrará cada vez mais inconveniente. Muito favorável às grandes empresas enquanto se tratava de eliminar concorrentes fracos e sem grande resistência, a concorrência perderá todo o atrativo quando levar à guerra de preços com rivais de forças equivalentes. Mesmo os vencedores nessas guerras não sairão delas com mais que vitórias de Pirro. Preferível em muitos casos evitá-las e não chegar a extremos prejudiciais a todas as partes, preferindo entendimentos, acordos, combinações.

Dessas combinações surgem os *cartéis*, que logo vão dando lugar a formas mais estáveis de agrupamento e união das empresas. Daí resultam os *trustes*. As diferentes empresas, por si sós muito grandes, consolidam-se em blocos e se fundem em organismos imensos, que assim aparelhados com o poder que lhes dá sua dimensão descomunal acham-se em condições de fazer frente decisiva à própria concorrência em si e eliminá-la em seu proveito. Ou, antes, transferi-la para outro plano e lhe dar nova feição, que vai largamente ultrapassar o terreno econômico em si e invadir outro, que não merece senão o nome de "político" e onde a luta se desenrola com características bem diferentes daquilo que antes se entendia por concorrência econômica e de que, por isso, não nos ocuparemos aqui. Em cada setor da produção, ou pelo menos nos de maior expressão, sobrarão afinal uns poucos gigantes, com frequência não mais que dois ou três, arrastando eventualmente em suas órbitas respectivas alguns satélites que já não são mais concorrentes, e sim parceiros menores, apenas tolerados, se não tutelados.

Resumindo o processo referido, verifica-se que a concentração da produção, perdendo embora seu estímulo originário que fora o progresso tecnológico introduzido com o propósito de incrementar a produtividade e fazer jus, com isso, ao sobrelucro, encontra em novas circunstâncias outro estímulo ainda mais poderoso e de maior alcance: será o objetivo de domínio do mercado, que se impõe pelas novas contingências criadas a todos aqueles que pretendem sobreviver, assegurando-lhes por meio da manipulação e da imposição de preços um mínimo de estabilidade e usufruto pacífico daquilo para que existem, a saber, o lucro capitalista. A concorrência nos velhos moldes já não se apresenta mais como processo de seleção dos mais aptos e eficientes. É uma luta em que todos saem, afinal, perdendo e na qual se evaporam os lucros. Nessas condições, conjugam-se os esforços a fim de eliminá-la. Mesmo o Estado que a princípio não tem por que escolher a defesa específica destes ou daqueles interesses de grupos particulares de capitalistas e procura, por isso, estender sua ação protetora sobre o conjunto da classe burguesa que representa, assegurando os princípios econômicos e os processos que parecem da essência do regime capitalista, a saber, a livre-iniciativa e a concorrência, mesmo o Estado, depois de combater os monopólios resultantes da consolidação de empresas e que ameaçam aqueles princípios e processos (foi o caso entre outros da Lei Sherman Act nos Estados Unidos), acaba aceitando a nova situação, e até a consagra, como se observa em particular na administração do presidente Roosevelt nos Estados Unidos, onde o New Deal nada foi mais, em essência, que uma tentativa de organizar a produção num rígido sistema de direção planificada e autoritária[7]. De que resultou efetivamente, a par da estabilização da atividade econômica que se almejava, "a subordinação dos interesses e das oportunidades de crescimento das empresas menores e independentes, aos interesses das grandes companhias"[8].

Essa nova orientação do Estado burguês (que analisaremos melhor adiante) reflete, aliás, um deslocamento do poder econômico – e, portanto, político – que corresponde ao processo de concentração da

---

[7] A expressão "autoritária" é aqui empregada no sentido de oposição à liberdade econômica.

[8] Theodore J. Kreps, *Business and Government Under the National Recovery Administration* (Nova York, Institute of Pacific Relations, 1936) e *Report of Industrial Analysis*, Washington, 1937. George W. Stocking e Myron W. Watkins, *Monopoly and Free Enterprise* (Nova York, The Twentieth Century Fund, 1951).

produção em andamento. À classe burguesa, dominadora até então em seu conjunto, substitui-se uma fração dessa classe que se diferencia em seu seio e passa a ocupar as posições de efetivo domínio. Já observamos que o processo de centralização do capital, que dera grande impulso à concentração das atividades produtivas numa fase anterior, originara a "finança" que constitui a atividade específica destinada a recolher, reunir e por à disposição da produção as pequenas parcelas de capital disseminadas por grande número de capitalistas, realizando, com isso, efetivamente, a centralização do capital. A princípio serão bancos que se incumbem da tarefa. Através deles se emitem e lançam à subscrição pública títulos de participação, de diversas modalidades, nas empresas produtoras: ações de vários tipos, debêntures. Esses títulos como que duplicam o capital originário ou, antes, fazem-no figurar sob dois aspectos, pois enquanto o resultado líquido da subscrição e venda dos títulos é posto à disposição das empresas produtoras e invertido na produção, os títulos emitidos passam a ter vida própria e a circular como valores em si e independentemente da atividade produtiva a que deu origem sua emissão. Eles se fazem objeto de negócios próprios e específicos que só indiretamente se relacionam com a atividade produtiva, como se dá em particular com as transações de Bolsa. São tais negócios que constituem a "finança", traço característico do capitalismo mais recente e que tem enorme papel e função de grande relevo em todo processo subsequente de concentração e consolidação da atividade produtiva.

Enquanto na Europa o papel dos bancos como agentes financeiros perdurará mais, e até hoje ainda é considerável, nos Estados Unidos, por efeito de uma legislação bancária restritiva, a função passará logo para um novo tipo de capitalista, o chamado "empresário" (*entrepreneur*), cujo papel avultará e se tornará decisivo quando o processo que vimos de consolidação das empresas produtivas precipitará e complicará consideravelmente a marcha da concentração capitalista da produção, dando origem a complexas, e não raro escusas, manobras necessárias para o estabelecimento de um controle unificado dos capitais e das empresas. Não é o caso de pormenorizarmos aqui os processos e os procedimentos mais ou menos lícitos – segundo os padrões da própria ética comercial geralmente consagrada em regime capitalista – de que se lançou mão e de que os empresários capitalistas foram os principais instrumentos, pelo qual se realizou a tarefa de controle unificado de massas consideráveis de capital e de atividades econômicas. Uma abundante literatura, desde a obra pioneira de Hilferding[9], ocupou-se e ainda se ocupa do assunto. O fato é que sem aqueles procedimentos e manobras financeiras, o capitalismo não tomaria a feição que tomou e não lograria realizar a considerável concentração que alcançou sobretudo no período entre as duas grandes mundiais. As consequências do fato são de monta, porque representam transformações profundas de natureza econômica, com importantes reflexos políticos. E tais transformações não podem deixar de ser tomadas em consideração pela análise e pela teoria econômicas, se é que esta pretende refletir a realidade concreta e não constituir (como ainda se dá com boa parte da teoria ortodoxa) simples especulação abstrata de todo alheada do mundo verdadeiro em que se desenrolam os fatos de que ela pretende se ocupar[10].

O ponto central dessa transformação e que mais diretamente diz respeito à teoria econômica (porque estão aí implicadas as premissas fundamentais em que ela assenta) está no fato de que a concentração da iniciativa e da ação econômica e dirigente da produção, antes dispersa por uma infinidade de indivíduos autônomos e independentes entre si (para a teoria, trata-se efetivamente de um número, em termos estatísticos, equiparável ao infinito), se transfere para as mãos de um punhado de magnatas que passam a deter o controle praticamente total dos setores fundamentais da economia; não apenas a nacional, mas, em muitos casos, e nos essenciais, também da internacional. Para avaliar isso, podem-se considerar os dados reunidos num trabalho que, embora date de um quarto de século, ainda é atual porque as conclusões a que chega o autor se vêm confirmando e caracterizando cada vez mais. Trata-se do estudo hoje clássico de Gardiner C. Means sobre as

---

9 Rudolf Hilferding, *Das Finanzkapital* (Viena, Wiener Volksbuchhandlung, 1910).

10 Isso ocorre de maneira particularmente sensível em toda a teoria de formação de preços que encontramos nas obras correntes dos economistas ortodoxos mais atualizados.

companhias norte-americanas[11]. Utilizando dados estatísticos que vão até 1927 (para alguns, 1929), Means conclui que as duzentas maiores companhias norte-americanas controlavam direta ou indiretamente muito mais que metade da indústria nacional. Ora, menos de 2 mil pessoas eram diretores dessas companhias, e, considerando que uma grande parte desses diretores é inativa (isto é, não participa de fato da direção e nela figura só nominalmente), conclui-se que aquele controle da maior parte da indústria norte-americana (e o que é mais, de sua parte essencial e fundamental) encontra-se nas mãos de algumas centenas de indivíduos. Situação semelhante, aliás mais antiga e em muitos casos ainda mais acentuada, se observa nos demais grandes centros capitalistas: Inglaterra, Alemanha, França, Japão. Daí justificar-se a conclusão do mesmo autor citado de que

> uma sociedade em que a produção é governada por forças econômicas cegas [e tal é a premissa fundamental da teoria clássica] está sendo substituída por outra em que a produção é levada a termo sob controle, em última instância, de um punhado de indivíduos.[12]

Os empresários (que são esses indivíduos que via manobras financeiras conseguem reunir sob seu controle grandes massas de capital e vão ocupar as posições de mando nas empresas trustificadas que se formam com esse capital)[13], promotores que são do processo de consolidação e concentração da atividade econômica, ganham importância e veem crescer seu domínio na medida em que aquele processo se desenvolve.

---

[11] Gardiner C. Means, "The Growth in the Relative Importance of the Large Corporation in American Economic Life", *American Economic Review*, 1931, n. XXI, p. 10-42. Reproduzido em *Enterprise and Secular Change. Readings in Economic History* (Londres, 1953), p. 125.

[12] Ibidem, p. 154.

[13] O empresário, ou *entrepreneur* (para empregar a expressão francesa que os autores norte-americanos consagraram), na acepção clássica que a maior parte dos economistas ortodoxos ainda conserva, é unicamente o agente que reúne os fatores de produção (capital, trabalho e recursos naturais) e organiza a atividade produtiva. Mas a função principal do empresário, no capitalismo de nossos dias, não é essa, e sim aquela que estamos considerando.

Isso não somente porque crescem as dimensões e o poderio das empresas que controlam e dirigem, mas ainda porque, com esse crescimento, crescem também sua autonomia e sua independência administrativa. É certo que os empresários, na qualidade de diretores de companhias, gestores portanto de propriedade alheia, se encontram juridicamente na dependência dos capitalistas participantes do capital da empresa, os *acionistas*, pelos quais são escolhidos e aos quais devem contas. Mas, à medida que as empresas aumentam de tamanho – e, portanto, cresce o número de acionistas –, os direitos destes últimos com relação aos diretores, inclusive o direito de os escolher, se difundem de tal maneira que praticamente desaparecem. Realmente, que influência efetiva podem exercer sobre a administração e mesmo na escolha de diretores destas imensas sociedades anônimas que são os modernos trustes, as centenas de milhares de acionistas largamente dispersos e detentores cada qual de uma fração insignificante do capital social[14]? Acrescente-se a isso a tremenda complexidade da estrutura jurídica dessas organizações em que o direito de propriedade dos acionistas se perde num emaranhado de empresas interligadas e subordinadas umas às outras, e aí praticamente se dissolve.

Na labiríntica estrutura das grandes organizações, com *holdings* empilhadas sobre *holdings* e o conjunto sobreposto por uma complexa rede de inversões

---

[14] Para não citar senão dois exemplos bem característicos, na United States Steel Corporation e na American Telephone and Telegraph Company nenhum acionista reunia, em 1929, sequer 1% do capital social. Uma análise desse assunto, da crescente limitação da influência e participação da quase totalidade dos acionistas na gestão das modernas empresas de grande vulto, encontra-se em Gardiner Means, "The Separation of Ownership and Control in American Industry", *Quartely Journal of Economics*, n. XLVI, 1931-1932, p. 68-100), e mais desenvolvidamente no livro do mesmo autor em colaboração com Adolph A. Berle, Jr., *The Modern Corporation and Private Property* (Nova York, [Commerce Clearing House, Loose Leaf Service Division of the Corporation Trust Company,] 1932). No Brasil, apesar do baixo nível de desenvolvimento capitalista do país, encontramos pelo menos uma instância já relativamente antiga de uma quase totalidade de acionistas quase sem voz na gestão da sociedade de que são proprietários. Trata-se da Companhia Paulista de Estradas de Ferro, há longos anos dirigida mais ou menos discricionariamente por uma pequena oligarquia de administradores que se sucedem às vezes até de forma hereditária.

bancárias condicionadas, aqueles que pertencem à intimidade da organização podem brincar de esconde-esconde com o dinheiro alheio. As oportunidades para manipulações financeiras e outras práticas condenáveis são muitas.[15]

Disso tudo decorre a irresponsabilidade, de fato completa, dos diretores que, na realidade, não têm contas a prestar a ninguém.

Restaria, contudo, ainda uma limitação aos poderes e à autonomia dos empresários encastelados nas diretorias dos trustes. É a situação de dependência em que se encontram com relação ao financiamento necessário a suas organizações. A contingência em que se encontram de apelar para novas contribuições de capital exigidas pela ampliação de seus negócios (e essa ampliação permanente é condição de seu domínio crescente, e mesmo da própria conservação, em muitos casos, da organização que dirigem) impõe um freio aos dirigentes, pois o apelo aos subscritores de capital novo exige prestação de contas que, pelo menos nos casos extremos de abuso patente e administração pouco honesta com relação ao patrimônio alheio confiado às suas mãos, pode dar lugar ao insucesso da iniciativa. Mesmo essa limitação, contudo, tende, na fase mais recente do capitalismo, a desaparecer. É que os trustes, graças precisamente a suas dimensões, ao domínio econômico que exercem e, portanto, aos lucros consideráveis que auferem, conseguem reunir e acumular com suas próprias forças, e sem apelo a estranhos, os recursos necessários para o financiamento de suas operações. É assim que dos 150 bilhões de dólares invertidos de 1946 a 1953 nos Estados Unidos em bens de produção (instalações e equipamentos), calculou-se, com todos os visos de verdade e por quem reúne todas as qualidades para isso, que somente 9 bilhões, ou seja 6% do total, provieram de legítimas emissões públicas de títulos. O restante constituiu autofinanciamento das empresas com recursos próprios (64%) ou proveio de fontes direta ou indiretamente

---

[15] George W. Stocking e Myron W. Watkins, *Monopoly and Free Enterprise*, cit., p. 75. Esse trabalho, que constitui um inquérito de largas proporções a respeito da natureza monopolista da economia norte-americana, critica o liberalismo da lei que dá margem para a irresponsabilidade dos diretores (p. 428 e seg.). Mas não indica solução alguma nem muito menos como chegar a ela.

controladas pelo próprio grupo dirigente da economia norte-americana – bancos e outras empresas financeiras[16].

Vai-se desfazendo assim o último laço que prende e condiciona a oligarquia de empresários a interesses, propósitos e ação da classe capitalista de que tais empresários constituem uma fração ínfima dela diferenciada. Os fatos econômicos, naquilo que têm de essencial, tornam-se resultantes da ação exclusiva de um punhado de indivíduos, e aquilo que constitui a vida econômica das grandes potências capitalistas, a economia delas, se faz como assunto privado e doméstico da oligarquia financeira de empresários e reflete a maneira particular de eles se comportarem. Ora, uma situação dessas, sem paralelo no passado, modifica inteiramente os dados do problema econômico e das próprias premissas da teoria com que a economia política clássica objetiva enquadrar os fatos de que se ocupa. Aquela teoria se funda, como é sabido, no comportamento do indivíduo típico representativo de uma coletividade cujos membros componentes se determinam e agem autonomamente na satisfação de suas necessidades imediatas, e mais ou menos próximas, tal como livremente as entendem; e conduzindo-se unicamente por circunstâncias derivadas da ação conjunta, nos termos aqui expostos, de toda a coletividade a que pertencem. Isto é, não sofrem outras determinações que as de sua própria e livre vontade e as resultantes da ação conjugada de todos os indivíduos, comportando-se cada qual de acordo com aquela livre determinação individual. É isso, em suma, que constitui a figura do *homo economicus* da economia clássica, objeto de tantas disputas e frequentes incompreensões. De fato, o *homo economicus*, mesmo quando restringido ao período histórico moderno e da liberdade econômica que caracteriza essa época, não representa adequadamente a grande variedade e as complexas motivações dos indivíduos humanos tomados cada qual de *per si*. Mas, se cada um desses indivíduos tomado à parte não pode ser incluído no padrão do

[16] Adolph A. Berle Jr., *The 20th Century Capitalist Revolution* (Nova York, 1954). O autor, o mesmo que foi embaixador no Brasil em 1945, não é apenas economista teórico e professor emérito, mas também ativo homem de negócios que se liga intimamente à oligarquia financeira que controla a economia norte-americana.

homo economicus, esse padrão representa, contudo, no que diz respeito aos fatos econômicos do regime moderno (entendido como tal aquele que se configura no Ocidente a partir do século XVI e se afirma plenamente no século XIX), uma resultante estatística do comportamento coletivo. Em suma, o *homo economicus*, se não se configura legitimamente em todos e mesmo possivelmente em nenhum indivíduo particular, representa, todavia, a resultante do comportamento econômico coletivo; e é assim atribuível, para fins de análise e representação teórica, a cada indivíduo em particular. E tanto isso é exato que um tal comportamento obedece a leis e normas gerais que se podem derivar e deduzir da ação utilitarista do indivíduo sob o estímulo de suas necessidades imediatas. Não é outro o procedimento essencial da teoria clássica, e a legitimidade e o acerto dele decorrem do fato comum a todos os agregados (sejam constituídos de "atos humanos", sejam de outros elementos quaisquer), em que os desvios individuais se compensam mutuamente, e por isso se anulam, para darem uma resultante que é única para o conjunto do agregado. Trata-se, enfim, da *lei dos grandes números*; e o *homo economicus* é, no domínio da economia política, uma expressão dessa lei. Em tal sentido, sua legitimidade é indubitável, o que não ocorre quando se pretende, como às vezes se pretendeu, fazer do *homo economicus* a expressão e a representação adequadas da natureza *individual* do ser humano.

Tudo isso se aplica, todavia (e por definição), unicamente a situações em que opere a lei dos grandes números, isto é, a situações assimiláveis a agregados nas quais, por efeito da infinidade dos elementos constituintes, os desvios do padrão considerado se anulam, pois de outra forma a desconsideração desses desvios leva a conclusões errôneas. É isso precisamente que ocorre no caso em apreço, isto é, no sistema atual do capitalismo em que os fatos econômicos de maior e fundamental expressão são controlados e como ditados por um número relativamente ínfimo de participantes de tais fatos e a cujas decisões e determinações os demais participantes se têm de conformar. As motivações particulares e específicas daqueles participantes privilegiados dos fatos econômicos e as peculiaridades de sua ação devem ser assim tomadas em conta – e são mesmo, em regra, decisivas na configuração dos fatos. É isso que os economistas clássicos ou neoclássicos não levam suficientemente em consideração, e por isso, nas novas condições do regime capitalista em que a livre-iniciativa de todos e a concorrência geral foram substituídas pela iniciativa privilegiada e monopólio de uns poucos, suas conclusões deixaram de ter a validade que tinham. O "mercado competitivo", observa um autor que viu o assunto com especial clareza,

> somente se presta à generalização por causa da previsibilidade do comportamento coletivo (*mass behaviour*); temos uma aceitável e provavelmente segura teoria do mercado competitivo por causa da certeza relativa das respostas coletivas a estímulos dados [...] as motivações do comportamento individual, ao contrário das motivações do comportamento coletivo, são infinitamente variadas... Quando os economistas abordaram o mercado de pequenos números partindo do mercado de grandes números, eles não perceberam, com poucas exceções, que se tinham deslocado para um novo mundo.[17]

Em suma, os fatos econômicos que no regime da livre-iniciativa e da concorrência são a resultante da ação individual de infinidades de indivíduos agindo por sua conta e risco, cada qual isoladamente e sem contatos diretos e pessoais com os outros (uma vez que suas relações se estabelecem em um mercado impessoal), passam a refletir a ação planificada de uns poucos daqueles indivíduos ou, antes, resultam das rivalidades diretas, dos conflitos, das lutas e de eventuais combinações deles. Como escreve Adolph A. Berle Jr., bem instruído no assunto como velho figurante que é no moderno drama da economia capitalista, "num sistema de companhias concentradas, o resultado da concorrência é alguma espécie de planificação"[18]. Não são mais forças cegas e impessoais que estão em jogo e configuram os fatos econômicos, e sim a ação deliberada e consciente de um punhado de indivíduos que controlam a vida econômica das coletividades.

---

[17] J. K. Galbraith, "A Retrospect on Monopoly" (conferência não publicada, pronunciada no Seminário Graduado da Universidade de Illinois, novembro de 1948), em George W. Stocking e Myron W. Watkins, *Monopoly and Free Enterprise*, cit., p. 94.

[18] Adolph A. Berle Jr., *The 20th Century Capitalist Revolution*, cit., p. 52.

Isso não significa, todavia, a impossibilidade da teoria econômica, isto é, a supressão de leis e fatos gerais suscetíveis de expressão teórica que teriam sido substituídos agora pela ação caprichosa e imprevisível de indivíduos dotados de infinito livre-arbítrio e usando dele indiscriminadamente. Nada disso. A ação desses indivíduos continua sendo, como a das multidões que os precederam na cena econômica, enquadrada em normas gerais e uniformes. Só que essas normas são agora de novo tipo de inspiração e se traduzem por isso em leis econômicas diferentes das da economia liberal do passado. A nova teoria terá de se desenvolver em outro plano e se fundar em premissas diferentes que não são mais, ou não são somente, as do *homo economicus* tradicional. Elas serão dadas pelo novo tipo de condicionamento do produtor, que é hoje a grande empresa monopolista; do que, aliás, resulta também outro tipo de condicionamento do consumidor, como logo veremos – condicionamento, está claro, bem diverso daquele que se encontra no primitivo sistema capitalista da livre concorrência. Não que a concorrência desapareça ou tenda a desaparecer na economia monopolista contemporânea, e com isso também as lutas econômicas, a anarquia da produção, o desperdício e a destruição de riquezas, como insinua quando não o declara expressamente toda uma ala da economia ortodoxa que se considera "moderna" em contraste com o velho liberalismo que pretende restabelecer as livres iniciativa e concorrência. Tais economistas "modernos" enxergam no processo de trustificação e monopolização do capitalismo contemporâneo o caminho para o ordenamento e a regulamentação da atividade econômica a se realizar pela autoridade e pela ação das empresas trustificadas e em benefício, afirmam aqueles economistas, do conjunto da coletividade, incluídos os consumidores, que terão sempre melhores e mais baratos bens de consumo, e os trabalhadores, que terão salários mais elevados e maior segurança no emprego. Esses economistas, extrapolando o processo de concentração capitalista, projetam-no num futuro em que se realizem, afinal, concentração e unificação totais da atividade econômica sob a égide do capital controlado pelos empresários e dirigentes do sistema.

Essa fantasia, que na realidade não passa de uma defesa disfarçada do mundo atual de monopólios e que não encontra justificativa aceitável no terreno dos fatos conhecidos e da experiência passada e atual do capitalismo nem no plano da teoria, já conta com longa história, pois vem desde os primeiros sintomas marcantes da trustificação da economia capitalista. Constitui, aliás, pode-se dizer, a mais acabada teorização dessa nova economia. Encontramo-la esboçada, já em fins do século passado, em Hobson[19], e ela foi defendida a princípio, o que é bem curioso e sintomático de muitas circunstâncias políticas da atualidade, não pelos economistas oficiais do capitalismo, e sim pelos revisionistas do movimento operário (Kautsky e cia)[20], que encontraram aí a maneira de explicar a transição gradual e pacífica do capitalismo para o socialismo. Lênin já deu conta devida desses revisionistas[21]. Mais recentemente, a teoria do supertruste foi retomada pelos economistas ortodoxos que não levam em mínima conta a tremenda exacerbação da concorrência entre estas verdadeiras potências internacionais que se tornaram os trustes nos últimos decênios, deslocando aquela concorrência até mesmo para o terreno das relações políticas internacionais, inclusive o da guerra. Ninguém ignora o papel proeminente que tiveram os interesses financeiros dos trustes nas duas grandes guerras do século atual, bem como em outras menores. E assim, se a concorrência capitalista tem hoje um caráter diferente da do século XIX, nem por isso é menos viva, o que mostra que a economia capitalista não

---

[19] John A. Hobson, *The Evolution of Modern Capitalism* (Londres, [W. Scott,] 1894) e *Imperialism, a Study* (Londres, [A. Constable & co., 1905] [1902]).

[20] "Revisionistas" do movimento operário são aqueles socialistas ou, antes, pseudossocialistas que entenderam "rever" o marxismo (donde seu nome), ajustando-o a necessidades e interesses do capitalismo. É isso que de fato vai em última instância resultar da concepção dos "revisionistas" de que o capitalismo se desenvolve natural e espontaneamente para sua transformação em socialismo, que seria como que uma última etapa do desenvolvimento do sistema capitalista.

[21] Em seu livro clássico [ed. bras.: Vladímir I. Lênin, *Imperialismo, estágio superior do capitalismo*. Trad. Paula Vaz de Almeida, São Paulo, Boitempo, 2021]. Para a crítica do revisionismo e do "ultraimperialismo" de Kautsky (ultraimperialismo, que seria o termo do desenvolvimento capitalista e a realização do novo sistema econômico ordenado do futuro), com base nos dados atuais, ver E. Varga e L. Mendelsohn, *New Data for V. I. Lenin's Imperialism, the Highest Stage of Capitalism* (Nova York, International Publishers, 1940), p. 241 e seg.

é capaz de se encaminhar por suas próprias forças e pelos estímulos que nela predominam para o ordenamento e a pacificação gerais.

Isso se comprova pela análise das circunstâncias em que se desenvolve a nova concorrência capitalista – circunstanciais, a saber, que provocam a concorrência e nas quais esta se realiza. Tais circunstâncias são determinadas precisamente pelos mesmos fatores que em última instância levam à desorganização do sistema capitalista e à iminência de sua destruição de que a trustificação constitui um derivativo e uma solução momentânea. Isso mostra que aqueles fatores permanecem vivos e atuantes. O novo tipo de concorrência capitalista em que eles se manifestam não pode, assim, levar a uma composição dentro do mesmo sistema capitalista para cuja ruína eles permanentemente contribuem. Realmente, que fatores são esses? Em última análise, o desequilíbrio latente, manifestado periodicamente nas crises de superprodução, entre o desenvolvimento das forças produtivas, e portanto da capacidade de produção, de um lado, e, do outro, a capacidade de consumo que não acompanha, e por sua natureza não pode acompanhar, aquele ritmo de crescimento da produção e que se atrasa cada vez mais. Trata-se, em suma, do fenômeno do subconsumo relativo que caracteriza o funcionamento do sistema capitalista e que analisamos no capítulo anterior. Devido a isso, agrava-se cada vez mais a dificuldade de escoamento e consumo da produção realizada e disponível. Recordemos, a propósito e a fim de comprovar o que se disse antes, que a trustificação da economia capitalista resultou precisamente de uma tal situação e se apresentou como solução, embora em benefício de um pequeno (mas poderoso) grupo de empresas monopolistas e em prejuízo das demais – solução apenas de emergência e provisória de uma luta econômica que ameaçava degenerar em caos. A trustificação, fruto do desequilíbrio econômico, não eliminou esse desequilíbrio, uma vez que manteve os elementos essenciais e fundamentais do sistema capitalista e geradores do mesmo desequilíbrio, a saber, a exploração do trabalho humano e a mais-valia e o lucro capitalista. Pelo contrário, com o correr do tempo, a trustificação agrava ou tende a agravar o desequilíbrio, porque importa tanto no desenvolvimento crescente da produção (uma vez que a produção em massa é condição essencial da atividade produtiva concentrada e de alto nível tecnológico que caracteriza as empresas trustificadas) como na redução relativa do consumo, o que é condição do lucro e particularmente do sobrelucro a que os trustes visam e que constitui sua própria razão de ser. O desequilíbrio do mercado tende, portanto, com a trustificação, a se acentuar. O que os fatos comprovam patentemente, pois nesta última fase do capitalismo, que é a do século presente e em que a trustificação se consolidou, já foi necessária por duas vezes a ocorrência de guerras tremendamente devastadoras e destruidoras de riqueza para restabelecer o equilíbrio rompido, o que, sem elas, tudo indica que não se realizaria. E, no momento mais atual (1957), não são as fantásticas despesas com os preparativos bélicos do governo norte-americano que estão assegurando um equilíbrio cuja precariedade se evidencia nas alarmantes flutuações de preços verificados cada vez que a situação política internacional "ameaça" desanuviar-se um pouco?

É sob o signo de um desequilíbrio cada vez mais acentuado que funciona o sistema capitalista moderno. E isso se traduz necessariamente numa concorrência exacerbada, uma vez que propõe agudamente às empresas produtoras o angustioso problema da venda e do escoamento de uma produção crescente num mercado relativamente sempre mais restrito. Não é sem motivo que aquele problema centraliza cada vez mais as atenções dos produtores, justificando-se plenamente a observação de Chamberlin de que "a venda se converteu numa parte da atividade econômica tão importante como a produção". Mais importante mesmo, como reconhece o mesmo autor quando acrescenta àquela observação que, "em verdade, podemos dizer que o homem de negócios típico de hoje se interessa mais na venda que na produção"[22]. Essa circunstância determina as novas formas que assume a concorrência; e abre perspectivas para um novo tipo de condicionamento do sistema capitalista na atualidade, e em que a teoria econômica deve tomar seu ponto de partida.

A ação e a política das empresas produtoras (que são agora esses imensos trustes que ocupam a maior e principal parte do cenário econômico)

---

[22] Edward Hastings Chamberlin, *Teoria de la competencia monopolica* (trad. Cristobal Lara Beautell e Victor L. Urquidi, México, Fondo de Cultura Económica, 1946), p. 177.

podem ser analisadas sob os dois aspectos em que elas se apresentam: de um lado, a luta pela eliminação dos concorrentes; de outro, a ação das empresas produtoras sobre o consumo e mercado para seus produtos. No que diz respeito à eliminação dos concorrentes, a ação dos trustes e sua resultante são bem distintas daquilo que se observa na concorrência clássica entre as pequenas empresas do passado. Já não se trata mais simplesmente em vencer adversários, procurando colocar-se melhor, em relação a eles, no terreno da eficiência da produção. O procedimento clássico das empresas produtoras consistia em conquistar o mercado desenvolvendo a produção ao mesmo tempo que reduzia os custos e, em consequência, os preços de venda. Conjugavam-se essas providências, pois se procurava alcançar um nível tecnológico tal que desse lugar a custos decrescentes. O aumento da produção e a redução de custos processavam-se, assim, paralelamente.

Dentro dessa norma de conduta, não havia mais para as empresas, de um modo geral, que se preocupar com seus concorrentes, a não ser conservando-se atentas para não permitir que eles, seguindo uma política igual à sua, se adiantassem no aperfeiçoamento tecnológico. Isso, aliás, se podia acompanhar indiretamente pela observação dos preços pelos quais os concorrentes ofereciam seus produtos: uma tendência baixista (excluída a circunstância de flutuações da conjuntura) significava produção mais barata e custos reduzidos. Produção mais eficiente, portanto, que os retardatários procuravam então acompanhar – quando não preferiam ou eram compelidos a abandonar o mercado por não estarem em condições de aperfeiçoar seus métodos de produção.

Em linhas gerais, era assim que se desenrolava a concorrência quando livre e envolvendo um grande número de empresas, cada qual contribuindo com uma fração relativamente insignificante para o conjunto da produção do ramo industrial considerado. Nenhuma das empresas visa específica e diretamente a seus concorrentes. Nem pode pretendê-lo, e sua ação é toda interior, doméstica, visando a seus negócios próprios e guiando-se unicamente pelo fator impessoal do preço do mercado que está fora de seu alcance direto e a que todos os produtores se têm de subordinar, pautando por ele sua conduta e sua política de produção.

Com trustes e monopólios, passa-se coisa inteiramente distinta. A começar pelo fato que o preço do mercado já não é mais fator impessoal e estranho à vontade individual do produtor, que sabe muito bem que suas deliberações têm no assunto uma influência direta e decisiva. O preço do mercado já não exprime mais os custos de produção de algum produtor marginal e representa apenas a conveniência momentânea do pequeno grupo de empresas dominantes e ligadas entre si por um acordo tácito ou, muitas vezes, expresso. O preço deixa, assim, de ser um índice e se torna uma arma. Arma que é manejada com dois propósitos: um pacífico, que é assegurar o escoamento total da produção: o truste fixará seus preços de maneira a poder vender todo o produto[23]. O outro objetivo da política de preços é destruir o concorrente ou obrigá-lo a um entendimento em que se fixem preços e cotas de produção tais que proporcionem à empresa vencedora na luta um máximo de ganhos na situação especial em que ela se encontra (capacidade de produção, produtividade, regime dos custos etc.). A ação do truste não é mais, como se dava com a antiga empresa do tempo da livre concorrência, impessoal. Torna-se específica e visa diretamente a concorrentes determinados. Trata-se expressa e imediatamente de eliminar um concorrente, de o absorver ou dominá-lo, ou pelo menos de lhe restringir a esfera, passando a ocupar seu lugar no mercado, ou parte desse lugar. Isso se obtém, entre outros métodos mais ou menos lícitos que não vamos aqui esmiuçar a fim de nos conservarmos quanto possível no terreno mais propriamente da teoria econômica, por meio de uma guerra de preços feita, não raro, à custa de grandes sacrifícios e prejuízos mesmo do concorrente mais forte.

Verifica-se, assim, que, por efeito tanto da ação pacífica dos trustes e monopólios como da ação agressiva, o preço do mercado e as flutuações que sofre deixam, em geral, de ser expressão do equilíbrio da oferta e da procura espontâneas do mercado. O que conta são a vontade e as decisões de luta ou de paz dos trustes concorrentes, e os preços refletem as vicissitudes de uma guerra incessante, às vezes declarada, em outras

---

[23] Mais rigorosamente, combinará o preço com o montante da produção e seu custo a fim de obter um máximo de ganhos.

latente, mas nem por isso menos viva. Quando um dos concorrentes está procurando desbancar seus adversários, os preços declinam; quando termina a luta aberta, seja pela derrota de um dos contendores, seja por um acordo expresso ou tácito, os preços sobem e tendem a se estabilizar. Alguns economistas ortodoxos recentes procuraram exprimir os fatos da concorrência nesta fase em que nos encontramos da trustificação do capitalismo numa nova teoria de preços decalcada na teoria clássica e tão mecanicista quanto ela. Entre esses economistas se destaca, como se sabe, Chamberlin, que foi quem apresentou a mais completa e melhor concatenada teoria daquela "concorrência monopolística" – designação que se consagrou e que serviu de título para sua obra[24]. A teoria da concorrência monopolística de Chamberlin, embora muito valiosa no que diz respeito à crítica da teoria clássica de preços, bem como pelas observações que faz acerca da grande transformação operada na economia capitalista de alguns decênios para cá e que não foi tomada na devida consideração pelos economistas ortodoxos mais conservadores que constituem ainda a maioria, não tem maior importância prática, porque não passa, como não podia passar, da análise casuística de algumas situações muito especiais da concorrência entre empresas monopolísticas. As variáveis, no caso, são sempre em tão grande número que não é possível exprimir de cada vez senão uma parte mínima delas. E qualquer seleção exclusivista leva necessariamente à configuração de situações artificiais e muito remotas da realidade. É o que ocorre com a teoria de Chamberlin que se aplica, quando se aplica, unicamente a um número insignificante de casos particulares que se verificam, se é que se verificam, excepcionalmente e por momentos muito breves. Daí se conclui que não é pelo caminho escolhido por Chamberlin e seus continuadores que se topará com uma interpretação e uma explicação gerais do funcionamento do capitalismo trustificado. O nível de preços

[24] Citamos essa obra, em nota anterior, na tradução espanhola. A obra original inglesa é *The Theory of Monopolistic Competition* (Cambridge, MA, Harvard University Press, 1933). Para uma análise e crítica geral das novas teorias de preço, ver "Competition in Markets of Few Sellers: The Theory", em George W. Stocking e Myron W. Watkins, *Monopoly and Free Enterprise*, cit., cap. 4.

e o volume da produção e da oferta – bem como o do consumo e da procura que veremos em seguida – não cabem mais numa teoria econômica no velho estilo de forças mecânicas que se opõem, compõem ou compensam; isto é, numa interpretação mecanicista em que oferta, procura e preços são determinados por forças cegas de um mercado impessoal. Aliás, desde quando Chamberlin propõe as premissas de sua análise, a insuficiência dela já se faz manifesta porque Chamberlin é obrigado a estabelecer *a priori* a condição da inexistência de quaisquer entendimentos diretos entre os concorrentes monopolistas. Ora, esses entendimentos, expressos ou tácitos (mas sempre da mesma natureza e exprimindo diretamente vontades pessoais bem caracterizadas), são da essência mesmo da moderna concorrência entre empresas monopolistas e não podem ser dela excluídos. Como também é da mesma essência o desentendimento, a luta declarada, quando então a flutuação dos preços e do volume da oferta não têm outra causa determinante que as multiformes manobras táticas dos contendores e não guardam mais relação alguma, próxima ou remota, com a norma da maximalização do lucro imediato na qual assenta, como se sabe, toda a análise da formação dos preços em situações ordinárias de concorrência.

Em suma, não é possível excluir na teoria da concorrência monopolista o fator pessoal, a personalidade do produtor que, no caso, é a empresa trustificada, e sua política econômica e financeira que visa a muito mais que um proveito imediato. Que visa sobretudo a seu crescimento que as contingências em que se encontra tornam imperativo (são as dimensões avantajadas relativamente a outros produtores que asseguram aos trustes a influência decisiva no mercado e, portanto, sua própria sobrevivência, que depende de um tal predomínio), bem como o acompanhamento necessário do crescimento que é o alargamento das vendas e do mercado para seus produtos.

Alcançamos, com isso, o outro aspecto com que se apresenta a ação dos trustes e que serve de base para a análise do funcionamento do capitalismo monopolista; a saber, a política de vendas. No capitalismo da fase clássica, isto é, no capitalismo liberal, não existe propriamente uma política de vendas. A demanda é dada ao produtor, que a aceita como tal e a ela se acomoda qualitativa e quantitativamente[25]. Nas condições em que operam os trustes monopolistas, condições, aliás, que provocaram a eclosão deles e favoreceram seu desenvolvimento, a saber, a limitação do poder aquisitivo do mercado capitalista em face da capacidade de produção do sistema, impõe-se uma política de vendas que abra caminho para o escoamento de uma produção crescente num mercado relativamente sempre mais restrito. Note-se que não é somente o fato da concorrência de vários produtores que limita as vendas de cada um. Mesmo quando uma empresa é exclusiva e constitui um monopólio no rigor da expressão (o que, aliás, é raro, só se verificando em casos excepcionalíssimos; voltaremos ao assunto), sempre se propõe a questão das vendas, porque é da natureza da produção capitalista em geral e da moderna produção monopolista em especial, como foi visto, a tendência à expansão ilimitada que só encontra barreira na tendência paralela da contração relativa do mercado por efeito do subconsumo derivado daquela mesma tendência à expansão da produção. A eventual eliminação de concorrentes é, assim, sempre parte da política econômica dos trustes, pois essa eliminação significa apenas uma nova oportunidade de expansão. Mas não resolve definitivamente a questão, porque logo em seguida se propõe de novo o problema da extensão da produção[26].

A política de vendas, peça essencial do capitalismo na etapa da trustificação, tem por norma diretora geral inverter a relação *demanda-produção* que espontânea e naturalmente se oferece nos fatos econômicos, fazendo do consumo função da produção. No capitalismo da primeira fase, tanto

---

25 Chamberlin critica a economia clássica que propõe nesses termos o dinamismo da produção capitalista. Sua crítica é justa no que respeita à aplicabilidade de tal premissa ao capitalismo atual, mas exagerada e falha se generalizada para o capitalismo liberal considerado pela economia clássica. Ver a crítica de Chamberlin em *Teoria de la competencia monopolica*, cit., p. 176.

26 Ao nos referirmos à expansão da produção capitalista não temos em vista a expansão em termos de volume da produção, e sim de valor monetário dela. Pode ser do interesse das empresas produtoras, e assim é frequentemente, estabilizar ou mesmo reduzir o volume da produção, o que depende do regime de seus custos e de outras circunstâncias. O que precisa crescer indefinidamente é o valor monetário da produção.

como no pré-capitalismo em geral, o processamento dos fatos econômicos vai do consumo para a produção, isto é, produz-se para consumir, e é, por isso, o consumo (como já observamos) que constitui o dado inicial a que a produção se deve conformar. No capitalismo monopolista, vai-se em sentido contrário, ou melhor, tende-se a isso; a saber, para tomar a produção como dado inicial e a ela conformar o consumo. É essa a tendência do capitalismo em sua fase atual e monopolista; e é uma tal tendência que a política de vendas de cada empresa produtora objetiva realizar em seu caso particular.

A inversão da função *demanda-produção* em *produção-demanda* é preparada pela evolução anterior da produção capitalista e pelo alto nível tecnológico nela atingido. De um lado, porque a maior parte da moderna demanda, por efeito daquela evolução e do alto nível tecnológico alcançado, é para fins produtivos; isto é, constitui-se de bens de produção (equipamentos e matérias-primas). Essa demanda de bens de produção ou consumo produtivo é naturalmente condicionada pela produção ou, em outras palavras, é função da produção. Até aí nada de novo, a não ser o grande relevo que no capitalismo moderno, como assinalamos, adquire a demanda para consumo produtivo. Mesmo, contudo, no caso dos bens de consumo final, o papel da produção e sua natureza adquirem uma participação de vulto na determinação e na especificação de tais bens. Observando-se as necessidades do homem moderno de membro das comunidades de alto nível do mundo de hoje (pelo menos aquele homem que, em minoria embora, é o que realmente conta para os efeitos do consumo), verifica-se que tais necessidades e a demanda de bens e serviços por elas determinada derivam em alto grau da própria natureza da produção e de seu nível tecnológico. É a natureza da produção que configura e, podemos dizer, que gera as necessidades. Dito em outras palavras, isso significa que é a natureza das atividades produtivas que dá o tom da vida coletiva moderna e configura a maior parte das circunstâncias dessa vida; determina, por conseguinte, em parte considerável, as necessidades dos indivíduos dela participantes. Uma instância flagrante e muito simples disso nos é dada pela necessidade de comunicações rápidas para os indivíduos, que são hoje quase tão importantes como o ar que respiramos e são fruto evidentemente de um estilo de vida determinado pela natureza das atividades produtivas.

É certo que uma tal observação poderia ser generalizada, pois em qualquer sistema econômico, e não apenas no capitalista, o consumo e a demanda são sempre condicionados, de certa forma, pela produção, uma vez que somente se pode pretender, e portanto demandar, aquilo que existe e foi produzido. Mesmo na mais primitiva coletividade humana, o consumo que nela se faz de raízes e frutos silvestres é condicionado pela natureza da produção e pelo baixo nível tecnológico existente que não proporcionam outros alimentos. Tal situação, contudo, e a relação de dependência do consumo para com a produção se caracterizam e se acentuam cada vez mais na medida do progresso econômico; além disso, atingem alta expressão nas condições do mundo moderno em que as imensas possibilidades e a consequente versatilidade extrema da produção abrem tais perspectivas que se imprimem decisivamente nas necessidades econômicas do homem, a saber, aquelas necessidades que de fato ele sente e que impulsionam sua demanda de modo direto. Realmente, as condições do mundo moderno fazem as necessidades primordiais e biológicas do homem, aquelas em que assenta, afinal, todo o edifício das relações econômicas e das atividades que elas implicam, recuarem para um segundo e apagado plano, que passa quase desapercebido, em favor de outras necessidades derivadas, nas quais a participação da natureza e do tipo da produção prevalecente contribui decisivamente. Assim, a fome e a sede, por exemplo, embora constituam o fundamento último da necessidade alimentar, não se apresentam mais ordinariamente como estímulos presentes e imediatos, e a maior parte dos alimentos, ou a maior parte do valor econômico neles contido, não se destina, em geral, imediata e diretamente, a saciar a fome e a sede, e sim a satisfazer o paladar. É nessa satisfação do paladar que a produção de alimentos se aplica – e é evidentemente em grande parte, e quase na íntegra, por ela que se conforma. O impulso vem da produção que precede a necessidade e a determina e origina. Passe-se em revista, para verificá-lo, a maior parte – se não quase a totalidade – do consumo alimentar do homem moderno (com a restrição citada); é a natureza da produção que gerou a necessidade que vai satisfazer. Isso é ainda mais caracterizado no caso de outras necessidades mais complexas, como do abrigo (vestuário, habitação). Em suma, a parcela que na maior parte da demanda moderna cabe ao artifício da produção é considerável e certamente a de maior vulto.

Concluindo, a produção econômica do mundo moderno, ao mesmo tempo que exerce sua função natural e originária de proporcionar satisfação às necessidades humanas, contribui também, numa ação de retorno, e cada vez mais decisivamente, à própria configuração dessas mesmas necessidades. É disso que se prevalecerá, em proporção crescente, a produção trustificada do capitalismo de nossos dias ao procurar resolver seu problema máximo, que é abrir caminho num mercado relativamente cada vez mais estreito. Será isso a "política de vendas" que objetivará menos satisfazer uma demanda espontânea e preexistente, que provoca essa demanda. O que a política de vendas tem em vista é, antes de tudo, o poder aquisitivo genérico presente no mercado e suscetível de ser aproveitado pela produção nas melhores condições possíveis; propondo-se, em seguida e somente então, a maneira pela qual se distribuirá aquele poder aquisitivo pela demanda específica dos diferentes bens a ser produzidos. Em outras palavras, a produção, por meio de sua política de vendas, visa originariamente não a atender a esta ou aquela necessidade e demanda específica, mas antes, e considerando genericamente o poder aquisitivo disponível e aproveitável, à maneira de tirar dele o melhor partido, orientando consequentemente em tal sentido a demanda e sua especificação. É a isso que se propõe a produção moderna e é nisso que ela fundará a sua política. A saber, numa diversificação e numa especificação da produção tais que, para um poder aquisitivo disponível e aproveitável dado, proporcione a captação com um máximo de proveito, sob a forma de lucro, da maior parte possível daquele poder aquisitivo.

Observa-se aqui outro terreno além daquele já considerado, em que se situa a concorrência moderna: a disputa entre as empresas produtoras em torno do poder aquisitivo potencial do mercado consumidor, utilizando cada qual daquelas empresas para isso as alternativas, facilmente substituíveis umas pelas outras, de um consumo ditado por necessidades extremamente versáteis porque fruto em geral de contingências superficiais sobre as quais atuam sem maior dificuldade os poderosos recursos dos produtores modernos. Já lembramos que a maior parte das necessidades efetivamente atuantes na esfera dos fatos econômicos da atualidade conserva uma relação remota com as exigências fundamentais do homem. São, assim, pouco profundas e de caráter essencialmente precário e instável; e para conformá-las à conveniência aos interesses dos produtores, há grandes recursos disponíveis. A publicidade é o principal. E não somente a publicidade direta e declarada, mas também a mais sutil e insidiosa, que hoje se organiza entre outras formas nas chamadas "relações públicas" das grandes empresas, por meio das quais estas últimas conquistam prestígio, confiança e boa vontade junto ao público consumidor, passo preliminar para a manipulação de gostos e necessidades em que se funda a política de vendas.

Abre-se aí um campo imenso para a concorrência entre produtores das mais variadas especialidades, cada qual procurando modelar as necessidades e os gostos dos detentores e dos dispensadores de poder aquisitivo, que é o público consumidor, segundo normas que levem ao consumo de seus respectivos produtos. Uns idealizarão o lar e a vida caseira: são os produtores de aparelhos domésticos, geladeiras, aspiradores de pó e máquinas de lavar; outros valorizarão a vida exterior e a importância de possuir um belo automóvel... Cada qual apresentará e pintará a vida a seu modo, intervindo, assim, mais ou menos decisivamente, conforme seus recursos e sua habilidade, não só na configuração dos gostos e das necessidades dos indivíduos, mas ainda em suas aspirações e, afinal, até mesmo nos ideais coletivos que se vão fazendo expressão da política de produção e vendas das grandes empresas e de seus dirigentes e empresários. A coletividade consumidora poderá, quando muito, escolher entre os padrões que respectivamente lhes apresentam os vários grupos de oligarcas da moderna economia capitalista. Mas, em conjunto, cabe a estes últimos a voz suprema; e essa voz se acentua sempre, escusado dizê-lo, naquilo capaz de se traduzir melhor em artigos vendáveis que proporcionem negócios aos empresários e lucros convenientes. E assim se vai modelando a vida humana em regime capitalista.

Não nos alongaremos na consideração de outras formas com que estas figuras centrais do capitalismo trustificado, que são os empresários da produção, conseguem com o domínio completo dessa produção dominar também o consumo. E acrescentaremos apenas que os modernos trustes, através de uma complexa rede de atividades produtivas concentradas vertical e horizontalmente, ou de empresas interligadas e dependentes num regime de coação mais ou menos aparente, congregam em imensas comunidades de interesses em que predominam, naturalmente, os particulares de alguns diretores supremos, tanto a produção como boa parte do consumo de bens produtivos, pois umas unidades do conjunto se fazem fornecedoras de outras. E essa rede se estende até o comércio de varejo e consumo final por uma política discriminatória na distribuição dos produtos, de tal maneira que as mercadorias levadas ao consumidor acabem sendo menos aquelas que ele espontaneamente escolheria que outras de forma mais ou menos velada são impostas pelos mesmos senhores da produção.

Em tais condições, sobra evidentemente muito pouco da passada livre-iniciativa e da liberdade econômica do capitalismo primitivo considerado pela economia clássica. As decisões e a ação, tanto de produtores como de consumidores, se subordinam estreitamente à vontade soberana de uns poucos dirigentes supremos das atividades econômicas. Os fatos perdem, assim, o caráter que tinham – e que a economia clássica consagra – de resultantes impessoais do concurso de uma infinidade de indivíduos agindo cada qual espontaneamente e sem determinação exterior e se fazem expressão da vontade e das decisões de um punhado apenas daqueles indivíduos. Deixam, assim, de ter validade as premissas da economia clássica, cujas linhas gerais e fundamentais os economistas ortodoxos, com raras exceções, e os neoclássicos, inclusive, aceitam e colocam na base de sua análise e de suas teorias.

A incompatibilidade das premissas clássicas com as condições modernas do capitalismo se observa ainda, de forma patente, neste elemento central e nevrálgico do sistema capitalista, que é o *lucro capitalista*, cuja forma – a exterior pelo menos – tem hoje muito pouco em comum com o modelo clássico. Realmente, o lucro visado no empreendimento produtivo e que constitui o estímulo deste último não é mais, ou não é somente e nem mesmo principalmente, a remuneração do capital como capital; isto é, o capital como simples expressão de um valor que se emprega na aquisição dos fatores produtivos: força de trabalho, equipamentos, matérias-primas etc. É sobretudo a remuneração do empresário que está em jogo. Remuneração essa que resulta muito menos da parcela de capital com que o empresário concorre, parcela essa sempre insignificante em confronto com os proveitos auferidos e que pode até ser nula, como é em muitas instâncias[27], que de outras fontes que são em particular as manipulações financeiras e as receitas que sob variadas formas decorrem da função administrativa exercida pelo empresário. Como incorporador, diretor e senhor absoluto das empresas que organiza e gere, o empresário tem as mãos livres para jogar e manobrar em benefício próprio e de seu grupo com os recursos daquelas empresas, seja especulando com seus títulos, seja atribuindo-se gordos salários, comissões e outras formas de participação nas receitas – seja, ainda, apropriando-se por outros processos mais ou menos lícitos dos resultados das operações sociais. A grande massa dos capitalistas que concorrem para a formação do capital se conserva, pelos motivos que já vimos, à margem da administração e da gestão do negócio. Limita-se a perceber os dividendos que os diretores concordam em distribuir entre eles. Somente nessas ocasiões são lembrados e sua existência se faz notar; ou, então, nos brindes com que em banquetes e coquetéis promovidos pela diretoria se homenageia,

---

[27] A participação dos diretores no capital das grandes empresas que administram é com frequência tão insignificante, se não nula, que se pode considerar nelas, como de fato já foi considerado, uma separação completa entre a administração e a propriedade. A administração é dos diretores, e a propriedade, dos acionistas, que nada têm a ver com aquela administração. Essa separação entre *propriedade* e *administração* constitui um fato novo e singular do capitalismo trustificado, sem correspondente em outros sistemas econômicos e jurídicos nos quais a propriedade sempre significou especificamente o direito de uso e gozo da coisa objeto da propriedade. Chamaram a atenção para esse fato os trabalhos já citados de Gardiner C. Means e Adolph A. Berle Jr. Para mostrar a sua importância, é de observar que já em 1929 (não há estudos mais recentes sobre o assunto), em 65% do número e 80% do valor global das duzentas maiores empresas norte-americanas, o controle das empresas não se encontrava nas mãos de acionistas e proprietários, e sim de administradores desligados completamente daquela propriedade.

segundo a irônica fórmula dos hábitos comerciais norte-americanos, o OPM, *other people's money*, o dinheiro alheio com que se financia e se alimenta o que de fato representa negócio particular do empresário, de seus amigos, aliados e auxiliares diretos e domésticos[28].

Apesar do papel considerável que representa a remuneração percebida pelo empresário no funcionamento do sistema produtivo do capitalismo trustificado – uma vez que é ele que constitui o estímulo principal da produção que é o empresário quem promove com o objetivo naturalmente de um tal benefício –, a economia ortodoxa apenas a toma em consideração; e, embora a assinale, mostra-se incapaz de a incluir de fato em sua sistemática. A esse propósito, é interessante observar que Keynes e seus sucessores, centralmente preocupados, embora, como estão com as inversões e os fatores que as condicionam e determinam, omitam o fator que precisamente representa o principal papel no caso, a saber, o empresário e os proventos que retira de suas atividades. Os economistas ortodoxos reconhecem, em geral, que a função do empresário ainda não foi levada em devida conta em sua teoria econômica[29]. Mas não percebem a razão principal disso, que vem a ser o fato que realmente não cabe nessa teoria. Segundo a teoria ortodoxa, os proventos resultantes da produção representam a remuneração dos fatores produtivos. Ora, que "fator produtivo" é o empresário? Já se afirmou, e isso se encontra em alguns manuais de economia, que o "empreendimento e administração" constitui, a par do *trabalho*, da *terra* e do *capital*, um quarto fator produtivo.

---

[28] Keynes, quando em *The General Theory of Employment, Interest and Money* (Nova York, Harcourt Brace and Company, [1936] cap. 24, II) se refere incidentemente à eventualidade (que ele advoga) de um capitalismo sem lucro e sem titulares do capital, bem como ao desaparecimento da classe dos *rentiers* ("o inversor sem função" que se limita a aplicar seu capital em títulos e não faz mais que receber juros), sem excluir, todavia, o empresário de que Keynes é caloroso apologista, ele está evidentemente falando como representante deste novo capitalismo, que no essencial já se encontra presente nos fatos e que Keynes não tomou na devida consideração ao elaborar sua teoria geral.

[29] Ver observação de Arthur H. Cole, "An Approach to the Study of Entrepreneurship", em *Enterprise and Secular Change. Readings in Economic History* (Londres, American Economic Association Series, 1953), p. 187, nota 11.

Isso, contudo, não se ajusta convenientemente na teoria econômica e ficou, portanto, como uma observação mais ou menos vaga e marginal de que os economistas não se ocupam nem se podem ocupar seriamente. Serviu, todavia, para alimentar uma copiosa subliteratura econômica, com incursões pela política, com que se pretendeu e ainda se pretende em alguns círculos apresentar o empresário como uma figura revolucionária cuja irrupção no cenário econômico trouxe a queda da burguesia, a derrocada do capitalismo e o advento de uma nova era na evolução econômica e política da humanidade. A "economia do empresário" seria um substitutivo, como se chega a dizer, para a "utopia socialista" do século XIX, hoje definitivamente ultrapassada[30].

Tudo isso não passa evidentemente da mais pura fantasia. O empresário é, na realidade, um capitalista, embora perceba seu rendimento ou sua remuneração sob forma diferente da dos capitalistas ordinários. O que interessa no caso e serve para caracterizar os titulares ou manejadores do capital entre os quais evidentemente se incluem os empresários não é a designação sob que eles auferem seus proventos, e sim a origem desses proventos e a forma pela qual são apropriados, a saber, a mais-valia proveniente do sobretrabalho e extorquida à força de trabalho. É isso que interessa à teoria econômica, e, sob esse aspecto, o empresário se apresenta na qualidade de qualquer outro capitalista. O capitalismo trustificado conserva as mesmas bases que o capitalismo liberal que o precedeu e donde provém sem solução de continuidade; a saber, a exploração do trabalho humano em que se origina a mais-valia e o lucro capitalista. Esse lucro se distribui hoje de maneira diferente, e não é mais a lei da equiponderação do lucro que vigora na distribuição. Não é só ela, em todo caso. Intervém uma circunstância nova que é a remuneração do empresário. Essa remuneração se desconta do lucro antes de se processar a divisão proporcional dele entre as diferentes parcelas do

---

[30] Quem se aventurou mais nesse terreno, servindo de modelo avançado para os demais, foi o livro de Burnham que fez época nos círculos mais reacionários do capitalismo. Ver James Burnham, *The Managerial Revolution* (Nova York, [The John Day Company,] 1941).

capital invertido na produção e nas atividades complementares (comércio, finanças). Cabe à teoria econômica analisar esse fato novo e determinar as leis que o regem. Mas isso não implica uma transformação substancial e fundamental do sistema capitalista, que permanece essencialmente o mesmo. E se aquela análise não cabe nos quadros ortodoxos da economia política, isso se deve à insuficiência e à inadequação daqueles quadros, construídos *ad hoc* como são para apresentar o funcionamento do regime capitalista sob aspecto favorável e justificável aos olhos dos trabalhadores que lhe sofrem o ônus.

Esse ponto, todavia, não nos interessa aqui diretamente, e basta-nos reconhecer a nova situação criada pelo advento do capitalismo trustificado a fim de analisarmos as condições daí resultantes para o estabelecimento do equilíbrio econômico, isto é, para o entrosamento harmônico da produção e do consumo. Esse entrosamento constitui a finalidade básica de todo sistema econômico. No capitalismo liberal, como já vimos, ele se realiza ou tende a se realizar (e é isso que caracteriza o sistema em confronto com os demais que o precederam) pelo "livre jogo dos fatores naturais", isto é, pelo concurso da livre ação dos indivíduos participantes das atividades econômicas, determinando-se cada qual autonomamente e por sua própria conta e risco. A resultante dessa ação múltipla leva automaticamente ao equilíbrio, e a maneira como isso ocorre, bem como as leis que regulam essa ocorrência, constitui o objeto específico da economia política.

Nas novas condições do capitalismo trustificado, a situação se apresenta de outro jeito. Como vimos, à livre determinação e ação autônoma do conjunto dos participantes das atividades econômicas da coletividade substituem-se as decisões e as determinações de um pequeno número de indivíduos que controlam toda aquela atividade. Assim sendo, não há mais lugar para o "livre jogo dos fatores naturais", e os fatos econômicos deixam de ser resultantes daquele "livre jogo" que não existe mais para se tornarem expressão da vontade de uns poucos dominadores da vida econômica das coletividades. São esses indivíduos privilegiados, que são os "empresários", que por suas relações diretas e pessoais entre si, sejam hostis e de natureza competitiva, sejam pacíficas e dando em acordos e combinações, ditam a norma dos fatos econômicos – não somente os da produção, mas até mesmo, em boa parte, os do consumo, que por essa ou aquela forma, e muitas vezes de maneira decisiva, eles conseguem controlar acima da própria vontade dos principais interessados, que são os consumidores. É em sua respectiva política de produção e vendas que se exprimem a vontade e as determinações de cada empresário, e é assim essa política e os propósitos e os planos que a orientam que vão em conjunto constituir a matéria-prima dos fatos econômicos do capitalismo trustificado. De espontâneos e "cegos" (na expressão de Gardiner Means anteriormente citada), isto é, independentes de vontade individuais, os fatos econômicos se tornam resultantes de planos conscientes e pensadamente estabelecidos – e visando objetivos expressos de antemão fixados. É por meio de tais planos, portanto, que se há de realizar o ajustamento da produção e do consumo e o equilíbrio econômico.

Isso naturalmente representa uma situação extrema que de fato não se chega a realizar nem é realizável no regime capitalista, pois implica uma só vontade e, portanto, um interesse homogêneo, o que não é nem nunca será o caso naquele regime, mesmo que nele não se considere a irremovível divergência que separa capitalistas e trabalhadores. É em conjunto que os empresários controlam a economia, e eles são muitos, situam-se em planos diferentes e se agrupam e se reagrupam permanentemente de diversas maneiras e ao sabor das contingências de uma luta declarada ou surda entre eles que não cessa nunca. Por isso os empresários não chegam, e não podem chegar jamais, a um acordo geral e definitivo. A isso se opõe a própria natureza dos interesses que eles encarnam: cada qual ou cada grupo momentaneamente procurando desviar para si a maior parcela possível de um valor que a cada momento dado é fixo e determinado, a saber, a mais-valia disponível de que se alimenta o lucro capitalista de onde provém, como vimos, a remuneração dos empresários.

Mas, se aquela situação ideal de uma vontade única a dirigir o funcionamento do sistema e de um plano singular operando na configuração dos fatos econômicos é irrealizável, o capitalismo trustificado tende a ela, pois cada empresário se esforça nisso em seu benefício, e na medida de seus sucessos dela mais ou menos se aproxima, embora naturalmente sem nunca a alcançar, pois outros empresários agem no mesmo sentido e eles também têm seus sucessos. Dessa contradição se alimenta permanentemente a dinâmica do capitalimo trustificado, e por ela os planos particulares de cada empresário ou grupo de empresários serão realizados tanto melhor quanto as empresas ou, antes, os grupos de empresas que cada qual controla assistem à derrocada de um adversário mais fraco e veem, com isso, crescer seu raio de ação; até o momento em que eles também se mostram os mais fracos e são eliminados por outro grupo momentaneamente mais poderoso e que, em consequência da vitória, ainda se fortalecerá mais e poderá traçar e realizar planos mais amplos.

Em suma, o elemento "concorrência", que compõe toda a atividade do antigo capitalismo liberal, assume feição nova, na qual se acentua cada vez mais um elemento de planificação. Ao se iniciar essa transformação, lá pelo último quartel do século passado, a concorrência pura ainda prepondera de modo absoluto e constitui por isso o estado normal do sistema. A planificação introduzida por acordos, combinações, cartéis e consolidações apresenta-se, assim, como um corpo estranho, desfigurador e perturbador que será, por isso, combatido. Intervém o Estado não para cercear a liberdade econômica, como será mais tarde, mas, pelo contrário, a fim de que essa liberdade geral não seja cerceada pela liberdade de uns poucos. A intervenção do Estado liberal e as restrições à liberdade econômica que ele estabelece têm por objetivo a própria liberdade. Na Alemanha, data de 1870 uma lei contra as "coligações"[31]. Na França, será aproveitada, no combate aos acordos destinados a limitar a livre concorrência, a velha legislação liberal dos primeiros anos do Novo Regime, a Lei Le Chapelier, bem como os dispositivos do código penal que capitulam crime as reuniões e as coligações de comerciantes para restringir as vendas ou influírem nos preços. Observa-se a mesma coisa em outros países[32]. É nos Estados Unidos, todavia, que a legislação

[31] Pierre Mendès France e Gabriel Ardent, *La Science économique et l'action* ([Paris,] Unesco[/Juillard], 1954), p. 178.

[32] Ibidem, p. 180.

antitruste terá um papel mais marcante e efetivo, destacando-se nela o famoso Sherman Act de 1890. À medida, porém, que o processo de concentração da produção se desenvolve e se intensifica (já vimos que se trata de fato inerente à evolução do sistema capitalista e que, portanto, nenhuma legislação que respeitasse os fundamentos do sistema poderia inibir, como de fato não inibiu) e que, portanto, o elemento planificação vai ganhando terreno sobre o elemento concorrência, a situação legal e jurídica na matéria tende a se modificar, porque é agora a concorrência que se faz elemento perturbador. Quando a produção se distribui e se esfarela numa infinidade de minúsculas unidades autônomas, como ocorria no passado, cada qual delas em si insignificante, a concorrência não tinha outros efeitos que restritas oscilações de preço (não consideramos as flutuações cíclicas da conjuntura que não se relacionam diretamente com a concorrência) e a eventual eliminação de algum produtor incapaz de acompanhar o progresso econômico, cujo desaparecimento não trazia maiores consequências para o conjunto da economia. Pelo contrário, avantajava-a pela seleção operada.

O caso se faz diferente quando a concorrência é entre empresas maiores e já de certo vulto relativo no conjunto. Aí a concorrência se faz luta de preços, com o resultado de fortes oscilações que muitas vezes atingem indiscriminadamente, em suas aleatórias contingências, produtoras de todas as categorias, os capazes tanto quanto os incapazes. Esse tipo de concorrência torna-se particularmente grave nas fases de depressão e acentua as crises. Vimos, aliás, que a concentração constituiu uma defesa natural contra as flutuações da conjuntura: torna as empresas mais resistentes e assegura, assim, melhor a estabilidade do sistema. Além disso, os reveses sofridos por uma pequena empresa – e mesmo sua eliminação – não têm repercussão sensível fora dela. O mesmo não ocorre no caso de uma empresa de certo vulto que direta ou indiretamente polariza as atividades e os interesses de grande número de indivíduos: operários e empregados, fornecedores e revendedores etc. Acrescente-se a tudo isso que a concentração e o crescimento das empresas as situavam cada vez melhor no plano da influência política. Os adeptos da livre concorrência e os mais interessados nela, que são sobretudo as empresas menores, perdem, por isso, terreno. Por todos esses motivos, a luta antimonopolista vai amainando e acaba mesmo mudando de caráter. Já não se tratará mais de combater a concentração em si, e sim unicamente naquilo em que não realizava os propósitos que o curso natural dos acontecimentos dela exigia, a saber, a estabilização da atividade econômica, a segurança maior dos produtores e, como consequência disso, um aperfeiçoamento da produção. Essa transformação da luta legal contra os monopólios se evidencia de forma patente, entre outros, na interpretação dada pelos tribunais norte-americanos ao Sherman Act a partir de 1911, na qual se caracteriza a legislação antitruste existente como dirigida *contra o abuso do poder e não contra o poder de abuso*[33]. Será a chamada "regra da razão" (*rule of reason*). O monopólio em si, o *good trust* como será designado, se consagrava[34].

Com o progresso da concentração, a planificação ganha cada vez mais terreno. Ramo industrial atrás de ramo – e começando pelos de maior expressão, como a siderurgia e a indústria mecânica pesada – vai sendo absorvido por alguns gigantes que se entendem entre si ou lutam para afinal chegar a algum entendimento que assinala o ponto de equilíbrio das forças respectivas. A planificação vai, assim, ganhando terreno, e cada vez mais as atividades econômicas se submetem a planos de antemão traçados que resultam da política assentada em cada empresa. Cada uma delas, abrangendo setores mais ou menos amplos, procura avaliar o poder aquisitivo do mercado (e por isso a "pesquisa de mercados" se vai tornando ramo auxiliar fundamental da ciência da administração) e fixa sua política de vendas (publicidade, facilidades de pagamento etc.) destinada à conquista daquele poder aquisitivo; planifica em consequência sua produção, e com ela as inversões a realizar, as fontes que

---

33 É esta a fórmula literal da nova jurisprudência. Ver George W. Stocking e Myron W. Watkins, *Monopoly and Free Enterprise*, cit., p. 36.

34 Recentemente, a França adotou legalmente um princípio semelhante. Um decreto de 9 de agosto de 1953, embora estabelecendo o princípio da proibição de práticas contrárias ao pleno exercício da concorrência, abre uma exceção para aquelas práticas que têm por objeto a melhoria dos mercados e o desenvolvimento do progresso econômico. Pierre Mendès-France e Gabriel Ardent, *La Science économique et l'action*, cit.

lhe proporcionarão os recursos necessários para isso; fixa seus preços de venda, que se farão os preços do mercado. Em suma, cada empresa planifica pormenorizadamente sua atividade futura porque é imperioso que o faça, não podendo subsistir como as antigas e minúsculas unidades produtoras, que vivem como de um dia para outro, modelando progressivamente sua ação nas ocorrências de cada momento, ocorrências essas que delas independem. Isso que era possível e necessário no caso daquelas pequenas unidades não é mais no de grandes empresas, verdadeiros Estados dentro do Estado, e como este último grandes demais, e por isso sem a flexibilidade e a plasticidade necessárias para viverem aleatoriamente ao sabor de circunstâncias fora de seu alcance. Resulta daí que, para se manterem, esses "acontecimentos", que são os fatos econômicos, hão de ser obra sua e de seus planos. E assim será de fato, porque ocupando as grandes empresas planificadoras ou todo ou quase todo cenário econômico, é o conjunto dos fatos econômicos que resultará planificado. Uma planificação naturalmente desconexa porque se trata efetivamente de vários planos, um para cada empresa, e por isso chocando-se e se contrariando em muitos pontos. Todas as empresas – ou, antes, grupos trustificados – têm seu ângulo particular de visão ditado por interesses próprios e sua maneira específica de considerar e interpretar os fatos. Não há, pois, para o conjunto da economia, unidade de vistas, de esforços, de ação. O equilíbrio entre produção e consumo que as empresas realizam no papel e que procuram traduzir nos fatos é perturbado pela multiplicidade dos planos e pela divergência de interesses. Essas perturbações são mais ou menos graves. Em 1929-1930, desencadeiam a maior crise da história.

Intervém, então, o Estado para impor autoritariamente o entrosamento de todos os planos particulares. Disso resulta, nos Estados Unidos, o New Deal do presidente Roosevelt, em particular o National Recovery Act, o famoso NRA, que, embora declarado inconstitucional pela Suprema Corte dois anos apenas depois de promulgado, teve duração suficiente não só para produzir muitos de seus efeitos, como, sobretudo, para indicar a norma administrativa ideal do Estado burguês da era do capitalismo trustificado: a eliminação da concorrência e a realização do equilíbrio econômico da produção e do consumo não pelo "livre jogo dos fatores naturais", e sim pela planificação dos grandes trustes.

O NRA, escreve um observador autorizado que já citamos[35],

> é manifestamente a reafirmação da tese que fundamenta as grandes empresas (*big business*), a saber, que a concorrência é inconveniente para os negócios. O Congresso [norte-americano] revogou de fato as leis antitruste quando, com os chamados *códigos de concorrência leal*, autorizou a formação de sindicatos abrangendo o conjunto de um ramo industrial.

Aqueles códigos, como se sabe, regulavam o estabelecimento de acordos entre as empresas de cada ramo industrial de maneira que a política de produção e vendas fosse fixada por maioria de votos daquelas empresas congregadas em sindicatos.

Para tirar qualquer dúvida relativamente à natureza e à finalidade dessa intervenção do Estado, citemos a conclusão do mesmo autor:

> Com poucas exceções, os códigos aplicados às indústrias manufatureiras estabilizaram os negócios [isto é, realizaram o equilíbrio econômico da produção e consumo] subordinando os interesses e as oportunidades de crescimento das pequenas empresas aos interesses das grandes companhias.

O Estado se fazia instrumento confesso do capitalismo trustificado, e sua política intervencionista, ao contrário da anterior já referida e que procurara salvaguardar o capitalismo liberal e a concorrência, voltava-se agora contra a liberdade e a concorrência. O capitalismo trustificado obtinha um reconhecimento jurídico oficial.

Com isso os trustes se fazem supremos. Nada mais os embaraça... a não ser o próprio Estado depois que eles se afirmaram e eliminaram, com a ajuda do Estado, a liberdade dos demais. Não há mais outra "liberdade" no domínio econômico se não a deles, trustes; e qualquer restrição à nova "liberdade" somente teria o efeito de os atingir e cercear sua ação. Por isso, os trustes se tornam "liberais" e se voltam contra o

---

[35] Theodore J. Kreps, *Business and Government under the National Reserve Administration*, cit., e *Report of the Presidents Committee on Industrial Analysis*, cit.

Estado intervencionista. É isso que explica o neoliberalismo hoje mais uma vez em voga nos domínios da economia política ortodoxa.

A continuação da história, naquilo que nos interessa aqui particularmente, se encontra ainda em curso. A conjuntura favorável criada pela guerra e o pós-guerra (reconstrução e Guerra Fria) adiaram os problemas do equilíbrio econômico que se está realizando sem maior dificuldade, ou com dificuldades de menor importância, porque a capacidade produtiva do capitalismo trustificado, apesar de seu crescente índice, encontra pela frente uma capacidade de consumo igualmente inflacionada pelo desperdício das despesas bélicas; e, até muito recentemente, pelos gastos com a reconstrução da Europa devastada e pelo poder aquisitivo do mercado norte-americano acumulado durante a guerra e por efeito da limitação forçada do consumo durante as hostilidades. Está contando ainda, para o equilíbrio da produção e do consumo, esta maravilhosa descoberta do crédito ao consumidor – nossa "venda a prestações"–, que constitui poderoso, embora artificial e precário, estímulo ao consumo.

Os economistas, todavia – e com eles a generalidade da opinião pública, em especial nos Estados Unidos –, não se deixam iludir demais com essa conjuntura favorável que ameaça permanentemente se inverter. Não nos importa aqui a explicação que os economistas ortodoxos dão a essa futura e fatal inversão da conjuntura: já consideramos suas opiniões em capítulo anterior. Interessam-nos aqui, unicamente, a previsão que fazem e a terapêutica preventiva que propõem. Isto é, a maneira como pretendem evitar o desequilíbrio econômico e o sempre iminente desajustamento entre a *produção* crescente do capitalismo trustificado e de suas gigantes empresas cada vez mais acirradas na luta pela conquista do poder aquisitivo do mercado à custa umas das outras – o que as obriga a crescer ininterruptamente – e, por sua vez, o *consumo* em declínio relativo; isto é, a "demanda efetiva" de Keynes, que é a única que interessa num sistema econômico como o capitalismo em que não se visa a satisfazer necessidades humanas e somente se considera o consumo como capacidade de pagar. Em suma, como pretendem os economistas ortodoxos, são agora os neoclássicos da ortodoxia econômica que se ocupam do assunto, porque os outros, é verdade que raros, continuam pregando no deserto o retorno aos bons tempos do capitalismo liberal, como pretendem eles assegurar o equilíbrio e o entrosamento harmônico da produção e do consumo?

Dentro da variedade de soluções apresentadas, uma ideia central e comum se encontra em todas elas: a de fazer do Estado um consumidor alternativo; isto é, que substitua eventualmente o consumidor privado e ordinário, seja de bens de consumo propriamente, seja de bens de produção, quando a demanda daquele consumidor privado se mostra insuficiente. Noutras palavras, para assegurar o equilíbrio econômico, trata-se de fazer do Estado o grande consumidor e inversor potencial sempre pronto para substituir os particulares e suprir as deficiências de sua demanda. Em última instância, e excluído o aparato científico ou pseudocientífico com que o assunto vem envolvido, é nisso que consiste a nova economia ortodoxa. Reconheceu-se que o equilíbrio econômico não se realiza espontaneamente nem tende a se realizar pelo simples "jogo dos fatores naturais". Atribui-se, então, ao Estado a tarefa de suprir a deficiência do mecanismo econômico capitalista. Como isso? Fazendo dele um consumidor e inversor providencial que intervém no momento oportuno na balança desequilibrada da oferta e procura. A ideia é simples, se não simplista. Mas, antes de a considerar, observemos de passagem que é esse objetivo da política econômica que imprime à economia política os novos rumos que nela se observam, o que constitui mais uma instância bem explícita da conexão entre a teoria e a prática que temos acompanhado no curso deste livro. A economia política que hoje encontramos desenvolvida na obra dos economistas ortodoxos em geral não passa de uma análise da "renda nacional", que em outras palavras vêm a ser o poder aquisitivo e a demanda efetiva que ocupam o centro das cogitações dos empresários da produção. E assim, mais uma vez e como sempre, a elaboração da ciência resulta da proposição de problemas práticos derivados da ação. Trata-se no caso da ciência ortodoxa, isto é, a serviço das forças conservadoras e dominantes do capitalismo que se encarnam essencialmente nos empresários capitalistas da produção, aos quais interessa naturalmente e de maneira primordial um equilíbrio econômico que para eles significa vendabilidade de seus produtos. E se frequentemente os economistas ortodoxos abordam esse problema pelo ângulo do nível adequado de emprego e ocupação da massa trabalhadora[36], isso é muito menos, se não nada, em consideração aos trabalhadores e seus interesses que aos riscos que decorrem para o regime de uma situação de desemprego generalizado.

Apesar disso, as pesquisas da nova economia ortodoxa, embora ocultando e disfarçando a causa profunda do desequilíbrio econômico que se encontra sempre, em última instância, no subconsumo da massa trabalhadora, aquelas pesquisas levam a conclusões muito interessantes que com frequência tangenciam os pontos nevrálgicos da questão e adquirem coloração pouco ortodoxa. Para comprová-lo, basta consultar a obra de alguns dos economistas de maior destaque na atualidade – os Hansen, Samuelson, Metzler, Lerner e tantos outros cuja linguagem muitas vezes assume o caráter de severa crítica ao capitalismo e de desalentadoras conclusões a respeito das perspectivas futuras do regime. Apesar de toda a boa vontade dos economistas ortodoxos, o capitalismo já chegou a um tal extremo de sua trajetória histórica, e devido a isso seus acanhados horizontes em termos de bem-estar humano se encontram de tal maneira à mostra que não é mais possível ocultar-lhe inteiramente os vícios congênitos. E assim os novos economistas, na medida em que procuram restaurar a abalada saúde de seu doente, são obrigados a reconhecer esses fatos a fim de procurar para eles um corretivo adequado. E é por isso que a nova economia ortodoxa nem sempre é do agrado dos setores dominantes do capitalismo, que fazem como o doente que se revolta contra o médico excessivamente franco e pouco otimista: tratam seus economistas como "radicais", e mesmo às vezes "revolucionários", por mais que eles se esforcem na conservação da ordem capitalista, até mesmo com uma terapêutica severa e rigorosa.

Apesar do grande esforço e da boa dose de honestidade em muitos daqueles economistas, no sentido de encontrar uma solução para os

---

36 A obra-prima de Keynes é, antes de tudo, uma "teoria do emprego", como é expresso no próprio título do livro: *General Theory of Employment, Interest and Money*. E a tentativa de aplicação prática das novas teorias nos Estados Unidos é regulada por uma lei que leva o título de *Employment Act*.

problemas pendentes do capitalismo, bem como da grande fartura de dados e observações que eles vêm acumulando a propósito de importantes aspectos da economia contemporânea, a terapêutica "estatista" referida anteriormente e que eles apresentam para o equilíbrio econômico não vai e não pode ir muito longe. Isso pela simples razão de que o Estado não é uma entidade que viva fora e além do sistema econômico. Na medida em que o Estado representa um papel econômico – e é esse papel que se pretende ampliar –, ele se inclui naquele sistema, vive dele e dele depende. Acompanha, por isso, necessariamente, suas vicissitudes. Se a demanda geral da coletividade de que o Estado faz parte declina, a do Estado terá forçosamente de declinar também – e para que se alargue, ou mesmo para se manter no mesmo nível, terá de ser à custa de um declínio maior da demanda ordinária dos setores privados, uma vez que os recursos do Estado não podem provir de outra fonte que desses mesmos setores.

Isso parece óbvio, a não ser que as depressões se interpretem em termos puramente psicológicos. Nesse caso, a intervenção do Estado poderia ter o efeito de reanimar as atividades como estímulo e impulso inicial destinado a restabelecer a confiança e o otimismo – e, com isso, a normalidade dos negócios. Valeria não como um substituto propriamente da demanda privada, mas apenas como um fator estimulante dela. Seria difícil sustentar séria e, como consequência, essa tese que não leva em consideração as circunstâncias objetivas das crises e se anula por si própria, uma vez que não explica nem pode explicar as ondas de pessimismo responsáveis pelas crises e que hão de ser procuradas em fatores objetivos. O papel de simples estimulante e impulso inicial atribuído ao Estado reaparece, todavia, sob outra forma na famosa concepção do *multiplicador*. Não poderíamos aqui desenvolver a teoria do multiplicador e sua crítica[37]. Lembremos, contudo, apenas que essa teoria e sua

---

[37] Embora generalizadamente aceita hoje em dia pela economia ortodoxa, e já pacificamente e sem crítica, a concepção do multiplicador não passa, na realidade, de uma "mistificação", como bem observa Robert Mossé, "Da teoria do multiplicador à teoria dos pontos de impacto decisivo", *Revista Brasileira de Economia*, dez. 1949, onde os sofismas em que assenta aquela concepção são claramente revelados. Acrescentaremos apenas que o desenvolvimento matemático do multiplicador, como em

aplicabilidade na terapêutica dos desequilíbrios econômicos se funda na explicação simplista que atribui o desequilíbrio à defasagem entre a poupança e as inversões, explicação essa cuja insuficiência já mostramos no capítulo anterior.

Nessas condições, a contribuição do Estado para corrigir o desequilíbrio teria de ser da mesma ordem que a do valor absoluto desse desequilíbrio. Onde encontrará o Estado recursos para isso? A maioria dos programas de política anticíclica propõe que esses recursos sejam acumulados nas fases de prosperidade, servindo, assim, para combater a depressão seguinte. O Estado interviria como regulador da atividade econômica, impedindo ou limitando as flutuações da conjuntura tanto num como noutro sentido. Numa conjuntura inflacionária, agiria como freio deflacionário, entre outros meios pela redução de suas despesas e pelo aumento da arrecadação fiscal, o que lhe proporcionaria *superavits*, bem como esterilizando fundos levantados por empréstimo. Isso lhe forneceria recursos para enfrentar as fases de depressão em que seguiria uma política oposta de deflação: aumento das despesas, redução dos impostos, o que provocaria déficits orçamentários e transformaria sua posição credora em devedora. Nisso consistiria em essência a chamada *política compensatória do ciclo*, que reúne hoje os votos da grande maioria dos economistas ortodoxos mais categorizados.

---

geral se apresenta, repousa evidentemente numa grosseira falácia. Se não vejamos, começando por reproduzir a dedução usual do multiplicador que vem de Keynes e em que empregaremos os símbolos consagrados: k = multiplicador, Y = renda nacional, I = inversão, C = consumo.

$\Delta Y = k \, \Delta \, I$, ou $k = \Delta Y / {}^\wedge I$

Substituindo ΔI por $\Delta Y - \Delta C$, temos $k = \Delta Y / \Delta Y - \Delta C$

Dividindo dois termos da fração por ΔY, teremos

$k = 1 / \, 1 - \Delta C / \Delta Y$

Ora a substituição de ΔI por $\Delta Y - \Delta C$ não é legítima. Os keynesianos partem da equação $Y = C + I$, deduzindo daí que $\Delta Y = \Delta C + \Delta I$ e assim $\Delta L = \Delta Y - C$. Mas ΔY não é formado por ΔI e ΔC, pois a inversão e o consumo ocorrem depois de produzida a renda. ΔY uma vez produzido, pode dar origem a ΔI e ΔC, isto é, parcelas de ΔY que são despendidas em inversão e consumo. Mas ΔI e ΔC não podem substituir ΔY antes ΔY existir.

Na realidade $\Delta Y = \Delta I$ e o famoso multiplicador não passa da unidade.

Sem procurarmos discutir o assunto aqui a fundo, o que demandaria um desenvolvimento excessivo para nossos limites, observemos unicamente, em continuação ao que já foi visto no capítulo 4, que a projetada política compensatória se apoia em última instância na falsa premissa de que as flutuações da conjuntura se devem a um simples processo mecânico de natureza oscilatória e que se trata, portanto, apenas de suprimir ou limitar a oscilação num sentido, para evitar ou atenuar a oscilação seguinte no sentido inverso. Exatamente como se faria com um pêndulo cuja amplitude de oscilação para um lado é função exclusiva da amplitude da oscilação anterior para o lado oposto. Essa concepção mecânica do ciclo é fundamentalmente defeituosa, porque, embora o desequilíbrio econômico se apresente como um processo oscilatório em que o movimento num sentido acumula forças que acabam afinal provocando a inversão desse movimento, tal como se dá no pêndulo, a causa fundamental e originária do ciclo não é a oscilação, como não é também no movimento do pêndulo. A natureza cíclica do processo econômico que estamos considerando é apenas a *forma* que esse processo assume, tal como a oscilação do pêndulo é a forma do movimento deste último, mas não a causa determinante originária desse movimento. Essa causa é uma força exterior que provocou o desequilíbrio inicial de onde, então, se originou o movimento que, pelas circunstâncias específicas do pêndulo, se faz oscilatório. Assim também no ciclo econômico que se apresenta sob a *forma* oscilatória devido a condições peculiares do sistema econômico em que se manifesta, mas cuja força propulsora original se encontra não na oscilação, e sim no estado de desequilíbrio latente do sistema, que consiste na insuficiência crônica do consumo em face do crescimento da produção. Esta última é estimulada e impulsionada pelo fator "lucro capitalista", que não guarda relação direta com o consumo. É o que vimos anteriormente.

Essas analogias mecânicas que estamos empregando para os fatos econômicos são sem dúvida condenáveis e inconvenientes, e lembramo-las somente porque são do agrado de muitos economistas que, por meio delas, bem como dos modelos econométricos a que elas se prestam, conseguem muitas vezes iludir leitores menos atentos. E iludirem-se eles próprios.

O que, em suma, pretendemos é deixar claro que a *forma* oscilatória que assume o processo econômico desencadeado pelo desequilíbrio entre o ritmo da produção e o do consumo não é nem pode ser a causa desse desequilíbrio, que há de ser buscado mais profundamente noutro fator ou em circunstância exterior ao ciclo de que a oscilação é apenas a forma. Essa causa é, em última instância, o subconsumo – e, a não ser que se elimine de vez esse estado potencial de subconsumo que caracteriza o funcionamento do sistema capitalista (e isso dentro do sistema é impraticável), qualquer política anticíclica poderá quando muito eliminar o ciclo, isto é, a forma oscilatória que o desequilíbrio econômico assume nas condições ordinárias. Mas não eliminará esse desequilíbrio, que reaparecerá sob outra forma qualquer. Possivelmente, como já foi lembrado, de um estado de depressão endêmica e estagnação que não teria grande probabilidade de perdurar e levaria ao perecimento do próprio sistema.

Em suma, a intervenção do Estado no sentido de compensar o desequilíbrio entre a produção e o consumo, substituindo o consumidor e inversor privados quando a ação deste se mostra insuficiente, não tem nem pode ter influência decisiva. Poderá contemporizar, suavizar a incidência das crises e depressões, adiar o desenlace, manter um equilíbrio precário e cada vez mais difícil de sustentar. Mas não eliminará as raízes do mal. Além disso, é preciso considerar os efeitos no longo prazo da ação do Estado como consumidor e inversor. As despesas que terá de realizar para esse fim, e que tenderão sempre a crescer em ritmo acelerado, determinarão problemas fiscais de consequências imprevisíveis, mas certamente muito graves. Quem suportará, em última instância, a tremenda carga fiscal imposta por uma tal política? Ela dará fatalmente ou numa limitação do consumo privado, contribuindo assim para agravar o desequilíbrio econômico, ou pelo menos fazendo-o ressurgir sob nova forma; ou então acabará por afetar substancialmente os lucros dos capitalistas[38], o

[38] Existe um limite além do qual não será possível descarregar todo ônus fiscal sobre a massa trabalhadora. Para comprová-lo, basta observar que atualmente, nos Estados Unidos, uma família com receita de 3.500 dólares já paga em média 786 de impostos federais e 267 estaduais – ao todo, 1.055, ou 30%.

que sem dúvida não poderá ir muito longe sem atingir a estrutura e os fundamentos do sistema capitalista, pois contribuirá para enfraquecer os estímulos e as iniciativas essenciais da atividade econômica e produtiva do capitalismo. O máximo admissível seria uma limitação crescente da parte do lucro capitalista que se destina à remuneração daquela maioria de capitalistas que referimos aqui e que não participa direta e pessoalmente da atividade produtiva; isto é, o chamado *rentier*, que seria espoliado em benefício do grupo capitalista privilegiado dos empresários. É isso, aliás, que insinuam alguns economistas ortodoxos mais "avançados", em particular os neokeynesianos, em continuação ao próprio Keynes, que, representante típico que era daquele grupo privilegiado do capitalismo contemporâneo e ele mesmo, como ativo homem de negócios que foi, participante daquele grupo, tinha em particular desestima. Essa concentração do lucro capitalista nas mãos de uns poucos indivíduos – o que, aliás, já tem e está tendo de longa data início de execução – tenderá a levar o capitalismo para uma situação insustentável. Nem mesmo de ir muito longe e se caracterizar plenamente, pois muito antes disso, e por motivos óbvios de natureza política, o sistema capitalista se acharia destruído com o regime político e social que o mantém. Não é possível conceber um mundo dominado por um punhado de indivíduos que dispusessem a seu talante de toda a humanidade e que fossem guindados a essa posição unicamente pela maior habilidade em manipulações financeiras[39].

[39] Empresários são homens de negócios e não podem ser senão isso. Ajustam-se, assim, muito mal às funções verdadeiramente de dirigentes políticos que vão sendo aos poucos obrigados a assumir por força do poder econômico que neles se concentra. No livro de Adolph A. Berle Jr. que temos citado (*The 20th Century Capitalist Revolution*), o autor, com sua perspicácia de homem de negócio forrado de economista, sentiu o problema e insiste em que os empresários se compenetrem de suas novas responsabilidades e se façam também políticos com a mentalidade de homens públicos. E lamenta que eles se recusem a isso e queiram permanecer simples homens de negócio. Não se trata, como pensa Berle, de má vontade ou incompreensão. O que há é incompatibilidade entre funções, que se orientam por critérios inteiramente diferentes. Os critérios aplicáveis a negócios não servem para a direção política, e por natureza os contradizem.

Em contrapartida, é preciso considerar o papel das despesas públicas no terreno da concorrência à atividade privada. Obras públicas e serviços de assistência, sobretudo quando levados ao extremo que seria necessário para o que nos interessa aqui, deslocariam gradualmente a iniciativa privada, em escala crescente, de muitas atividades e lhe limitariam sensivelmente o raio de ação. É prevendo isso que os homens de negócio não veem geralmente com bons olhos a ideia de um Estado *grande consumidor e inversor*[40]. E não se convencem com os argumentos de seus economistas, que acabam tachando-os de "egoístas" e "cegos", em geral veladamente, mas às vezes sem nenhuma restrição verbal[41]. Isso constitui um dos mais flagrantes sintomas da decomposição do capitalismo que já não acredita nem mesmo em seus ideólogos e mostra-se rebelde às próprias medidas destinadas a salvá-lo. Ele teme morrer da cura. As despesas públicas são mais bem vistas quando destinadas a fins bélicos, porque aí não há o risco de concorrência com a iniciativa e as atividades privadas. Une-se aí o útil ao agradável: de um lado, os lucros que proporcionam os fornecimentos ao Estado de bens que somente a ele interessam e não interferem com o mercado e a demanda ordinária; doutro, a perspectiva de uma cruzada capitalista contra o mundo do socialismo... Uma tal perspectiva, contudo, vai perdendo terreno em face do crescente poderio daquele mundo, bem como da aliança que se consolida cada vez mais entre ele e o mundo colonial ou recém-egresso do colonialismo. E, desfazendo-se a perspectiva de guerra, também se desfaz o pretexto das despesas públicas que a ela se destinam. O capitalismo perderá, com isso, um de seus mais eficazes balões de oxigênio...

Sobra ainda para o sistema capitalista, ou pelo menos para seus teoristas, uma brecha escapatória: é a válvula que se abre para o exterior do sistema. A

---

40 A má vontade demonstrada pelo grande capitalismo norte-americano com relação à grandiosa obra da administração Roosevelt de recuperação do vale do Tennessee é bem uma prova disso.

41 Lawrence R. Klein, entre outras referências que faz aos capitalistas, afirma que eles "se preocupam unicamente com seus lucros individuais e não conhecem seus próprios interesses". Lawrence R. Klein, *The Keynesian Revolution* (Nova York, [Macmillan,] 1950), p. 181. Klein, entretanto, é um firme defensor da ordem vigente e seu apologista.

história do capitalismo nos mostra, como observamos em capítulo anterior, que foi graças a sua expansão por setores não capitalistas que o sistema se manteve e prosperou. Essa expansão implicava, direta ou indiretamente, novas oportunidades de inversões compensadoras do subconsumo. Tratar-se-ia, agora, de repetir a história. Considerando que a maior parte da Terra e da humanidade que a habita ainda se conserva à margem do sistema capitalista propriamente – isto é, que embora ligada a tal sistema e nele perifericamente entrosada, não faz com ele um conjunto homogêneo e se encontra em baixo nível de progresso econômico –, oferece-se à primeira vista a perspectiva de uma progressiva integração de tais territórios e países não capitalistas ou semicapitalistas no sistema central, com a elevação deles ao nível desse sistema. Uma tal elevação exigiria, naturalmente, um aparelhamento material considerável, o que ofereceria à produção capitalista, durante muito tempo pelo menos, um largo mercado que compensaria o desequilíbrio do sistema lá onde ele já se realizou em sua plenitude.

Em princípio, isso se apresenta plausível e tem, por esse motivo, despertado o interesse tanto de economistas e de círculos políticos como de certos setores da opinião pública dos grandes centros capitalistas e dos países que seriam beneficiados pelo influxo da técnica proveniente daqueles centros. É isso (já o notamos) que se encontra por trás e na base da política de desenvolvimento das áreas subdesenvolvidas e que no pós-guerra inspirou, ou contribuiu para inspirar, a criação do Banco Internacional de Reconstrução e Desenvolvimento. Ao objetivo de reconstrução dos países europeus devastados pela guerra, acrescentou-se o de estímulo ao desenvolvimento de países economicamente retardatários com recursos destinados ao financiamento de suas atividades produtivas, em particular do aparelhamento de base que lhes faz, em regra, falta. O mesmo pensamento se encontra no famoso Ponto IV do presidente Truman, que foi interpretado, como se sabe, e no dizer de Hansen, como objetivando "os meios de acelerar a exportação de bens de produção financiados em larga medida pela inversão privada com a cooperação e o apoio governamentais"[42].

---

[42] Alvin H. Hansen, *Business Cycles and National Income* (Nova York, [Norton,] 1951). O programa do Ponto IV foi incluído na legislação norte-americana pelo *Act for*

Que perspectivas apresenta essa política, que já deu origem a um ramo específico da teoria econômica e que, no que respeita aos países subdesenvolvidos da América Latina e da Ásia, conta com organismos especializados que integram o Conselho Econômico e Social das Nações Unidas[43]? Lembramos essas circunstâncias a fim de patentear o interesse, pelo menos teórico (uma vez que praticamente nada ou quase nada se fez até hoje no assunto), pelo desenvolvimento econômico das áreas subdesenvolvidas como fator estimulante do capitalismo. Lembramos antes que essa política procura reproduzir, nas condições atuais, uma fase passada do capitalismo. Ora, a coincidência das situações respectivas de uma e outra época é muito ligeira. Há bem pouco de comum entre elas. A começar pelo próprio capitalismo, que já não é o mesmo. A expansão seria hoje não de um capitalismo liberal e caracterizado pela concorrência e o "livre jogo dos fatores naturais", como foi no século passado, e sim do capitalismo trustificado de nossos dias e que já descrevemos aqui. Isso já representa uma grande e fundamental diferença que teremos ocasião de analisar. Além disso (e em parte por isso mesmo), o capitalismo já não apresenta, em especial nas áreas subdesenvolvidas, os atrativos e a força irresistível que o acompanhavam numa fase histórica em que não encontrava ainda substituto e se impunha como vanguardeiro do progresso. Hoje o capitalismo já se acha caracterizado simplesmente como um sistema específico de organização econômica e não mais como decorrência fatal e necessária da evolução histórica e meta dessa evolução. Outras perspectivas, e com elas novas exigências, se configuram para a humanidade de nossos dias. O capitalismo foi rebaixado de categoria, de sistema absoluto e ímpar de organização econômica, como se apresentava no século passado, a simples concorrente do socialismo, que de fantasia utópica, ou quando muito concepção abstrata e por isso discutível que foi até época bem próxima, se fez em realidade concreta e palpável que disputa, já hoje em perfeito pé

International Development de 1951, em que se previu, entre outras medidas, o estímulo às inversões em países subdesenvolvidos.

43 Para se ocupar dos problemas de desenvolvimento da Ásia, constituiu-se a Comissão Econômica para a Asia e o Extremo Oriente; e da América Latina, a Comissão Econômica para a América Latina (Cepal).

de igualdade, e para centenas de milhões de indivíduos com vantagem, a primazia tanto teórica como, sobretudo, prática.

Tudo isso modifica singularmente os termos do problema que se propõe ao capitalismo em seus projetos expansionistas. Deixemos, todavia, de lado os aspectos mais políticos que estritamente econômicos do assunto e vejamos como se apresentam nas condições atuais do sistema capitalista as perspectivas de expansão dele pelas áreas menos desenvolvidas: quais são as implicações propriamente econômicas dessa expansão? Em outras palavras, quais são as circunstâncias de natureza econômica em que ela se deverá realizar? Abordamos aqui um ponto que diz respeito diretamente ao Brasil que se situa bem naquela área subdesenvolvida do mundo atual. Teremos, assim, ocasião de considerar os caracteres fundamentais da economia brasileira, tal como de nossa política econômica. E estenderemos com isso a um assunto que especifica e particularmente nos interessa, a análise econômica geral de que viemos nos ocupando. Será esse o objeto central do próximo capítulo.

7

A teoria corrente ortodoxa do desenvolvimento econômico, na qual se propõe a noção de "subdesenvolvimento", postula sem maior indagação crítica a ideia de uma progressão, dentro do sistema capitalista, unilinear e homogênea, isto é, essencialmente idêntica, quaisquer que sejam o país e a situação considerados. Segundo a teoria, os países da atualidade se distribuiriam por diferentes níveis de desenvolvimento que se escalonam numa trajetória econômica que todos acompanham ou devem acompanhar, embora em ritmo diferente para cada qual, e que pode eventualmente ser nulo e até mesmo negativo, mas que é sempre qualitativamente o mesmo, de natureza e caráter igual, consistindo naquilo que se entende mais ou menos ambiguamente por "progresso econômico". Progresso esse que de costume se mede pela renda nacional *per capita*. Em suma, a teoria corrente do desenvolvimento considera apenas o aspecto *quantitativo* desse desenvolvimento (a "quantidade" de progresso econômico), sem dar maior atenção às diferenças *qualitativas* do desenvolvimento, a saber, o tipo ou categoria de situação ou de evolução econômica em que se enquadra cada país ou grupo de países. Assim, para exemplificar, a diferença a considerar entre os Estados Unidos e o Brasil, do ponto de vista do desenvolvimento, seria unicamente o fato da disparidade do progresso econômico entre um e outro, o que se exprime em primeiro e principal lugar pela grande diferença da renda nacional respectiva.

Essa maneira simplista de considerar a evolução econômica em termos unicamente de progresso econômico de que a renda nacional constituiria o índice mais expressivo é, em essência, falha e insuficiente, sobretudo do ponto de vista que aqui nos interessa mais de perto e que vem a ser, como estamos lembrados, o do papel e do alcance das inversões em países colocados em nível inferior e que são os "subdesenvolvidos". De fato, a economia internacional contemporânea do mundo capitalista – isto é, fora da esfera socialista – não se apresenta, quando considerada em profundidade, como um simples agregado de países situados em níveis diferentes de progresso econômico. Essa classificação segundo o progresso é unicamente formal e, se comporta algum interesse para certos fins estatísticos e comparativos, nada ou quase nada nos informa a respeito da estrutura econômica do sistema capitalista e dos países em particular que dele fazem parte. O capitalismo que forma o denominador comum desses países constitui um sistema de conjunto em que cada um deles, ou grupos mais ou menos homogêneos, ocupam situações qualitativamente diversas que não se reduzem a um simples escalonamento de progresso econômico ou de estágio de desenvolvimento capitalista. Essas situações qualitativas representam um complexo entrelaçamento de relações que concede a cada um dos países, ou grupo de países dentro do sistema de conjunto que os une, uma feição própria e exclusiva, bem como, em consequência, uma função econômica específica naquele conjunto. No sistema internacional do capitalismo de nossos dias, os países chamados subdesenvolvidos, ou antes uma parte deles que nisso se assemelha ao Brasil, ocupam posição periférica e complementar, isto é, uma situação subordinada e dependente que se caracteriza, sobretudo e em primeiro lugar, pela atribuição economicamente subsidiária que lhes cabe de fornecer produtos primários – matérias-primas e gêneros alimentares – aos países centrais do sistema. A economia dos países subdesenvolvidos, no que se relaciona com o sistema internacional do capitalismo e que forma o essencial dela, não se estrutura em bases próprias e nacionais, e sim em função de objetivos estranhos que são os dos países dominantes do sistema.

É isso, sobretudo, que conta para os países subdesenvolvidos de nosso tipo. O que os distingue e caracteriza não é única nem principalmente o baixo nível de desenvolvimento e progresso econômico, muito menos a insignificância de sua renda nacional, e sim aquela posição específica que ocupam no conjunto do sistema capitalista. É isso, portanto, e sobretudo isso, que precisa ser levado em conta quando se analisa, como é nosso objeto presente, o papel dos países subdesenvolvidos como eventual área de expansão capitalista e de inversões destinadas a assegurar o equilíbrio econômico do sistema. Não se podem considerar os países subdesenvolvidos simplesmente como um vácuo ou semivácuo capitalista cuja capacidade de absorção de inversões provindas do centro do sistema seria dada pelo grau de subdesenvolvimento deles e pela diferença quantitativa de progresso econômico que os separa dos países desenvolvidos. O subdesenvolvimento, embora se exprima em geral, mas não sempre, por índices muito baixos de progresso econômico e de renda nacional, implica mais que essa simples insuficiência de progresso. Envolve, sobretudo, a posição periférica e complementar que certos países ocupam no sistema do capitalismo, essa posição que faz deles países subdesenvolvidos e os caracteriza como tal. E é assim, somente com a consideração dessa circunstância, que será possível verificar a maneira pela qual uma economia subdesenvolvida reage em face das inversões exteriores nela realizadas ou a ser realizadas, permitindo, com isso, determinar os limites que se impõe a tais inversões.

De fato, quando se propõe a questão em termos puramente quantitativos de progresso econômico, as perspectivas de inversões nos países subdesenvolvidos da atualidade se apresentam, contrariamente à evidência dos fatos, praticamente ilimitadas. Para esses países lograrem atingir um nível de desenvolvimento e de progresso econômico e tecnológico, mesmo que seja apenas aproximado do dos grandes centros capitalistas da Europa e da América do Norte, fazem-se mister inversões consideráveis e prolongando-se por longo período. Não são, evidentemente, oportunidades para inversões em novas atividades produtivas que faltam em áreas de tão baixos índices econômicos como aqueles que se encontram nos países subdesenvolvidos onde quase tudo em matéria de técnica e de padrões modernos ainda está por se realizar. No entanto, os fatos mostram como as inversões externas são, nesses países, parcimoniosas em relação ao ritmo da acumulação capitalista nos grandes centros do sistema e à insuficiência que neles se observa de novas oportunidades de grandes perspectivas – precisamente aquilo que à primeira vista não falta nos países subdesenvolvidos. É que as oportunidades de novas inversões capitalistas não se caracterizam unicamente, nem mesmo principalmente, pelas necessidades econômicas a que elas visam atender. A inversão capitalista não tem por objetivo satisfazer necessidades econômicas, e essas necessidades não constituem para ela senão pretexto para a finalidade de lucro que é o que de fato a impulsiona. Resta assim considerar, na análise das inversões externas nos países subdesenvolvidos, a perspectiva de remuneração do capital invertido que elas apresentam. A toda inversão de capital realizada há de corresponder (porque de outra forma não se fará ou desestimulará outras consecutivas) uma remuneração adequada que constitui o lucro do negócio. Qual é o limite da capacidade dos países subdesenvolvidos de proporcionarem essa remuneração? É fundamentalmente nesses termos que se apresenta nossa questão, e a resposta à pergunta apenas se encontrará na análise da estrutura econômica dos países subdesenvolvidos e das relações daquela estrutura com o conjunto do sistema capitalista em que ela se articula. Não esqueça que a remuneração do capital estrangeiro invertido nos países subdesenvolvidos há de se traduzir em moeda internacional. Não basta que esse capital proporcione lucros em moeda nacional desses países; é preciso, ainda, que se verifique a possibilidade de converter essa moeda nacional, e de valor unicamente interno, em moeda de curso internacional. O capitalista norte-americano, por exemplo, faz suas contas em dólares, e é em dólares que espera ser remunerado. Cruzeiros ou outras moedas nacionais congeladas nos respectivos países de origem, isto é, inconversíveis em dólares, não o interessam. Trata-se, portanto, de determinar, nas circunstâncias específicas das economias subdesenvolvidas e de suas finanças, a possibilidade, e limites dela, de remunerar convenientemente, isto é, em moeda internacional (ouro ou divisas), as inversões externas que nelas se realizam. E a essa remuneração, que constitui o lucro do capital invertido, há que acrescentar as amortizações que também, conforme as circunstâncias do negócio, devem ser mobilizáveis.

Nos países subdesenvolvidos, a única disponibilidade apreciável de moeda internacional é constituída pelas exportações que realizam, e quaisquer pagamentos internacionais, inclusive o serviço dos capitais estrangeiros aplicados em tais países, se têm de fazer com os saldos de seus respectivos balanços comerciais, isto é, o excesso das exportações sobre as importações. O vulto das inversões, dependentes como elas são da possibilidade de sua remuneração, é assim função direta daqueles saldos comerciais. Ora, o comércio externo dos países subdesenvolvidos se constitui essencial mente da exportação de produtos primários (matérias-primas e gêneros alimentares) e da importação de manufaturas. O volume dos saldos comerciais vai variar, portanto, em função direta daquelas exportações de produtos primários e inversa da importação de manufaturas que representam, em última instância, o pagamento recebido pelos países subdesenvolvidos em troca de sua produção exportável e se destinam não somente à satisfação de suas necessidades de consumo final, como ainda a seu aparelhamento tecnológico, irrealizável sem o concurso daquela importação. Em outros termos, os saldos comerciais – e, por conseguinte, o volume das inversões, função daqueles saldos – serão tanto maiores, ou antes poderão ser tanto maiores, quanto mais reduzida for a contrapartida de importações que os países subdesenvolvidos recebem em troca de sua exportação; e menores, portanto, o consumo de manufaturas importadas e o progresso do aparelhamento tecnológico. Os saldos e as inversões serão, assim, função inversa do padrão de vida dos países subdesenvolvidos e de seu desenvolvimento econômico[1].

Considere-se o efeito dessa situação com respeito ao equilíbrio do sistema internacional de trocas, estruturado pela forma que vimos, entre os países subdesenvolvidos e os grandes centros industriais. Como logo se vê, esse equilíbrio só será possível e evoluirá normalmente se as inversões estrangeiras nos países subdesenvolvidos se aplicarem, de modo direto ou indireto, em atividades de produção para a exportação. Conjugam-se nesse caso, e apenas nele, as inversões com a criação de

---

[1] Isso se comprova, entre outros, pelo fato de se reduzirem ordinariamente os saldos comerciais, e mesmo degenerarem em déficits, e em consequência declinar a tendência às inversões externas, nas fases de prosperidade e de desenvolvimento mais acentuado dos países subdesenvolvidos. Foi o que ocorreu no Brasil nos anos que se seguiram a 1951.

recursos destinados à remuneração delas. As inversões determinam por si próprias a possibilidade dessa remuneração porque promovem um aumento das exportações e, portanto, maiores saldos comerciais. É, aliás, o que se tem predominantemente verificado na história passada e também recente do sistema internacional do capitalismo. Sempre, inclusive em nossos dias, a maior parte das inversões em países subdesenvolvidos se destinou a atividades ligadas à produção para a exportação daqueles países. Ou diretamente, aplicando-se na produção de matérias-primas e gêneros alimentares exportáveis – como está ocorrendo hoje, em grande escala, no caso do petróleo, que absorve porcentagem considerável das inversões internacionais –, ou indiretamente, aplicando-se no transporte dos produtos exportáveis (estradas de ferro, aparelhamento portuário, navegação), bem como no financiamento da produção e no comércio de exportação, como se deu – e em escala apreciável se dá ainda – no caso do café e de outros produtos brasileiros. É graças a essa orientação das inversões internacionais que foi possível no passado, e ainda é hoje, realizar um relativo equilíbrio nas contas financeiras entre países inversores e aqueles onde as inversões se realizam: não fora isso, o mecanismo financeiro do sistema internacional do capitalismo não teria podido funcionar, o que vale dizer, o sistema não se manteria.

Vejamos o que representam essas inversões realizadas em países da periferia capitalista e destinadas a promover a exportação desses países, para o efeito que nos interessa aqui em particular e que vem a ser o de compensar o desequilíbrio econômico interno dos países inversores. Para alcançar ou mesmo contribuir ponderavelmente a esse fim, é evidente que as inversões externas deverão adquirir e manter um ritmo considerável. Ora, aquele tipo de inversões que consideramos antes não atinge nem pode atingir tal ritmo porque seu alcance é, por natureza, muito limitado. É que ele não oferece outra perspectiva que a própria atividade produtiva a que diretamente se aplica; isto é, não gera por si só novas oportunidades para a aplicação de capitais. Não se trata, no caso, de um processo autoestimulante e de efeitos cumulativos em que uma inversão abre oportunidades para outras atividades produtivas e, portanto, novas inversões – processo esse que constitui a base essencial e a linha mestra de desenvolvimento dentro do sistema capitalista. A inversão, por exemplo, na prospecção, na produção e mesmo na refinação do petróleo num país subdesenvolvido e com vistas à exportação do produto pode exigir, e de fato exige, grande inversão inicial. Mas se fica nisso, porque essa inversão e a atividade econômica subsequente não abrem perspectivas para outras atividades e, portanto, novas oportunidades de inversão naquele país. Isso requer condições de progresso e desenvolvimento – como se observa na história do capitalismo europeu e norte-americano –, que é precisamente o que faz falta nos países subdesenvolvidos. E na medida desse progresso e desenvolvimento, o equilíbrio econômico do sistema de relações entre os países subdesenvolvidos e os centros capitalistas fornecedores de capital se achará comprometido. A razão é que o progresso e o desenvolvimento se exprimem em padrões econômicos mais altos, necessidades maiores e níveis mais elevados de consumo – circunstâncias essas, como se viu, que tendem a perturbar aquele equilíbrio. Em outras palavras, e mais precisamente, na medida do desenvolvimento dos países subdesenvolvidos, e como condição e ao mesmo tempo efeito desse desenvolvimento, expande-se neles o mercado interno, tendendo o eixo das atividades econômicas, dantes concentradas apenas na produção para a exportação, a se deslocar para aquele mercado interno. Ora, essa tendência subverte a base em que repousa o sistema das relações entre países subdesenvolvidos e os centros capitalistas, porque, com a formação e expansão naqueles países de um mercado interno apreciável, entra em jogo um novo fator de papel fundamental: a concorrência daquele mercado com o externo antes exclusivo. Para o que nos interessa aqui em particular, e que são as inversões estrangeiras nos países subdesenvolvidos, as repercussões desse fato são consideráveis. De um lado, o crescimento do mercado interno dos países subdesenvolvidos estimulará as importações, em prejuízo dos saldos comerciais e, portanto, da capacidade de fazer frente ao serviço financeiro dos capitais estrangeiros. Doutro lado, prejudicará as exportações, com efeito semelhante sobre o balanço de contas, pois desviará esforços e recursos para a produção de artigos de consumo interno. Isso se observará mesmo com relação às inversões estrangeiras, que começarão a procurar atividades fornecedoras desse mercado interno. As grandes empresas industriais dos centros capitalistas, em vez de se limitarem a exportar seus produtos para os países subdesenvolvidos, instalam-se neles com filiais e subsidiárias mais ou menos autônomas e com isso ganham, entre outras vantagens, sobretudo a de se localizar mais proximamente ao mercado para seus produtos e adquirir, com isso, melhor posição competitiva e maiores facilidades de venda. Isso, naturalmente, sem contar a vantagem de mão de obra de menor preço, como é a regra nos países subdesenvolvidos.

Ora, essas inversões são de um tipo novo e bem distinto, quanto a seus efeitos econômicos, do anterior, em que se objetivava direta ou indiretamente contribuir para a exportação do país em que se fazem as inversões. Neste último caso, como foi referido, as inversões estrangeiras criavam automaticamente as próprias fontes de sua remuneração; a saber, as divisas obtidas com a exportação. Isso deixa de ocorrer quando as inversões se destinam a fornecer o mercado interno[2]. Inversões desse tipo – a que devemos acrescentar outras de efeitos mais graves ainda, que são as de natureza comercial e sobretudo financeira – determinam logo que adquirem certo vulto, e por efeito dos pagamentos externos a que dão lugar sem um correspondente e compensador aumento dos meios de satisfazer tais pagamentos, situações de crônico e frequentemente agudo desequilíbrio do balanço de contas externas dos países subdesenvolvidos. Desequilíbrio esse que atua como fator limitante das próprias inversões, pois reduz e torna precária a capacidade daqueles países de saldar regularmente seus débitos internacionais.

Consideraremos adiante as decorrências dessa situação no que diz respeito ao desenvolvimento e ao progresso econômico dos países subdesenvolvidos. Continuemos, por ora, nos limitando ao ponto essencial que nos vem ocupando e que são as perspectivas que se oferecem nos países

---

[2] É verdade que, em muitos casos, a produção interna supre a importação, com a economia consequente de divisas, que servirão para remunerar o capital estrangeiro invertido naquela produção. Mas, além de não constituir isso um caso geral, ocorre ainda que o consumo de um produto antes importado tende a aumentar quando ele é produzido no próprio país consumidor. Avolumam-se, portanto, os lucros derivados dessa produção e, por conseguinte, os pagamentos exteriores determinados por esses lucros. Retornaremos a esse ponto.

subdesenvolvidos a inversões destinadas a compensar o desequilíbrio econômico do sistema capitalista em seus centros principais. Como se viu, essas perspectivas são bastante limitadas em confronto com o objetivo proposto. Enquanto as inversões se aplicam direta ou indiretamente, mas de forma exclusiva, na produção e na exportação de produtos primários – caso único, segundo vimos, em que não se comprometem, com efeitos contraproducentes, as contas externas dos países receptores de capital –, elas logo alcançam um ponto de saturação que fica muito longe de um nível capaz de influir ponderavelmente no equilíbrio econômico dos grandes centros industriais. Sob esse aspecto, nada ou quase nada representam. Assim, as inversões aplicadas ultimamente na produção, na prospecção e na refinação do petróleo, nos países subdesenvolvidos do Oriente Médio, embora vultosas e constituindo a maior parte da recente inversão internacional, não contam, efetivamente, na conjuntura econômica dos países fornecedores do capital. Como impulsionadoras de simples atividades produtoras de matérias-primas destinadas à exportação, aquelas inversões não despertaram, nem podiam despertar em grau apreciável, outras iniciativas e atividades econômicas capazes de proporcionar um ritmo crescente, como se faria mister, de novas oportunidades de inversão. Ficou-se na inversão inicial e seu crescimento vegetativo, e não se abriu nenhum novo campo apreciável para a aplicação de capitais. Nem é de esperar que, dentro do previsível, os países subdesenvolvidos do Oriente Médio se tornem área capaz de absolver uma proporção ponderável, sob forma de inversões, dos excessos da produção industrial dos grandes centros capitalistas fornecedores de capital.

O que nesse assunto tem iludido e ainda ilude muitos economistas[3] é a equiparação sumária e injustificada que fazem entre os países subdesenvolvidos da atualidade e as áreas e os setores[4] pelos quais se expandiu e se estruturou o capitalismo nascente e em sua primeira fase de evolução.

---

[3] Ver, entre outros que se ocuparam especificamente do assunto, Eugene Staley, *The Future of Underdeveloped Countries* (Nova York, [Council on Foreign Relations by Harper,] 1954).

[4] Entendemos aqui por "setores" os campos de atividade econômica não incluídos no sistema capitalista de produção e que esse sistema absorveu ou pode absorver.

Refiro-me particularmente à Europa, aos Estados Unidos e aos domínios britânicos no curso do século passado, onde a introdução em larga escala e ritmo acelerado da técnica industrial não somente proporcionou, mas ainda impôs, um processo contínuo e ininterrupto de inversões que criava, ele próprio, as condições para essa continuidade e que foi, por isso, ganhando permanentemente em vulto e ritmo de crescimento. Trata-se aí, todavia, de uma fase preliminar de estruturação do sistema capitalista em que a difusão e a expansão se foi realizando homogeneamente, isto é, englobando sucessivamente novas áreas e setores que desde logo se organizavam de maneira análoga à dos centros originários dos quais partira a expansão. As diferentes partes e o conjunto se amparavam assim e se estimulavam reciprocamente, e o capitalismo, com seu corolário tecnológico, se introduziu assim e uniformemente se generalizou por todas aquelas partes. Não seria o caso aqui de analisarmos as circunstâncias históricas extremamente complexas em que isso se realizou, mas o fato é que a expansão capitalista se deu nas áreas atingidas primeiro, conservando em todo o seu processamento uma identidade suficiente para desde logo incluir aquelas áreas, em pé de igualdade, num mesmo plano do sistema. Para ilustrarmos o assunto, lembremos, por exemplo, que em meados do século passado os Estados Unidos, embora ainda muito aquém da Inglaterra e mesmo da França em termos quantitativos de progresso econômico e recebendo desses centros seus principais estímulos e impulsos, equiparavam-se essencialmente a eles, com todas as diferenças embora, em categoria e tipo capitalista de organização econômica.

Coisa muito diferente se passou e se passa nos países subdesenvolvidos de hoje[5]. O capitalismo, ao se expandir e estruturar no curso do século passado por certas áreas que foram aquelas a que já nos referimos, alcançava também outras e as incluía em seu sistema, embora em

[5] Lembro aqui novamente que, ao falar em "países subdesenvolvidos", refiro-me em particular àqueles que se enquadram no tipo colonial ou semicolonial, que é o do Brasil. Essa restrição é necessária porque a designação genérica de "subdesenvolvido" aplicada a países de renda nacional baixa (como faz a teoria corrente e ortodoxa do desenvolvimento) inclui naquela categoria países de tipo capitalista essencialmente distinto e que não podem, por isso, ser aqui tratados em conjunto.

plano distinto. Trata-se daquelas que compreendem os países e povos coloniais e semicoloniais da Ásia, da América e da África. Esses países subdesenvolvidos não se estruturaram com formas e relações do tipo daquelas que encontramos nos países propriamente capitalistas e, apesar das transformações que sofreram e que continuam a se processar, permaneceram como à margem do sistema capitalista internacional e nele entrosados perifericamente como partes complementares e dependentes. De dentro, conservaram no essencial a organização econômica que lhes vinha do passado; e é só muito recentemente que começaram a se transformar e estruturar em formas capitalistas. Mesmo só uma parte daqueles países alcançou um nível apreciável de desenvolvimento capitalista. Essa transformação e essa evolução se realizam, todavia, numa situação econômica bem diversa daquela que encontraram as áreas retardatárias do capitalismo do século passado, como os Estados Unidos relativamente aos grandes centros europeus do capitalismo de então. Hoje, as novas áreas retardatárias, que são os países subdesenvolvidos, se acham neste mundo de economia trustificada descrita no capítulo anterior. Isto é, uma economia centralizada e monopolista em que as posições de mando se encontram ocupadas e a falta de verdadeira liberdade econômica (como aquela que imperava sob o capitalismo liberal do século passado) fecha as perspectivas para aqueles que ficaram para trás. Entre o capitalismo liberal e ainda largamente descentralizado do século passado e o sistema trustificado de nossos dias, vai uma grande diferença no que respeita os países menos desenvolvidos, como se observa particularmente bem no tipo das inversões internacionais de uma e de outra época. Assim, os capitais europeus aplicados nos Estados Unidos durante o século passado, e que tiveram considerável papel no desenvolvimento daquele país, foram sobretudo de dois tipos que se fazem hoje cada vez mais escassos. Tratava-se, então, ou de capitais individuais levados por seus titulares europeus, que com eles emigravam para os Estados Unidos, ou de capitais levantados na Europa e aplicados no financiamento de empreendimentos nacionais norte-americanos. No primeiro caso, o capital se fazia desde logo norte-americano e se integrava por completo na economia do país em que se aplicava. No caso do financiamento, a remuneração e os serviços do capital estrangeiro se achavam, de uma vez por todas, determinados, como na hipótese de empréstimos; ou quando ocorria participação direta (no caso de os titulares europeus do capital se tornarem acionistas ou, por outros títulos, participantes das empresas norte-americanas), o controle do negócio e, portanto, das obrigações financeiras dele (a remuneração do capital) se conservava em mãos norte-americanas, ou pelo menos nas de pessoas integradas na vida econômica norte-americana. O empreendimento, em suma, era e se conservava essencialmente norte-americano e integrado por completo na economia nacional do país.

A centralização do capital – ou, antes, do domínio e controle do capital – que se verifica no capitalismo trustificado de nossos dias e que se acentua cada vez mais modifica inteiramente o panorama e o caráter das inversões internacionais. Hoje, o que aflui dos centros capitalistas para os países retardatários e subdesenvolvidos da periferia do sistema é muitas vezes menos o capital (pois este mesmo é com frequência recolhido no próprio país subdesenvolvido sob forma de emissão local de títulos, lucros anteriormente acumulados ou depósitos bancários em filiais locais de estabelecimentos estrangeiros) que a iniciativa de grandes trustes internacionais estabelecidos nos países subdesenvolvidos com simples agências de venda. De fato, quando não se trata do caso mais frequente da produção de matérias-primas exportáveis, caso esse em que não há correspondência apreciável alguma entre esse empreendimento e o desenvolvimento econômico do país onde se realiza, aquilo a que a iniciativa dos trustes visa é tão somente aparelhar-se melhor para as vendas. Isso se comprova, entre outros, pelo fato de que, em regra, antes de se estabelecerem no país em questão com empreendimentos industriais e produtores, os trustes iniciam sua penetração com agências ou representações comerciais vendedoras de seus produtos. É somente depois, e para contornar o obstáculo das tarifas alfandegárias e outras restrições à importação ou para se aproveitar de mão de obra barata, ou então por uma questão de facilidade de transporte e de situação vantajosa de proximidade maior do mercado e ligação mais íntima com ele, que os grandes trustes internacionais se instalam no país com indústrias subsidiárias que, no mais das vezes, não passam de prolongamentos deles e seção de acabamento de seus produtos. Trata-se sempre de um processo que objetiva simples ampliação de vendas, e não propriamente aplicação de capitais disponíveis e organização de uma atividade produtiva simplesmente destinada a remunerar esses capitais. Ora, isso traz grandes consequências. Já vimos no capítulo anterior a diferença que há sob esse aspecto entre os modernos trustes e a empresa capitalista clássica do passado: enquanto esta última procurava adaptar-se ao mercado, o truste antes adapta o mercado a seus interesses comerciais. Essa diferença se fará notar e pesará de maneira particularmente sensível no caso dos países subdesenvolvidos. A inversão do capital não seguirá outra norma que a do interesse comercial imediato do truste e se fará em atividades da especialidade da empresa e sem consideração a outras circunstâncias ligadas à estrutura e mesmo conjuntura do país em que se realiza, alem de ditadas pelas verdadeiras necessidades dele no momento. O truste, com seus largos recursos e poderio econômico, suprirá aquelas circunstâncias que, num caso ordinário, teriam de ser levadas em conta e orientariam as inversões, ajustando-as de maneira conveniente aos interesses do país. Uma poderosa indústria internacional poderá entrar no mercado de um país subdesenvolvido e nele se impor e expandir, mesmo que esse mercado se encontre saturado de produtos similares aos seus ou que não haja normalmente necessidade alguma deles. É que os grandes trustes internacionais contam menos, para se estenderem, com a preexistência de um mercado para seus produtos que com sua capacidade de criar esse mercado e o tirar, às vezes, do nada ou quase nada. Em suma, as grandes empresas monopolistas de nossos dias, ao contrário de suas antecessoras do capitalismo liberal, se conduzem muito menos pelas condições próprias do lugar onde pretendem operar que pela necessidade de ampliarem indefinidamente a venda de seus produtos específicos, sejam eles ou não indicados pelas exigências efetivas do mercado. Havendo mister, elas saberão criar essas exigências.

Tais circunstâncias distinguem fundamentalmente as inversões realizadas pelos trustes nos países subdesenvolvidos daquelas que no passado promoveram o desenvolvimento capitalista das áreas menos desenvolvidas de então. Elas não somente constituem um poderoso fator de deformação da economia dos países subdesenvolvidos, como ainda comprometem fundamente a estabilidade e normalidade financeira daqueles países. Já nos referimos incidentemente a isso neste livro; agora poderemos ver mais de perto a maneira como o tipo moderno de inversões realizadas pelos trustes contribui especificamente para perturbar o equilíbrio financeiro dos países subdesenvolvidos. É que não ocorre, no caso dessas inversões, nenhuma relação de dependência entre o lucro das empresas estrangeiras a ser remetido para o exterior (lucro esse, note-se bem, que não são simples juros de empréstimos ou dividendos normais, mas a multiforme e imprevisível remuneração dos modernos trustes, como se viu no capítulo anterior) e a capacidade do país em que as inversões se realizam de efetuar pagamentos externos. Os lucros serão função das vendas e do grau de domínio monopolista exercido pelos trustes, domínio esse regulador dos preços e, em regra, muito elevado e com tendência a se elevar sempre mais. O processo de trustificação, característico do capitalismo contemporâneo, é particularmente acentuado nos países subdesenvolvidos e se realiza essencialmente pela ação dos grandes empreendimentos internacionais que atuam naqueles países. Ora, aquelas circunstâncias independem muito, se não por completo, da conjuntura cambial do país em que se realizam as inversões estrangeiras. Enquanto o truste produz no exterior e os países subdesenvolvidos importam essa produção, o mecanismo ajustador do câmbio e o movimento dos preços podem contribuir para reduzir a importação no caso de desequilíbrio nos pagamentos exteriores. E quando esse desequilíbrio se torna extremo, há sempre o recurso de restrições de outra natureza e mais drásticas – tarifas alfandegárias, cotas de importação etc. Quando, todavia, essas importações se transformam em vendas realizadas por empresas instaladas no próprio país, não há mais fatores ponderáveis de limitação nem meios normais de frear o desequilíbrio provocado pela remessa para o exterior dos lucros produzidos por aquelas vendas cujo volume se faz incontrolável[6]. Acrescente-se a esse

---

[6] Salvo a hipótese que veremos no próximo capítulo de um controle completo das contas externas, o que só se realiza com o monopólio estatal do comércio exterior. Mas essa medida destrói os fundamentos em que assenta nos países subdesenvolvidos o sistema internacional do capitalismo trustificado. Não se enquadra, portanto, na situação dos países subdesenvolvidos, *enquanto ligados a esse sistema*, que é o que por ora estamos considerando.

fator de desequilíbrio o resultante do movimento de entrada e saída de capitais nos países subdesenvolvidos, caso em que a conjuntura econômica interna destes últimos países conta por muito pouco e onde predominam decisivamente os interesses e as convivências financeiras domésticas dos trustes instalados no país.

Nessas condições, as inversões estrangeiras do tipo que analisamos constituem muito menos um fator de progresso real – o progresso aparente que proporcionam não vai em geral além da superfície e exterioridade – que de perturbações destruidoras, em prazo mais ou menos breve, dos eventuais e momentâneos benefícios produzidos. Elas não representam, portanto, um estímulo ao desenvolvimento e capaz de lhes alargar permanentemente as perspectivas. Temos, assim, que as circunstâncias econômicas de nossos dias se distinguem profundamente das da fase de expansão do capitalismo na qual se deu a formação e o desenvolvimento dos centros capitalistas contemporâneos. Uma expansão semelhante já não é mais possível nos países que permaneceram à margem e na periferia do sistema, como se deu com os países subdesenvolvidos de hoje, pois ocorrem nessa expansão fatores orgânicos, de desequilíbrio e deformação que irremediavelmente a comprometem e detêm. Os países subdesenvolvidos, embora constituam áreas de baixo nível tecnológico e com largas perspectivas de desenvolvimento, não constituem por isso, e não podem constituir, setores de afluxo apreciável de inversões, mormente no grau requerido para contribuírem ponderavelmente para o equilíbrio econômico interno dos grandes centros industriais do sistema. Por contingências do capitalismo trustificado de nossos dias, os países subdesenvolvidos da atualidade não podem representar o papel que coube a territórios e setores não capitalistas do passado.

Em contrapartida, verifica-se também que os países subdesenvolvidos, enquanto incluídos no sistema internacional do capitalismo, isto é, nele entrosados e sofrendo-lhe as contingências desfavoráveis, têm suas perspectivas de desenvolvimento grandemente comprometidas e embaraçadas. Insistamos nesse ponto, já abordado antes, mas que se considerou mais do ângulo dos grandes centros do sistema e da eventual função deferida às áreas subdesenvolvidas de servir de escoadouro para os excessos da produção dos países supercapitalizados que nelas aplicariam tais excessos sob forma de inversões. Vejamos como se apresenta o assunto do ponto de vista dos próprios países subdesenvolvidos.

Já foi lembrado que em seu papel originário nos quadros do sistema capitalista internacional, os países subdesenvolvidos de nossos dias se constituíram em fornecedores de produtos primários aos centros industriais do sistema. É na base disso que se organiza sua economia e se estabelecem suas relações de intercâmbio exterior. O eixo desse intercâmbio será constituído pela exportação de matérias-primas que terá por contrapartida a importação, em primeiro lugar, do aparelhamento tecnológico destinado a realizar a produção, o processamento e o transporte das matérias-primas e gêneros alimentares exportados. A essa importação se acrescentam manufaturas de consumo que serão, em boa parte, de natureza suntuária e destinadas, sobretudo, a certas categorias privilegiadas dos países subdesenvolvidos, que são como representantes diretos ou indiretos, dentro desses países, dos grupos econômicos internacionais interessados nos produtos primários que neles se produzem. Este último item da importação dos países subdesenvolvidos é, por isso, relativamente reduzido, e os pagamentos externos que requer não são avultados. Não pesam, assim, excessivamente nas contas exteriores daqueles países. Quanto aos pagamentos derivados da importação do aparelhamento produtivo referido anteriormente, esses se compensam por si próprios, pois têm por objeto e promovem as exportações que conferem aos países que os têm de realizar suficientes recursos. Dentro do sistema originário de relações comerciais e financeiras entre os países e os centros industriais, existem, pois, condições necessárias para o equilíbrio das contas externas desses países.

Na medida, todavia, do desenvolvimento dos países subdesenvolvidos e da paralela formação de um mercado interno apreciável com a consequente orientação para ele de uma parcela crescente das atividades econômicas, inclusive das promovidas pelas inversões estrangeiras antes aplicadas unicamente na produção para a exportação, aquele equilíbrio das contas externas tende a se romper, pois, como já se observou, não haverá mais correspondência necessária nem provável, e até mesmo em muitos casos possível, entre os recursos que os países subdesenvolvidos recebem por conta de suas exportações e o que têm de pagar pelas importações e mais pelo serviço dos capitais estrangeiros neles invertidos. E não se verifica aquela correspondência, tendendo o sistema permanentemente ao desequilíbrio, porque não operam na economia dos países subdesenvolvidos, dada sua natureza complementar e subsidiária, fatores adequados de compensação dos desequilíbrios verificados e capazes de restabelecer o equilíbrio rompido. Pelo contrário, a tendência é com frequência em sentido oposto e de irreparável desajustamento. A exportação, a importação, o serviço financeiro do capital estrangeiro e as novas inversões desse capital – elementos esses que compõem o essencial das contas externas dos países subdesenvolvidos – não se relacionam entre si de maneira a variar em função uns dos outros, assegurando um nivelamento, ou pelo menos uma tendência ao nivelamento, dos itens respectivamente do deve e do haver. Trata-se de elementos desconectados entre si e ligados as circunstâncias próprias a cada qual e estranhas ao balanço das contas. Não são, por isso, suficientemente influenciados pelo estado dessas contas; e, salvo casos extremos de desequilíbrio muito acentuado e prolongado, evoluem por si e independentemente dos demais, produzindo efeitos desajustadores sem nenhum freio. Esse vem geralmente muito tarde e depende mesmo de providências administrativas das autoridades públicas e estranhas ao mecanismo natural dos fatos econômicos, o que as torna com frequência, sob outros aspectos, gravemente perturbadoras.

Considere-se o caso do intercâmbio comercial externo dos países subdesenvolvidos. Observa-se a completa separação e desconexão das correntes respectivamente da exportação e da importação que abrangem categorias mercantis inteiramente diversas, apartadas entre si e insubstituíveis umas pelas outras: de um lado, produtos primários; de outro, manufaturas. Exportação e importação não se relacionam assim, como se dá na economia dos grandes centros industriais, pelo nível de preços externos e internos. Uma não pode ter influência alguma sobre a outra, e cada qual evolui, por si e independentemente da outra, pela ação de fatores estranhos ao intercâmbio propriamente e suas contas. O desajustamento se faz, assim, crônico. O mais grave é a tendência das exportações (donde provêm os meios internacionais de pagamento de que dispõem os países subdesenvolvidos) de se reduzirem progressivamente em confronto com as necessidades de importação, que por isso não se atendem devidamente e precisam ser artificialmente restringidas por processos administrativos drásticos e perturbadores do funcionamento normal da economia. De fato, as exportações dos países subdesenvolvidos, constituídas como são, em essência, de produtos primários, têm seu volume rigidamente determinado pelas necessidades aleatórias dos países industriais, necessidades essas de todo estranhas à conjuntura interna e à capacidade produtiva dos países exportadores. Dependem inclusive, e muitas vezes sobretudo, de preferências e discriminações de ordem política. Ao contrário da produção industrial, a produção primária se caracteriza por sua rigidez e sua falta de versatilidade, sendo incapaz de se acomodar a variações mesmo relativamente ligeiras do consumo. Um produtor de gêneros alimentares, por exemplo, não pode ir ao encontro da mais leve modificação dos gostos do mercado consumidor, que ou demanda o gênero específico produzido ou, pela abstenção desse consumo ou sua substituição por outro semelhante, compromete irremediavelmente a economia do país produtor. No caso das matérias-primas industriais, ocorre muitas vezes situação semelhante, e nesse terreno, a substituição de produtos naturais pelos sintéticos, cada vez mais generalizada, tem sido catastrófica para muitos produtores primários. Lembre-se o caso da borracha, das ceras vegetais e tantos outros.

No que diz respeito aos preços da produção primária destinada à exportação dos países subdesenvolvidos, a posição destes não é melhor. Influi decisivamente nesses preços a posição dominante dos compradores que detêm ou controlam, de modo direto ou indireto, as posições-chave do comércio e das finanças internacionais. Não seria o caso de detalharmos aqui esse assunto dos preços internacionais dos produtos primários que tem sido tão estudado e a respeito do qual não há mais divergências apreciáveis. A instabilidade daqueles preços e a debilidade competitiva dos produtores de matérias-primas em geral são reconhecidas[7]. Queremos chamar atenção aqui unicamente para um aspecto da questão que não é sempre lembrado e que vem a ser o papel que representa a desvalorização externa da moeda dos países subdesenvolvidos na depressão dos preços de seus produtos de exportação. Essa desvalorização permite que os preços em declínio se mantenham estáveis, e mesmo em ascensão, quando computados em moeda nacional. Disfarça-se, assim, a depressão e enfraquece-se em consequência a posição competitiva dos produtores. Ora, considerando-se que a desvalorização cambial permanente da moeda dos países subdesenvolvidos decorre do desequilíbrio crônico das contas externas desses países e que esse desequilíbrio se deve em grande parte à baixa relativa dos preços de exportação, encontramo-nos em frente a um destes casos típicos de efeitos cumulativos, da instabilidade econômica e financeira dos países subdesenvolvidos: o desequilíbrio das contas externas provocando a desvalorização da moeda e essa desvalorização contribuindo, por seu turno, para a baixa dos preços de exportação e, portanto, para um desequilíbrio ainda maior. Assistimos no Brasil a uma situação dessas, particularmente em relação ao café, depois de 1954.

Enquanto as exportações dos países subdesenvolvidos sofrem essas contingências desfavoráveis que acabamos de ver, as importações tendem a crescer indefinidamente num ritmo cada vez mais acentuado, em especial depois de atingido um nível mínimo de progresso que se torna necessário pelo menos manter e para o qual as importações se fazem cada vez mais indispensáveis. E quando se procura restringir as importações por medidas administrativas e legais destinadas a corrigir situações extremas e catastróficas de desequilíbrio grave do intercâmbio externo, os danos sofridos são consideráveis. Isso se deve à própria estrutura econômica dos países subdesenvolvidos e à insuficiência de sua produção industrial, que

---

[7] Essa situação se reflete particularmente bem na deteriorização progressiva da relação de trocas no comércio internacional dos países subdesenvolvidos. Ver a respeito, entre outros, o trabalho apresentado pelo Secretariado Executivo da Comissão Econômica para a América Latina (Cepal) das Nações Unidas à conferência realizada em Montevidéu (maio 1950), trabalho esse da autoria do professor Raúl Prebisch e que se encontra publicado na *Revista Brasileira de Economia*, mar. 1951.

faz esses países dependerem em alto grau da importação, não apenas de artigos de consumo necessários à própria conservação de um nível civilizado de existência, mas ainda de outros indispensáveis à sobrevivência de um grande número de atividades econômicas. Paradoxalmente, mas muito compreensivelmente, o desenvolvimento industrial dos países subdesenvolvidos, determinado em grande parte pela necessidade de substituir com a produção interna o que por falta de recursos em divisas não é mais possível obter da importação, aumenta as necessidades de artigos importados: equipamentos e produtos semiacabados. Tem sido essa uma das contradições mais sentidas no processo de desenvolvimento dos países subdesenvolvidos e que lhe opõem consideráveis embaraços. Voltaremos ao assunto adiante, bastando-nos por ora observar o fato que o desenvolvimento traz como consequência imediata o reforçamento deste fator de desequilíbrio, que é o aumento das importações.

De um lado, portanto, o que se observa nos países subdesenvolvidos são exportações limitadas no volume e no preço dos produtos exportados; de outro, uma forte tendência ao crescimento das importações. O desequilíbrio do intercâmbio comercial faz-se, assim, inevitável – e não se compensa, mas, pelo contrário, se agrava pelo funcionamento normal da economia daqueles países. A normalidade é aqui o desequilíbrio, em consequência da falta de mecanismos adequados de ajustamento. É o que se verifica no balanço comercial externo da generalidade dos países subdesenvolvidos logo que eles atingem um nível mínimo de progresso, quando então se observa que as exportações estacionárias ou com crescimento relativamente pequeno correspondem a importações sempre mais avultadas, apesar das restrições que lhes são impostas. Veem-se, assim, os países subdesenvolvidos a braços com déficits mercantis cada vez mais pronunciados que não se resolvem senão por medidas drásticas que subvertem por completo sua vida econômica.

Situação semelhante e com efeitos análogos na economia dos países subdesenvolvidos se apresenta no outro setor das finanças externas daqueles países: o do movimento de capitais. Não se verifica aí nenhuma correlação apreciável entre o afluxo e a saída de capitais, de maneira a assegurar o equilíbrio ou pelo menos uma tendência ao equilíbrio entre obrigações financeiras externas e os recursos necessários para fazer face a essas obrigações. Já observamos que, enquanto as inversões estrangeiras têm por objeto, direta ou indiretamente, atividades produtivas destinadas à exportação, as obrigações decorrentes do serviço dos capitais aplicados se compensam ou podem compensar-se normalmente com os recursos externos obtidos por aquelas exportações. Deixa de ocorrer isso quando as inversões visam ao mercado interno. Verifica-se, em consequência, um desequilíbrio crescente entre aquilo que o país deve e o que pode pagar. Desequilíbrio esse que só se corrige com novas inversões. É efetivamente o que vem ocorrendo na generalidade dos países subdesenvolvidos, pois é apenas com o afluxo de novos capitais estrangeiros que eles conseguem fazer frente a suas obrigações no exterior. Entre outros, o caso brasileiro é a esse respeito característico. Desde sempre, mas acentuadamente nos últimos anos, o Brasil vem satisfazendo seus compromissos financeiros externos decorrentes do serviço de capitais aqui invertidos, com novas inversões. Prova disso é que aquele serviço não só absorve o montante das inversões realizadas, como o ultrapassa em larga medida[8].

Para se avaliar o que significa esse endividamento progressivo da economia dos países subdesenvolvidos, analisemos os efeitos, no longo prazo, das inversões que neles se realizam – ou, antes, pseudoinversões, uma vez que se fazem com os próprios recursos do país transmutados em dívidas; inversões aquelas que vão absorvendo e submetendo ao controle dos trustes internacionais a maior e melhor parte das atividades econômicas dos países subdesenvolvidos e da economia deles em conjunto. Já foi referido o papel de formador que os empreendimentos daqueles trustes desempenham nas economias subdesenvolvidas. É que tais empreendimentos, constituindo parcelas por si insignificantes de um todo que se centraliza muito longe de cada país em que se realizam, têm interesses de natureza essencialmente internacional e resultam unicamente de uma

---

[8] No último quinquênio para o qual dispomos de dados estatísticos, 1951-1955, enquanto o afluxo de capital estrangeiro foi de 493 milhões de dólares, as rendas remetidas para o exterior, de capitais estrangeiros aplicados no Brasil, montaram a 657 milhões.

política de vendas orientada por diretrizes comerciais imediatistas. Assim sendo, os empreendimentos dos trustes internacionais não se relacionam, ou só por coincidência se relacionam, com as necessidades reais e próprias dos países subdesenvolvidos em que atuam. E pela ação deles, que é poderosa graças aos avultados recursos de que dispõem, bem como ao largo prestígio que em geral desfrutam, que alguns setores da economia dos países subdesenvolvidos – aqueles que interessam a política de vendas dos trustes – tendem a se hipertrofiar em prejuízo e à custa de outros de muito maior significação para aqueles países. Compromete-se, assim, o desenvolvimento ordenado e harmônico das economias subdesenvolvidas, já por si deficientes em estímulos e recursos adequados para um tal desenvolvimento.

Doutro lado, a concorrência que empreendimentos estrangeiros fazem às iniciativas nacionais coloca estas últimas em posição de nítida inferioridade. Veda-lhes os setores e as atividades mais importantes e de melhores perspectivas ou neles as deixa em segundo e subordinado plano. Se isso não é sempre sentido e devidamente apreciado, é porque se trata de algo já tão estabelecido e arraigado que se aceita como fatalidade. Ao abrirem luta, preferem as iniciativas nacionais a abstenção, ou quando muito uma convivência pacífica, embora em posição dependente e subordinada. Elimina-se com isso, e em benefício de interesses estranhos, o principal fator progressista do capitalismo: a luta econômica. O capitalismo evolui, assim, nos países subdesenvolvidos, desde seu nascedouro, sob o signo do monopólio. E esse monopólio, que nos grandes centros capitalistas da atualidade constitui, com todos seus aspectos negativos, pelo menos a resultante de um longo e árduo processo de luta econômica e concorrência desenfreada em que se apuraram as boas qualidades dos concorrentes que lograram sobreviver, não se apresenta nos países subdesenvolvidos senão com aqueles seus aspectos negativos. A concorrência dos empreendimentos estrangeiros às iniciativas nacionais dos países subdesenvolvidos se faz sentir até mesmo no mercado de capitais desses países, cuja parca acumulação capitalista, logo que se torna significativa, sofre a drenagem realizada pelos trustes neles instalados, seja por meio dos depósitos bancários de estabelecimentos estrangeiros ligados àqueles trustes e servindo-lhes os interesses[9], seja pela emissão de títulos desses trustes ou associação deles com capitalistas e empresas nacionais. Uma parte do minguado capital indígena dos países subdesenvolvidos é, assim, desviada das iniciativas nacionais, em regra tão precisadas daquele capital, e submetida ao controle dos trustes internacionais.

Uma das grandes vantagens com que contam os empreendimentos estrangeiros na concorrência às iniciativas nacionais dos países subdesenvolvidos é a desordem financeira que em geral se verifica nesses países. Desordem essa que tem origem precisamente no desequilíbrio permanente das contas externas e no sistema internacional do capitalismo que determina esse estado crônico de desequilíbrio. Caracteriza-se a economia dos países subdesenvolvidos, salvo exceções raras e de pouca duração, pela permanente instabilidade monetária e a situação de crônica inflação que logo decorre da contínua e precipitada desvalorização cambial da moeda. A inflação nos países subdesenvolvidos tem características próprias que a singularizam e não podem ser assimiladas a fatos semelhantes ocorrentes em países de alto desenvolvimento capitalista, como com frequência se faz. Não podemos aqui analisar o assunto com vagar, mas a ligeira observação da história econômica e financeira mais recente dos países subdesenvolvidos mostra que as oscilações de preços de maior amplitude que nela se verificam, e que são permanentes e quase normais, se relacionam, sobretudo e em primeiro lugar, com o movimento das contas externas, cujo desequilíbrio, predominantemente em desfavor dos países subdesenvolvidos, deprime de forma contínua seus padrões monetários, provocando, em consequência, alta correspondente de preços. As emissões exageradas, muitas vezes responsabilizadas pela inflação nos países subdesenvolvidos, não são frequentemente senão consequência da alta de preços e não sua causa. Constituem o único meio de que podem lançar mão os poderes públicos para fazer frente a seus encargos que

9 No Brasil, os próprios bancos nacionais, inclusive os oficiais, como em particular e ultimamente o Banco Nacional de Desenvolvimento Econômico, têm atendido largamente às necessidades de financiamento de empreendimentos internacionais que operam no país.

a desvalorização da moeda vai alargando sem medida. Nem o crédito público (impossível de se organizar na base de uma moeda largamente instável), nem a tributação (que não pode acompanhar as caprichosas e bruscas oscilações monetárias) são capazes de fazer frente às crescentes obrigações governamentais, que não contam, assim, com outro recurso que as emissões. O mesmo se dirá das necessidades de financiamento das atividades privadas, para as quais é impossível prover com um sistema normal de crédito alimentado com a poupança ordinária.

Ora, numa situação dessas, que deriva em última instância da insolvabilidade externa dos países subdesenvolvidos, os empreendimentos estrangeiros se encontram em posição privilegiada. Eles dispõem em abundância dos recursos que fazem falta ao insolvável país no qual se apresentam. Encontram-se a cavaleiro da desordem financeira que anarquiza a economia desse país e tiram dela, ao menos de início, um duplo partido: de um lado, o baixo preço relativo dos bens e serviços que devem adquirir quando computado no padrão monetário que trazem e, doutro lado, a vulnerabilidade das empresas nacionais eventualmente concorrentes que não contam com outra base que aquelas finanças desordenadas. A força dos empreendimentos estrangeiros na concorrência que fazem às iniciativas nacionais do país subdesenvolvido é tanto maior que é na moeda com que se apresentam, e nos centros de onde eles provêm, que se há de adquirir o aparelhamento produtivo necessário que as iniciativas nacionais terão de obter por meio dos embaraços de importações cerceadas e a serem pagas por elas em moeda internacionalmente ilíquida e de valor instável e precário. Sua posição desvantajosa, e já de início gravemente prejudicada, é óbvia. Sem contar a precariedade relativa de qualquer negócio e atividade econômica entregue aos azares de finanças instáveis e desordenadas.

Nessas condições, o crescimento e a adequada estruturação do capitalismo nacional dos países subdesenvolvidos são bastante embaraçados. Sempre em segundo plano em frente aos poderosos empreendimentos estrangeiros, vivendo de finanças desorganizadas e apoiando-se, por isso, em bases aleatórias, não lhe é possível manter-se e se desenvolver normalmente. A parte de leão de mais-valia proporcionada pelas atividades produtivas dos países subdesenvolvidos é, por isso, absorvida pelos empreendimentos internacionais que nelas concorrem; e é em benefício desses empreendimentos e da política internacional de vendas dos trustes que os controlam que se realiza a maior parte da acumulação capitalista. E assim o capitalismo nacional não somente permanece fraco e se subordina cada vez mais ao sistema internacional dos trustes por meio de ligações da participação conjunta em negócios em que é obrigado a figurar na posição de sócio menor, como ainda se mostra incapaz de promover com as próprias forças o desenvolvimento nacional, que fica assim paradoxalmente na dependência do mesmo fator que o embaraça, a saber, os empreendimentos e a iniciativa dos trustes internacionais.

Daí a importância aparente – e pode-se dizer real, nas condições dadas – que adquirem, para o desenvolvimento dos países subdesenvolvidos, aqueles empreendimentos estrangeiros e as inversões que realizam. Nas circunstâncias vigentes, o crescimento das economias subdesenvolvidas ficará na dependência das inversões estrangeiras. Não somente porque a falta dessas inversões provocaria grande desfalque de recursos do país que seriam drenados para fora dele, mas ainda porque o capitalismo nacional é insuficiente e excessivamente débil, pelos motivos apontados, para arcar por si só com empreendimentos de maior vulto. E é isso que ilude todos aqueles, economistas inclusive, que se recusam colocar a questão em termos que não sejam os do *status quo*. Na situação e nas condições existentes, isto é, enquadrada a economia dos países subdesenvolvidos, tal como se encontra hoje, no sistema internacional do capitalismo trustificado de nossos dias, o desenvolvimento deles depende, sem dúvida, de contínuas e crescentes inversões estrangeiras. Mas essas inversões, como vimos, estão subordinadas à limitada capacidade de remuneração que lhes podem oferecer as deficitárias contas externas dos países subdesenvolvidos – déficit esse que as mesmas inversões contribuem para agravar, uma vez que implicam novas obrigações externas. Em suma, o desenvolvimento dos países subdesenvolvidos, na medida em que se promove pelo concurso de inversões estrangeiras do tipo que consideramos, isto é, realizadas pelos trustes internacionais, é essencialmente precário e autolimitante, pois aquelas inversões determinam, elas mesmas, as circunstâncias que tendem a restringi-las e que são as novas obrigações delas derivadas e que reduzem ainda mais a capacidade de pagamentos externos do país em que se efetuam. Encontra-se, portanto, o problema do desenvolvimento dos países subdesenvolvidos, dentro do sistema atual do capitalismo internacional, engajado num círculo vicioso. Esse desenvolvimento fica na dependência de um ritmo crescente de inversões que, pelo vulto das obrigações externas que impõem ao país em que se aplicam, acabam limitando-se a si próprias. E se farão proporcionalmente cada vez menos uma aquisição efetiva desse país e fator de desenvolvimento, que maneira de ele saldar compromissos que não pode satisfazer com recursos próprios e normais. O afluxo de novos capitais se destinará, em proporção crescente, ao pagamento de obrigações decorrentes de inversões anteriores. É, aliás, o que já começa a se verificar no Brasil, como já notamos. Ao mesmo tempo, a progressiva e avassaladora penetração dos trustes internacionais nos países subdesenvolvidos vai acentuando a dependência econômica deles (além da política); e, com ela, a ação dos fatores que analisamos antes e que embaraçam a estruturação naqueles países de uma economia propriamente nacional e livre das contradições que no sistema internacional do capitalismo perturbam e comprometem seu desenvolvimento; sendo capaz, por conseguinte, de promover esse desenvolvimento por suas próprias forças.

8

No capítulo anterior, consideramos a economia dos países subdesenvolvidos sob dois aspectos que se complementam: primeiro, como eventual escoadouro, sob forma de inversões, dos excessos de produção dos grandes centros industriais; e a esse título, fator de equilíbrio econômico desses centros. Verificamos a inadequação das economias subdesenvolvidas para a realização desse fim. Em segundo lugar, analisamos o papel dessas inversões na economia dos países subdesenvolvidos e em seu desenvolvimento. Aqui também se observaram a impropriedade e os efeitos desfavoráveis das inversões do tipo hoje predominante, que são as realizadas pelos empreendimentos internacionais dos grandes trustes. Como conclusão geral, pode-se afirmar que o atual sistema do capitalismo trustificado não conta com os países subdesenvolvidos como fator de reajustamento do desequilíbrio econômico que se verifica nos grandes centros, nem como setor que seja para ele de novo florescimento. Em suma, a crise do sistema capitalista é generalizada e ele não dispõe de forças revitalizadoras capazes de superar aquela crise. Isso tanto no que respeita aos setores de alto nível de desenvolvimento – assunto esse que analisamos na primeira parte deste livro, na qual se observaram as causas profundas e irremovíveis do desajustamento do sistema – como no que se relaciona com os países subdesenvolvidos onde o capitalismo, em sua atual feição trustificada e internacionalmente centralizada, se mostra incapaz de promover o efetivo desenvolvimento e até mesmo de proporcionar um ritmo normal e equilibrado de vida econômica.

É esse segundo ponto que nos vai ocupar agora com mais atenção; ou, mais precisamente, analisaremos no presente capítulo os dados gerais do problema do desenvolvimento econômico dos países subdesenvolvidos que nas atuais circunstâncias se acha peado pelas contingências do sistema internacional em que aqueles países se entrosam perifericamente. Trata-se, para eles, de se desembaraçarem de tais contingências e romperem o círculo vicioso em que se encontra engajada sua economia e que analisamos no capítulo anterior. Em outras palavras, o que se propõe aos países subdesenvolvidos é superar o estatuto em essência e fundamentalmente colonial de sua economia e se reestruturarem em bases propriamente nacionais. Mas, para realizarem isso, impõe-se uma política econômica inspirada em concepções originais ditadas pela especificidade das condições em que eles hoje se acham. O que requer uma nova teoria econômica. A economia política clássica considera os fatos econômicos deixados à própria e espontânea manifestação; e se propõe por isso unicamente dispor as relações econômicas de maneira a que essa liberdade se realize da melhor e mais completa forma possível. Mas isso se encontra superado no mundo atual do capitalismo trustificado, no qual as relações econômicas não se estabelecem mais na base do livre comportamento de grandes agregados de indivíduos, agindo cada qual por si e por sua conta e risco, mas são ditadas por reduzidos grupos que controlam o conjunto da vida econômica das coletividades, como vimos. A essa situação criada pelas novas circunstâncias do capitalismo trustificado, há que acrescentar ainda, e sobretudo, a ação do Estado, que não pode mais ser ignorada ou mesmo subestimada no domínio dos fatos econômicos. O Estado liberal e estritamente jurídico ficou relegado em definitivo para o passado, e o moderno Estado, queiram-no ou não seus doutrinadores, é antes de tudo um fato econômico cuja simples presença e atuação, por mais divorciada que procure permanecer das relações econômicas privadas, nelas influi decisivamente. É dessa contingência em particular que resultou a nova teoria econômica ortodoxa do capitalismo que visa a outorgar um conteúdo racional e convenientemente orientado à inevitável participação do Estado na vida econômica. Mas o campo social e os fatos econômicos que essa nova feição da ortodoxia econômica objetiva são, naturalmente, os dos países e coletividades situados nos postos centrais e pontos-chave do sistema internacional do capitalismo. A perspectiva da teoria será, assim, a desses países; e, numa tal perspectiva, os países subdesenvolvidos aparecem indevidamente equiparados, sob o aspecto qualitativo, aos países de capitalismo amadurecido. O conjunto econômico internacional é visto daí como um todo homogêneo e diferençado em suas partes apenas quantitativamente, isto é, de maior ou menor progresso, e particularmente de progresso tecnológico. Ora, essa analogia é falsa. Os países que ocupam respectivamente o centro e a periferia do atual sistema internacional do capitalismo estão muito distanciados uns dos outros, tanto pela estrutura orgânica de sua economia como, sobretudo, pela natureza das questões e dos problemas que neles se propõem.

Este último ponto é decisivo para a discriminação entre as economias desenvolvidas e as subdesenvolvidas; a saber, a finalidade prática da teoria econômica. Entra em consideração aqui a questão geral e metodológica referida no primeiro capítulo e que vem a ser a natureza essencialmente pragmática de toda teoria econômica, como, aliás, da ciência e do conhecimento em geral. A saber, o fato que uma teoria econômica, por mais abstrato que seja o plano em que se coloca, sempre se prende a circunstâncias de ordem prática e às questões propostas nessa prática. Não existe e não pode existir (porque isso contraria a própria natureza do conhecimento) uma ciência econômica total e absoluta, com princípios e leis aplicáveis generalizadamente a todos os tempos e todos os lugares. A ciência econômica, como qualquer ciência, constitui sempre uma teorização e uma sistematização mais ou menos adequada e completa da experiência humana, que antecede e acompanha sua elaboração. Refletem-se, assim, nela as questões e os problemas propostos nessa experiência. Mais ainda, são essas questões e esses problemas que estimulam a elaboração científica e lhe dão conteúdo. Pode-se dizer, de certo modo, que toda ciência é sempre, próxima ou remotamente, resposta a uma questão prática.

Assim é também, e de forma bem aparente, com a teoria econômica. Donde a insuficiência, com respeito aos países subdesenvolvidos, das teorias elaboradas ou em elaboração nos grandes centros capitalistas. É com grande acerto que o economista argentino Raúl Prebisch escreve que "uma das falhas mais sérias de que padece a teoria econômica geral, contemplada da periferia, é seu falso sentido de universalidade"[1]. É que, em primeiro lugar, falta naqueles centros base experimental relativa aos países subdesenvolvidos que se consideram por isso simplesmente extensão e eventual repetição futura da experiência própria; e se interpretam, por conseguinte, em função dessa experiência. Já vimos como essa noção é falsa e leva a uma interpretação do desenvolvimento em termos puramente quantitativos que abstraem da "qualidade" própria das economias periféricas e complementares do sistema capitalista. Doutro lado, as questões pendentes nos países subdesenvolvidos não se apresentam para a teoria econômica dos grandes países capitalistas sob o mesmo prisma. Isso diz respeito, em particular, ao processo de desenvolvimento que constitui o quadro geral em que se propõem os problemas fundamentais dos países subdesenvolvidos. O contraste aqui entre o que se passou e se passa nos centros industriais de hoje, de um lado, e nos países subdesenvolvidos, de outro, é marcante. Sem pretender analisar aqui, em conjunto, as circunstâncias do desenvolvimento econômico em um e outro daqueles setores, consideremos os pontos essenciais do mecanismo daquele desenvolvimento em que a diferença é mais acentuada e patente.

Nossa indagação deve centralizar-se, para maior simplificação e generalização, no fator que basicamente condiciona e promove o desenvolvimento capitalista e o progresso tecnológico que o caracteriza. A saber, de um lado, a formação e acumulação de capital que é, ao mesmo tempo, função do progresso tecnológico e determinante dele; doutro lado, a inversão desse capital na atividade produtiva que realiza de fato aquele progresso. Abordamos esse ponto e vimos, então, que a acumulação capitalista, realizada à custa da mais-valia, se faz tanto maior e cresce em

---

1 Raúl Prebisch, "O desenvolvimento econômico da América Latina e seus principais problemas", *Revista Brasileira de Economia*, set. 1949, p. 54.

ritmo mais acelerado quanto maior a produtividade da força de trabalho criadora de mais-valia, sendo que a produtividade do trabalho resulta do progresso tecnológico. De outra parte, é a acumulação capitalista que faz possível e promove a técnica, pois é na medida em que se acumula o capital que as atividades produtivas se orientam para a criação dos bens de produção em que aquela técnica se realiza e se efetiva pela aplicação do capital formado. A produção dos bens de produção e, portanto, o progresso tecnológico dependem, no regime capitalista, da formação de capitais com que se constitui a demanda daqueles bens; demanda essa que constitui, ou objetiva, a inversão. Os fatos complementares da acumulação e da inversão representam, assim, em conjunto, o processo fundamental pelo qual se desenvolve e progride a economia capitalista. Note-se, ainda, que a inversão do capital acumulado não constitui apenas fator direto das atividades produtivas em que se aplica. Ela tem outra ação, essa indireta, de significação pelo menos igual à citada e que reside no fato de dar origem à demanda dos bens de produção e servir, assim, de estímulo ao setor de maior expressão da atividade produtiva do capitalismo, que vem a ser a produção daqueles bens de produção.

Tudo isso mostra a importância que tem, no funcionamento do sistema capitalista e no processo de seu desenvolvimento, o papel da acumulação capitalista e da inversão do capital formado. Ora, há pelo menos um aspecto, e esse da maior expressão, como logo veremos, em que a formação e a inversão de capital, nos países subdesenvolvidos da atualidade, se apresentam em circunstâncias essencialmente originais que não apenas propõem questões novas e específicas, mas ainda requerem, por isso mesmo, uma análise e uma teoria próprias que não se incluem no tratamento corrente e consagrado da matéria. É que, na economia daqueles países, os fatos complementares da formação e da inversão de capital, que se devem conjugar, acham-se por efeito da natureza especial daquela economia, desarticulados entre si, ou pelo menos insuficientemente ligados. O capital acumulado, como se notou, forma o valor de que se constitui o mercado para os bens de produção. Representa o poder aquisitivo de um dos setores da demanda econômica que é a dos bens de produção. Nos países pioneiros da industrialização em que se procura modelar o desenvolvimento dos países subdesenvolvidos, as atividades produtivas se dividiram, por efeito daquela demanda, em dois ramos, destinando-se um deles à satisfação do setor do mercado alimentado pela acumulação capitalista e consumidor de bens de produção. Essa divisão e especialização da produção se realizou espontaneamente no processo natural de adequação da produção às solicitações da demanda. A acumulação capitalista encontra por isso desde logo, e como, se aplicar – e se faz, ou se pode fazer, sem mais, em inversão. Acumulação e inversão se entrosam, assim, intimamente e são momentos apenas de um processo contínuo em que a acumulação se transforma em inversão; e a inversão – ou antes, as oportunidades de inversão –, atuando como estimulante de um circuito comercial integrado no conjunto do mecanismo econômico, fomenta a acumulação.

Nos países subdesenvolvidos, a situação a esse respeito se mostra bem diferente, uma vez que, não sendo eles produtores em escala apreciável de bens de produção — e isso constitui uma de suas características essenciais —, a acumulação capitalista neles realizada forma um poder aquisitivo e alimenta um mercado para o qual não há produção interna. Derivam daí duas consequências: de um lado, esse poder aquisitivo não serve de impulsionador de atividades próprias, e sim de atividades alheias que não se traduzem em estímulos internos. E, mais grave ainda, a formação de capitais nos países subdesenvolvidos corresponde, na medida em que esse capital se destina à aquisição de bens de produção importados, a um desfalque do poder aquisitivo interno, desviado assim para o exterior e contribuindo, por conseguinte, para o desequilíbrio entre a produção e o consumo[2].

Doutro lado, a falta de produção interna de bens demandados pela aplicação e pela inversão do capital faz com que essa inversão dependa de outro fator além da acumulação, o qual vem a ser a disponibilidade

---

[2] Somente não será assim na medida em que a importação de bens de produção pelos países subdesenvolvidos estimular, nos centros industriais produtores daqueles bens, o consumo de produtos primários exportados pelos mesmos países subdesenvolvidos. Mas a correlação entre essas duas ordens de fatos é, sem dúvida, mínima e pode ser ignorada.

de recursos em moeda internacional, fator estranho à acumulação e que com ela não tem maior relação, pois depende da exportação do país considerado e, sobretudo, do *quantum* com que o valor dessa exportação ultrapassa a necessidade de outros pagamentos externos. Circunstâncias essas todas que, por si, nada têm a ver com o processo de acumulação e com ele não se relacionam por nenhum mecanismo regulador e compensador (no sentido de que a acumulação tem um ritmo que independe completamente de tais circunstâncias), mas que vão influir diretamente no fato da transformação da acumulação de capitais na inversão dos mesmos. Isso cria uma situação toda especial no funcionamento da economia dos países subdesenvolvidos que distingue profundamente seu caso do dos atuais países industrializados, propondo, em consequência, para o desenvolvimento deles, questões originais que não se apresentam nas teorias ordinárias e consagradas. A acumulação capitalista acha-se condicionada em sua função natural, que é a inversão, por fatores estranhos que lhe podem ser – e frequentemente lhe são – contrários.

A desarticulação entre o processo de formação de capitais e acumulação capitalista, de um lado, e a inversão, do outro, ainda se apresenta nos países subdesenvolvidos sob outro aspecto, a saber, no fato de uma parcela apreciável, e com tendência em geral a sempre crescer, dos novos capitais formados com a acumulação do lucro capitalista caber a empreendimentos estrangeiros para os quais o critério da inversão não é essencialmente o do país onde aquele capital se formou, e sim o do negócio particular daquele empreendimento, negócio esse que se propõe em termos de uma política internacional de vendas. O capital formado com os lucros acumulados dos trustes internacionais se distribui e se aplica por efeito de injunções para que o país criador daquele capital não contribui senão como um fator singular entre muitos outros que lhe são de todo estranhos. Estabelece-se, assim, entre a acumulação e a inversão, no que respeita ao país em questão, um hiato; e ambas se acham, desse ponto de vista, isoladas uma da outra e ligadas unicamente no plano das finanças domésticas e das conveniências mercantis do truste internacional senhor do capital. O que implica, via de regra, ou pelo menos em certos momentos, forte drenagem aposta à formação e à acumulação de capitais no país subdesenvolvido que se farão não em benefício de empreendimentos e atividades nacionais, mas no de uma organização internacional e alheia ao funcionamento orgânico da economia nacional.

Tudo isso e mais as consequências de toda ordem que comporta colocam os países subdesenvolvidos, no que que diz respeito a capitais e ao equilíbrio da economia, em estreita dependência dos grandes centros e da contribuição financeira que eles lhe trazem. Já vimos o papel e a importância que na atual conjuntura representam os capitais estrangeiros nas contas externas dos países subdesenvolvidos. Vemos agora essa dependência, com mais profundidade, em relação aos fatores essenciais do desenvolvimento econômico e que vêm a ser a acumulação e a inversão. Já não se trata mais apenas das contas externas dos países subdesenvolvidos e do estado de desequilíbrio crônico que nelas introduzem as inversões e os empreendimentos realizados nesses países e pelos trustes internacionais. Encontramos agora a ação perturbadora desses trustes atingindo o mecanismo essencial do desenvolvimento capitalista dos países subdesenvolvidos e que vem a ser o processo de acumulação e inversão de capitais. E que tal ação dissocia ainda mais do que se viu anteriormente esses dois fatos complementares da acumulação e inversão. No caso de capitais nacionais, essa dissociação se verifica, como foi notado, na parte desse capital que se destina à aquisição de bens de produção que devem ser importados (em particular equipamentos e materiais semiacabados). Mas, quando o capital provém da acumulação do lucro de trustes internacionais, e portanto a eles pertence, é a totalidade desse capital, incluída a parte destinada a outros itens da inversão (salários, matérias-primas etc.), que será orientada por circunstâncias alheias à economia do país em que se constituiu.

Em suma, o processo de desenvolvimento dos países subdesenvolvidos, no que diz respeito a fatores essenciais que são a acumulação capitalista e a inversão, é condicionado por circunstâncias peculiares que as teorias econômicas correntes e consagradas – isto é, as elaboradas em função da experiência dos grandes países capitalistas – não consideram e que precisam ser levadas em conta. Tais circunstâncias se relacionam, em última instância, com a situação específica dos países subdesenvolvidos cujas atividades econômicas se especializam na produção de gêneros primários destinados à exportação, enquanto as necessidades de manufaturas, que são essenciais, sobretudo quando o país em questão atinge um nível mínimo de desenvolvimento, precisam ser satisfeitas na maior e principal parte com a produção externa. Dessa especialização da produção e, consequentemente, a das correntes mercantis dos países subdesenvolvidos, resultam a separação rígida e a desconexão entre o mercado para sua produção, que é o externo, e o mercado interno abastecido pelo exterior. As peças essenciais da economia dos países subdesenvolvidos se encontram, por isso, na articulação desses dois mercados, que precisam naturalmente se ajustar com harmonia um ao outro, bem como os dois em conjunto, ao ritmo das atividades produtivas. Ora, o mecanismo que conjuga aquelas peças nada ou pouco tem de automático, donde as perturbações que nele se verificam quando é deixado a seu funcionamento espontâneo. Esse desajustamento diz respeito não apenas ao equilíbrio do balanço mercantil externo e dos pagamentos exteriores em geral (assunto sobre que já nos estendemos), mas sobretudo à seleção das importações em função das necessidades essenciais do país e da distribuição delas de acordo com a hierarquia dessas necessidades. O mecanismo de preços fixados espontânea e naturalmente pela livre concorrência de produtores e consumidores – mecanismo esse que deveria ser o regulador normal da situação – não opera por si convenientemente e de maneira a realizar ou tender a realizar o equilíbrio geral do sistema e uma distribuição adequada de atividades econômicas. Pelo contrário, aquele mecanismo, quando deixado a si próprio e sem intervenção e controle, degenera com frequência, e em muitas ocasiões até mesmo com regularidade, em fator de desajustamento profundo do funcionamento normal e equilibrado do sistema, bem como de deformação grave da estruturação das atividades econômicas. A experiência dos países subdesenvolvidos é a esse respeito conclusiva, e tanto os altos e os baixos violentos e extremos de sua conjuntura como o desconjuntamento de suas atividades produtivas, fruto daquela situação de desregramento econômico decorrente da ausência de mecanismos adequados de compensação e ajustamento, têm forçado repetidas vezes, e nesta última fase histórica que se vem prolongando há alguns decênios já em caráter de quase permanência, a adoção de medidas de controle mais ou menos rigoroso que suprem, ou antes com que se procura suprir, a falta de convenientes impulsos naturais.

Essa política de intervenção econômica, todavia, tem sido praticada de maneira imediatista e mais ou menos empírica para atender a situações de emergência e circunstanciais que, embora permanente e se agravando cada vez mais, se reputam momentâneas e passageiras. Ela não se inspira em nenhuma concepção de ordem geral, e todas as medidas adotadas (controle cambial, restrições à importação, discriminação e estabelecimento de quotas, prêmios à exportação etc.) não têm outro propósito que corrigir desequilíbrios muito graves e prolongados do balanço de contas externas e são tidas como simples providências passageiras destinadas a fazer frente a uma situação emergente que se considera momentânea. Aquilo a que se visa sempre e invariavelmente é, em última instância, retornar à "normalidade", isto é, à liberdade irrestrita das transações comerciais e financeiras com o exterior. A influência aqui das normas ordinárias da teoria econômica clássica se faz sentir com clareza e é mesmo, em geral, afirmada sem hesitações ou restrições. A experiência, todavia, tem demonstrado, sobretudo nos últimos decênios, e de maneira evidente depois da grande crise de 1929-1930, que as situações reputadas "anormais" e que obrigam à intervenção econômica direta da autoridade pública se tornam não só mais frequentes, como se prolongam muito mais que as "normais". Estas últimas não têm na realidade passado de momentos excepcionais.

A razão disso é fácil de compreender quando se observa a natureza profunda da economia dos países subdesenvolvidos. Vimos no capítulo anterior que o desequilíbrio crônico das contas externas dos países subdesenvolvidos deriva de condições orgânicas daquelas economias; e, para solucioná-las em permanência (sem o que os países subdesenvolvidos continuarão em seus permanentes e bruscos altos e baixos que comprometem todas as suas instituições econômicas e o seu desenvolvimento), faz-se necessária uma política geral estável e definitiva – definitiva pelo menos para a fase histórica que vivem atualmente os países subdesenvolvidos –, não apenas providências momentâneas e de emergência.

A saber, uma política que vise à transformação da economia periférica, complementar e tecnologicamente primitiva que é a dos países subdesenvolvidos, numa economia estruturada em bases nacionais e situada em nível de desenvolvimento compatível com o mundo moderno. A concentração de esforços e o aproveitamento máximo de recursos, sem qualquer desperdício, que isso requer somente é possível conseguir por meio de um rigoroso controle das contas externas pelas quais não só transita a principal parcela daqueles recursos, que é o resultado financeiro das atividades produtivas fundamentais concentradas na produção para a exportação; mas ainda se realizam os pagamentos de importações essenciais à própria manutenção e ao desenvolvimento das atividades econômicas, em particular os bens de produção. Aqueles recursos, com frequência incertos e inseguros, e sempre insuficientes em face das necessidades a que devem prover, precisam, por isso, ser utilizados com um máximo de rendimento e benefício, não devendo ser desviados, por mínimo que seja, para fins menos interessantes à economia dos países subdesenvolvidos. Ora, a experiência tem evidenciado que todos os controles usuais estabelecidos em caráter de emergência e com a atenção fixada unicamente, ou preponderantemente, no simples fato do desequilíbrio das contas externas não apenas são insuficientes, dando larga margem a manobras mais ou menos fraudulentas de evasão cambial que anulam em boa parte os efeitos objetivados, como contribuem para perturbar ainda mais o funcionamento da economia a eles submetida. Fica-se no meio do caminho entre a livre-iniciativa e uma regulamentação efetiva; e perde-se, assim, com as restrições à liberdade das transações, as vantagens da livre-iniciativa e da concorrência, sem a compensação dos benefícios que se podem esperar de uma regulamentação efetiva.

Um verdadeiro controle das contas externas, capaz de lhes assegurar o equilíbrio e garantir a destinação conveniente desta parcela máxima e tão importante dos recursos dos países subdesenvolvidos que é o produto de suas exportações, somente é realizável pela eliminação de qualquer interferência privada no manejamento do comércio e das finanças exteriores; a saber, pelo monopólio daquele comércio e das transações financeiras com o exterior em geral. Não há nisso, aliás, nenhuma novidade absoluta, pois na grande maioria dos países subdesenvolvidos de hoje, se não em quase todos, o comércio externo, bem como as transações financeiras com o exterior, se acha de tal maneira regulamentado que em muitos casos isso corresponde a um monopólio – mas sem as vantagens dele, que seriam a substituição da ação privada pela pública e, por conseguinte, a orientação das transações externas única e totalmente no sentido do interesse geral. Nos sistemas atuais de controle, o Estado se limita a restringir a iniciativa particular e dirigir a ação privada. Não toma contudo ele próprio nenhuma iniciativa e permanece inativo. O papel do Estado é, assim, apenas negativo, e, reservando-se o direito de decidir sobre tudo que os particulares pretendem fazer, não faz ele mesmo nada, por mais que a iniciativa privada falhe e se mostre insuficiente ou inconveniente. Nessas condições, melhor que impor normas à ação alheia seria para o Estado agir ele próprio de acordo com essas normas. Isto é, realizar ele mesmo, diretamente, as transações exteriores cujas diretrizes e normas ele impõe hoje aos particulares.

Seja, contudo, com monopólio ou sem ele, qualquer política de controle estatal das transações externas que objetive um real equilíbrio dos pagamentos internacionais dos países subdesenvolvidos e assegure a destinação adequada dos recursos provindos das exportações implica uma interferência ativa no conjunto da economia e nas atividades produtivas em particular. Isso porque aquele controle, conforme seu grau, eliminará em maior ou menor proporção – e, no caso do monopólio, por completo – os fatores ordinários que regulam as atividades comerciais quando confiadas à iniciativa privada e que são a livre concorrência entre vendedores e compradores pela qual se determinam os preços e a distribuição das mercadorias objeto das transações. A supressão daqueles fatores pelo controle estatal das transações externas implica, assim, e impõe não só uma distribuição organizada dos artigos de importação, mas igualmente a centralização do comércio de exportação, bem como a fixação por via administrativa dos preços em moeda nacional. Observe-se que uma intervenção desse tipo já se verifica ou ocasionalmente se tem verificado no caso de muitos, se não todos, os países subdesenvolvidos. Mas não de forma sistemática – pois trata-se sempre das medidas de emergência que vimos –, e obedecendo a critérios de ordem geral. Para haver esse critério, é necessária uma planificação ampla; e, considerando que as transações com o exterior, tanto as comerciais como as financeiras, constituem na generalidade dos países subdesenvolvidos o setor fundamental e essencial de sua economia, que direta ou indiretamente a afeta de forma decisiva em todas as suas partes, aquela planificação tende a se insinuar pela totalidade e pelo conjunto dessa economia. Em suma, mesmo que não se eliminem da economia dos países subdesenvolvidos o impulso e o mecanismo da iniciativa privada e do lucro capitalista, inclui-se necessariamente em todos os seus setores, com o controle efetivo e realmente fecundo das transações externas, a ação pública em papel de grande relevo.

Não é, sem dúvida, possível nessa matéria traçar norma geral alguma aplicável indistintamente a todos os países subdesenvolvidos; e, mesmo que o seja a qualquer deles, em particular para momentos distintos. Trata-se de assunto de natureza específica e particularista que se apresenta sob forma diferente em cada caso e época. Consideraremos por isso aqui apenas as implicações teóricas e de ordem muito geral que se incluem numa política econômica como essa que já apontamos. Estaremos, aliás, com isso, dentro do assunto próprio que é o nosso, pois não objetivamos aqui discutir nenhuma política econômica em espécie, e sim unicamente indicar as bases teóricas em que essa política deve assentar a fim de não só se libertar do empirismo e imediatismo que caracteriza a política econômica presente da generalidade dos países subdesenvolvidos, como ainda que não degenere em planos utópicos e traçados *a priori* com vistas a uma situação futura ideal, mas irrealizável desde logo na prática.

Qualquer política de efetiva e planificada intervenção estatal defere necessariamente à autoridade pública, pelo menos a orientação geral da economia. Mas em que consistirá essa orientação e quais seus objetivos? Eles não poderão ser outros que não atender ao problema fundamental dos países subdesenvolvidos, a saber, libertá-los da posição periférica que ocupam no sistema internacional do capitalismo, posição essa onde se encontram os fatores profundos de perturbação de sua vida econômica, e, com esse fim, reestruturarem sua economia em novas bases nacionais.

Fora disso, não há e não pode haver objetivo próprio para a ação pública, a não ser a conservação e o amparo dos interesses estabelecidos e predominantes na ordem atual e que são, em primeiro e principal lugar, os das grandes empresas internacionais do capitalismo trustificado. Trata-se, para os países subdesenvolvidos, de se reorganizar em termos econômicos, o que envolve a consideração de todas as questões que fundamentalmente se propõem na estruturação de sua economia e que consistem no aproveitamento máximo tanto dos recursos naturais do país como da força de trabalho nele disponível. O que importa não apenas na elevação do nível tecnológico e de produtividade do esforço humano, mas também e sobretudo – particularmente numa primeira mas essencial etapa – na mobilização efetiva de toda população trabalhadora e eliminação da falta de trabalho, do subemprego e de outras formas precárias de atividade que são endêmicas e largamente difundidas em todos os países subdesenvolvidos. E tudo isso visando precipuamente a elevar os baixos padrões de vida da grande massa da população, tão característicos daqueles países. Há, pois, uma remodelação e uma transformação a realizar, e é isso que se há de objetivar na ação pública e na orientação por ela dada à economia dos países subdesenvolvidos. Não se trata, assim, unicamente de abrir caminho e facilitar a marcha de um processo em andamento; isto é, limitar-se ao amparo e estímulo de impulsos já atuantes, que são os da iniciativa privada em que se acentua cada vez mais o papel das forças internacionais do capitalismo trustificado. A ação pública deverá ser direta e efetiva, visando a objetivos que estão fora e além do alcance da iniciativa e ação privadas.

Isso não importa, todavia, na eliminação daquela iniciativa, e com isso a substituição integral do capitalismo. A iniciativa privada se manterá dentro de normas e diretivas da autoridade pública e de seus planos econômicos. Não há dúvida, contudo, de que isso constituirá um primeiro e grande passo para a mudança radical do sistema econômico. Esse aspecto é de considerável importância, pois nele se encontram perspectivas para a edificação de uma nova ordem social que vem ao encontro de outros interesses e outras aspirações que não a simples solução de problemas econômicos pendentes e imediatos. A saber, a libertação do trabalho e a melhor repartição dos benefícios econômicos. A socialização dos meios de produção, premissa dessa transformação, com certeza é prematura nos países subdesenvolvidos, com seu baixo nível industrial e a larga fragmentação e dispersão das atividades econômicas. Numa situação como essa, a livre-iniciativa – a legítima livre-iniciativa, desembaraçada do cerceamento monopolista que não logrou ainda se insinuar por toda parte nos países subdesenvolvidos, como aconteceu nos de alto desenvolvimento capitalista – constitui um poderoso elemento desvendador de novas oportunidades e perspectivas de empreendimentos. Opera, assim, como um impulsionador de atividades. A flexibilidade e a versatilidade da iniciativa privada num terreno como o dos países subdesenvolvidos, onde tudo ou quase tudo ainda está por fazer, não são vantajosamente substituídas, desde logo e em sua totalidade, pela ação pública administrativa. Tanto mais quanto se trata, nos países subdesenvolvidos, de administrações públicas de estrutura débil e de limitados recursos humanos.

Se, por um lado, por conseguinte, o processo de socialização se\ faz muito mais difícil nos países subdesenvolvidos que nos de alto desenvolvimento capitalista, onde se não as relações jurídicas, pelo menos as econômicas – isto é, as de organização técnica da produção – já assumiram nítidos contornos socialistas e pressionam sobre aquelas primeiras, tendendo a deslocá-las, por outro lado, a situação especial dos países subdesenvolvidos, com sua economia estreitamente dependente das relações comerciais e financeiras com o exterior, dispõe essa economia para o mesmo processo de transformação, embora em circunstâncias distintas. Vimos como a economia dos países subdesenvolvidos tende do controle estatal das contas externas que as circunstâncias impõem para um controle amplo e geral; e nesse processo a ação pública naturalmente se estende e aprofunda em prejuízo da ação e iniciativa particulares. Em suma, a economia dos países subdesenvolvidos, por efeito das particularidades da sua instituição, não oferece condições favoráveis para o progresso generalizado de relações capitalistas de produção e da livre atividade privada que essas relações implicam. Se falta àquela economia uma estrutura de alto nível das atividades produtivas que constituiria a base natural do processo de socialização, e faltam, por conseguinte, condições favoráveis para se incluir desde logo o conjunto ou mesmo a maior parte das atividades econômicas no âmbito da ação estatal como premissa da socialização, conta a economia dos países subdesenvolvidos com outros fatores, também poderosos, que atuam contra a integridade do sistema capitalista. Os inconvenientes da livre-iniciativa privada no setor fundamental das economias subdesenvolvidas, que é o de suas relações internacionais, repercutem direta ou indiretamente em todas as suas partes e tendem, em consequência, a reduzir a esfera privada em benefício da ação pública.

É esse conjunto de circunstâncias que forma os elementos e o material com que se há de constituir a teoria econômica dos países subdesenvolvidos. Teoria essa que determinará, de um lado, o novo tipo de relações econômicas derivadas daquelas circunstâncias e nas quais se conjugam a ação privada e pública; de outro, o ordenamento dessas relações no sentido da transformação em que já se acha de fato engajada a economia dos países subdesenvolvidos – naturalmente com ritmo e caminho percorrido muito diferentes em cada um deles – e que se trata de libertar dos óbices que lhe embaraçam a marcha a fim de que logre, afinal, chegar a termo. Transformação essa, a saber, que consiste na organização de uma estrutura econômica nacional e independente do sistema internacional do capitalismo trustificado. Encontramos aqui, mais uma vez, a natureza essencialmente pragmática de toda teoria econômica, impossível de desligar da prática. A teoria econômica ortodoxa, que é a teoria do capitalismo – ou, mais precisamente, na época atual, do sistema internacional do capitalismo trustificado considerado do ângulo de sua conservação e perpetuação –, essa teoria, quando transposta para os países subdesenvolvidos, resulta em suas consequências normativas e práticas na manutenção das economias subdesenvolvidas em sua condição de elementos periféricos e complementares daquele sistema. É que a teoria ortodoxa se funda se não no "livre jogo dos fatores naturais" (que seria a livre ação de todos os indivíduos participantes das atividades econômicas, situação essa que já hoje pertence ao passado), na ação de interesses privados representados em primeiro e principal lugar por estas imensas e poderosas organizações econômicas e financeiras que são os trustes internacionais. No plano de uma teoria dessas, as economias subdesenvolvidas não passam, e não podem passar, de campo de ação daqueles trustes, na qualidade de fornecedores dos produtores primários com que os mesmos trustes transacionam, operam e produzem, bem como de mercados suplementares e marginais para essa produção.

É isso que representa, nos países subdesenvolvidos, a teoria econômica ortodoxa e suas consequências normativas e práticas. Uma nova teoria econômica que leve em conta as circunstâncias específicas das economias subdesenvolvidas, a par das perspectivas que se abrem para sua evolução, considerará esses países não como participantes do sistema internacional do capitalismo, nele necessariamente integrados e sofrendo-lhe as contingências, e sim do ângulo de sua libertação desse sistema e da estruturação neles de uma economia própria e nacional. Encontra-se, assim, a análise econômica nos países subdesenvolvidos, tanto quanto a ação política, em frente a dois caminhos pelos quais se engajar e se propor numa teoria e numa prática. A decisão entre esses dois caminhos pertence a fatores políticos e sai do terreno estrito da economia.

SOBRE O AUTOR

Caio da Silva Prado Júnior nasceu em São Paulo, no dia 11 de fevereiro de 1907. Estudou na Faculdade de Direito do Largo São Francisco e, em 1928, ingressou no Partido Democrático (PD). Ao fim de 1931, abandonou o PD e, meses depois, ingressou oficialmente no Partido Comunista do Brasil (PCB).

Em 1933, publica seu primeiro livro, *Evolução política do Brasil*. No ano seguinte, ajuda a constituir a Associação dos Geógrafos Brasileiros e, em 1935, passa a ser o presidente regional da Aliança Nacional Libertadora (ANL) em São Paulo. Foi preso no fim do mesmo ano e libertado em 1937, quando partiu para a Europa, de onde retornou apenas em 1939.

Em 1942, vem à luz seu clássico *Formação do Brasil contemporâneo* e, em 1943, Caio Prado Júnior, junto a outros, funda a editora Brasiliense. Eleito deputado estadual pelo PCB em 1947, tem seu mandato cassado no ano seguinte, sendo encarcerado por quase três meses.

O historiador já havia lançado em 1955 a *Revista Brasiliense* (que, em abril de 1964, se viu obrigada a encerrar as atividades). Em 1966, sai *A revolução brasileira*, trabalho com o qual ganhou o prêmio Juca Pato, da União Brasileira de Escritores. Em 1970, é preso novamente, até agosto de 1971.

Em 1972, lança o opúsculo *História e desenvolvimento* e, em 1979, *A questão agrária no Brasil*. Caio Prado Júnior faleceu no dia 23 de novembro de 1990. Também é autor de *História econômica do Brasil* (1945) e *Notas introdutórias à lógica dialética* (1959), entre outros.

COLEÇÃO VIAGENS VOL. III

CAIO PRADO JUNIOR

U. R. S. S., UM NOVO MUNDO

1934

COMPANHIA EDITORA NACIONAL
RUA DOS GUSMÕES, 26-28-30 — S. PAULO

Folha de rosto da primeira edição, publicada em 1934, pela Companhia Editora Nacional.

Publicado em 2024, noventa anos após o lançamento de *URSS – um novo mundo*, este livro foi composto em Adobe Garamond Pro, corpo 12/15, e impresso em papel Pólen Natural 80 g/m² pela gráfica Rettec, para a Boitempo, com tiragem de 2 mil exemplares.